我在一线做商业产品

许景盛 著

电子工业出版社
Publishing House of Electronics Industry
北京·BEIJING

内 容 简 介

《我在一线做商业产品》是一本针对互联网商业产品的实战手册，主要面向有一定产品工作经验并有意朝商业化方向发展的产品经理，在工作中与商业产品经理有交集的开发、设计、运营、销售等人员，以及其他行业中对互联网商业变现感兴趣的朋友。

全书共 7 章。第 1 章主要阐述商业产品经理在入门时需要掌握的基础知识，系统地介绍商业产品的本质及商业产品经理的本质。第 2 章主要阐述商业产品经理的具体工作内容，系统地介绍一款商业产品从 0 到 1 的产生过程。第 3 章和第 4 章主要介绍的是商业产品体系中最常见、最核心的商业广告产品，以及据此衍生出的两大辅助工具。第 5 章和第 6 章主要介绍的是当下两个热门的方向——内容战略和数字化转型。第 7 章主要阐述商业产品经理的现状、软实力提升及未来。

图书在版编目 (CIP) 数据

我在一线做商业产品 / 许景盛著. —北京：电子工业出版社，2022.6

ISBN 978-7-121-43064-0

Ⅰ. ①我… Ⅱ. ①许… Ⅲ. ①企业管理－产品管理 Ⅳ. ①F273.2

中国版本图书馆 CIP 数据核字（2022）第 037644 号

责任编辑：张月萍　　　　特约编辑：田学清
印　　刷：三河市良远印务有限公司
装　　订：三河市良远印务有限公司
出版发行：电子工业出版社
　　　　　北京市海淀区万寿路 173 信箱　　邮编：100036
开　　本：720×1000　　1/16　　印张：18　　字数：362 千字
版　　次：2022 年 6 月第 1 版
印　　次：2022 年 6 月第 1 次印刷
定　　价：79.00 元

凡所购买电子工业出版社图书有缺损问题，请向购买书店调换。若书店售缺，请与本社发行部联系，联系及邮购电话：（010）88254888，88258888。
质量投诉请发邮件至zlts@phei.com.cn，盗版侵权举报请发邮件至dbqq@phei.com.cn。
本书咨询联系方式：010-51260888-819，faq@phei.com.cn。

推荐序一

商业产品是互联网公司商业模式中重要的一环，很多优秀的初创企业，因为精准地把握了用户/客户的核心需求而一跃成为行业中的独角兽甚至巨头。

与此同时，也看到很多优秀的产品因为自身的独特场景而迟迟找不到真正适合的发展道路，很多大企业因为过度商业化而逐渐失去自己的核心用户。所以，一家企业尤其是成熟企业的商业产品一定是能适应市场竞争且不伤害用户体验的。商业产品经理在企业中就扮演着"高空走索人"的角色。他们手中的"平衡杆"一端顶着市场竞争的压力，另一端则撑着用户体验的底线。一阵风吹来，"平衡杆"可能因此上下摇摆，但最终都能归于平衡，保证商业产品经理一步步走向另一座山巅。这一过程不仅可以体现商业产品经理的专业水平，也是一群冒险者的自我挑战之旅。可以说，拥有一批优秀的"高空走索人"，才是一家互联网公司能够向用户提供优质服务的基础。

对于个人而言，想要拥有商业产品经理的专业素质，有两个前提条件：一是专业方向与自身兴趣相匹配；二是能从身处的环境中汲取到足够的集体智慧。集体智慧又是如何形成的？为什么有的企业/团队里有，而有的却没有？集体智慧是一群有热情、有想法的人汇聚到一起将自己的个人经验贡献出来，并在创造的过程中不断探索和总结，进而形成的一个有共识、有分享、有协作的体系。然而，想要形成一个良性循环，需要团队中的每个个体在不断汲取的同时，将自身的积累与创新反哺到集体智慧中，周而复始，只有这样才能在共同进步中不断突破个人能力的上限，创造更大的价值。

商业产品经理的入门很困难。市面上与用户产品有关的书籍和课程较多，但与商业产品有关的内容相对少见。在这个网络连接愈发高效和便捷的时代，关于商业产品的专业知识罕见地成为一座"孤岛"。在这样的背景下，很高兴看到有人愿意站出来打破对于孤岛的封锁。本书总结了过往在做好商业产品道路上所形成的集体智慧，以及景盛个人在快速成长过程中的所思所想。采用方法论与实战相结合的方式，可以帮助读者在集体智慧中汲取营养，无论是对于商业产品领域的新人还是老手都将有不错的帮助。

对于商业产品的探索，行业依然在不断学习和提升的过程中，希望有更多感兴趣的同人加入进来，一起创造更多优秀的商业产品。

龙泉

汽车之家董事长兼 CEO

2022 年 3 月

推荐序二

收到景盛给本书作序的邀请时，我的第一反应是拒绝，觉得自己没资格，毕竟自己这些年的工作经历都是在技术方向上，产品方向上经验有限。

碍于情面，只得说我先看看内容吧，看看自己是否有资格和能力来写这个序。在拜读了前 4 章后，我便觉得自己有必要来写这个序。倒不是因为我觉得自己有了资格，事实上我依然觉得自己不够资格，而是因为这本书的内容实在太有价值了，应当借此机会向大家推荐。

本书能够帮助对商业产品有兴趣的人士快速建立商业产品的全局概念，并于纷杂的现象中厘清种种误解。本书体系化、条理化地说明了商业产品的特点。既有一线的实操案例，又有抽象的方法论；既有宏观认知，又有微观细节。尤其是景盛提到的经过艰难的摸索才逐渐迈过门槛，成为一名真正意义上的商业产品经理的感悟，让我想起了自己在职业生涯中一开始接触商业产品时的迷茫和抓瞎的心态。我想，如果当时有这样一本既有全局概览，又有实操案例和方法论的书，那我能节省多少时间、少走多少弯路。

士别三日，当刮目相看。景盛在我的印象中，是一位高高瘦瘦、眉清目秀的大帅哥，对工作热情、对人谦卑。依稀还记得他深陷工作泥潭时的磕磕绊绊，却在两年后有了如此高价值的沉淀和输出，真是火箭般的成长速度。而此间艰辛和痛苦，想必亦是难以一一诉说。

懂商业产品者，知社会运行规律。互联网的用户产品关注的是信息流，商业产品关注的信息流+资金流+物流。二者关注的方向不同，无所谓高低。而商业产品更贴近社会的运行实际，构建过程的复杂度会更高。在市场经济环境中，理解商业产品的设计逻辑会更有利于理解社会的运行规律。

郑重地向大家推荐这本书。

李学鹏

知乎商业广告研发团队　技术总监

前　言

1．本书背景

截至 2020 年 7 月 31 日全球股市的收盘数据，市值超过 100 亿美元的中国互联网上市公司就有 33 家，市值合计达到惊人的 2.3 万亿美元。2.3 万亿美元到底有多庞大？我们可以找一个参照系进行对比。根据国家统计局公布的数据，2019 年全国的 GDP 总量为 14.22 万亿美元，也就是说中国市值超过 100 亿美元的互联网上市公司的市值之和已经相当于 GDP 总量的 16%[①]，而一直被认为是经济支柱的房地产开发投资，占 GDP 的比重也仅为 13.3%。

短短 20 年时间，中国的互联网公司从 0 到 1，再从 1 到 N。在最初的"野蛮生长年代"，只要国外公司做什么，照搬回来就能在国内互联网圈占据一席之地，那个年代产生了很多后来家喻户晓的公司。例如，张朝阳创立的搜狐、王志东创立的新浪、李彦宏创立的百度都是那个年代的佼佼者。

后来，随着各家互联网公司的逐步壮大，主营的产品和业务已不能满足公司快速增长的需求。此时大家就把目光转向国外，每当有新技术、新概念、新产品产生时，大家就立刻将其照搬回来，一时间国内互联网圈进入一个混乱的年代。

大量同质化的产品和业务涌向市场，竞争变得无比激烈，互联网公司需要依靠真金白银地"烧钱"才能换来珍贵的用户习惯与市场份额。在一次次刺刀见血的搏杀之后，还没有倒下的那个才能成为获胜者。而经历过"百团""O2O""外卖"三大战役洗礼的王兴笑到了最后，他也因此成就了如今市值 1455 亿美元的美团。

[①] 股票市值与 GDP 是两个相互独立的体系，股票市值是不会计入 GDP 的。在这里只是将两个数值放到一起进行比较，用来反映互联网上市公司的规模。

混乱之后终将迎来新的秩序，而这时中国的互联网公司已经不再紧盯国外不放，而是将目光聚焦到国内的创业公司。以 BAT 为代表的互联网三巨头开始不断扩张版图，紧追其上的 TMD 也不甘示弱。这是一个"大鱼吃小鱼"的年代，无数曾经的明星创业公司甚至上市公司被巨头鲸吞，国内互联网圈终归于几家巨头独大的局面。然而，当在国内增长遇到天花板时，"互联网巨头们"又开始了出海之旅。互联网公司出海其实并非什么新鲜事，但多年以来鲜有成功的案例，归其原因还是多年的照搬，并没有真正颠覆性的创新，直到像 TikTok、Kwai 这样借着短视频风口而起的现象级产品出现。其中，TikTok 2019 年在全球的下载量超过 7 亿次，击败了 Facebook，成为全球下载量第二大的应用程序，这才在真正意义上撼动了全球互联网格局，开启了中国互联网公司出海的新时代。

回看中国互联网一路高歌猛进的 20 年，其背后离不开资本的支持与推动，但真正让这些烧钱的创业公司成为行业巨头的，还是其不断成熟、完善的盈利能力。然而，对于互联网公司究竟是如何赚钱的，绝大多数用户都缺乏一个全面的认知。毕竟绝大多数互联网公司提供给用户的服务都是免费的，哪怕用户在使用服务的过程中产生了一些商业行为。例如，用户充了十几块钱的会员或多点了几次广告，就片面地认为互联网公司依靠这些零敲碎打的商业行为赚得盆满钵满。但现实情况显然不是这样的。

现代企业赚钱一定是体系化的、分工明确的。在刘鹏、王超两位老师所著的《计算广告》一书中就提到了一个概念，叫作"后向变现体系"，即前台提供给用户使用的那些免费服务都是在获取流量和收集数据，而隐藏在这些前台服务背后的后向变现体系才是互联网公司真正获利的关键。那么，什么是后向变现体系？其实，它就是一门将流量变现的生意，其中最核心的方式就是我们常见的广告。但值得注意的是，广告变现虽是核心却也并非流量变现的全部。随着市场竞争的加剧，各个公司对于营销方式和效果的要求越来越高，新的流量变现方式层出不穷，如最近几年一直比较火的内容营销产品，以及正在快速崛起的商业数据产品，都是已经经过验证的流量变现的新方式。

作为一名在一线作战多年的商业产品老兵，我至今还记得当年入行时唯一能让我了解这个行业的书，那就是刘鹏、王超两位老师所著的《计算广告》，而且在没有多少技术背景的情况下我只能读懂前半部分，对于后半部分的技术实现读起来觉得很困难，之后完全依靠同事的帮助、阅读项目遗留的文档及自行摸索，才逐渐迈过门槛成为一名真正意义上的商业产品经理。这是一个回想起来颇为艰难的过程，然而困难并非源于事情本身，而是因为缺少相关的学习资料。时至今日，当我回过头来再次整理相关的学习资料时才发现，市面上与商业产品有关的书依然很少，绝大多数对产品经理的培训是面向 C

端用户产品的课程。于是，我萌生了写一本关于商业产品书的念头，想要将自己这些年的积累进行一个系统性的梳理，以帮助有志于朝商业化方向发展的朋友更快地迈过门槛进入商业化的世界。

2．本书内容

内容方面，《我在一线做商业产品》共 7 章。

第 1 章"商业产品的宏观认知"，主要阐述商业产品经理在入门时需要掌握的基础知识，系统地介绍商业产品的本质及商业产品经理的本质。整章内容会在宏观层面带大家重新认识商业产品及商业产品经理，为本书后续部分打好基础。

第 2 章"商业产品经理的微观工作"，主要阐述商业产品经理的具体工作内容，系统地介绍一款商业产品从 0 到 1 的产生过程，以及中间需要经历的产品筹备、产品研发、售卖服务 3 个时期共 13 个环节，并具体到每个环节中需要完成的工作内容、产出物、可能遇到的问题及解决方案。

第 3 章"商业广告"，主要阐述商业产品体系中最常见、最核心的商业广告产品，系统地介绍商业广告基础、商业广告投放系统、商业广告核心技术及商业广告分类，让大家对整个商业广告有一个深入的了解。

第 4 章"商业广告辅助工具"，主要阐述围绕整个商业广告产品体系衍生出的两大辅助工具 DMP 和创意中心。

第 5 章"从内容营销到内容战略"和第 6 章"从商业数据到数字化转型"是两个比较前沿的章节，主要是对内容战略、数字化转型两大流行概念的深入理解及在产品设计方面的探索实践。

第 7 章"商业产品经理的职业发展"，主要阐述商业产品经理的现状、软实力提升及未来。

3．本书面向的读者

在开始写作之前我就设想能够让以下几类读者从本书中找到有价值的内容。

（1）工作 1～3 年、对产品经理这个职业有一定认知并有意朝商业化方向发展的"产品后浪"，这也是本书最主要的目标群体。刚参加工作 1～3 年的"产品后浪"需要更多地考虑未来职业发展的方向。产品经理这个职业有很多细分的方向（如按照面向的群体不同可以分为 ToC 的用户产品经理和 ToB 的平台产品经理，按照职能不同可以分为支付产品经理、广告产品经理、电商产品经理等），认清每个方向的不同点，选择一个适合自己的方向去走，这对于"产品后浪"未来职业生涯的发展是极其重要的，本书能帮助他们更好地了解商业产品经理这条道路。

（2）互联网公司的商业产品经理。由于各个公司的业务不同、定位不同，商业产品经理在不同的互联网公司所从事的工作也不尽相同。多了解一些其他公司的业务、产品形态及创新，无论是对自身的查漏补缺，还是创新思考，都将会有很大的益处。

（3）互联网公司商业化部门的开发、设计、运营、销售等人员。互联网公司商业化部门的从业者由于各自分工不同，可能很难对整个商业化部门有一个从业务到产品形态再到技术全流程的全方位的了解。本书可以为从业者提供一个全局视角来俯瞰整个商业变现体系，也可以帮助大家更加了解商业产品经理日常的工作内容，消除对于商业产品经理的一些偏见与误解。

（4）传统公司中对利用互联网进行数字化营销感兴趣的决策者。传统公司的决策者，也就是行业里俗称的"金主爸爸"，他们在互联网方面的投入是互联网公司主要的收入来源之一。本书能够帮助他们更好地了解互联网商业变现的模式、产品形态，促使传统业务能够更好地借助互联网的力量为公司创造更大的价值。

（5）其他行业中对互联网商业变现感兴趣的朋友。互联网公司毕竟只是中国经济的一个组成部分，还有很多其他行业的从业者也可以从互联网商业变现的模式、产品形态中寻找灵感并应用到自己所处的行业中，为自己所处的行业带来全新的力量。

4. 致谢

本书的写作与修改持续了接近一年的时间，写作的过程是漫长且痛苦的，其间也遭遇了很多质疑与不理解。有质疑我写书资格的，有觉得我无法坚持写完的，也有人不理解我为什么要花这么多时间来写书而不选择做点更赚钱的事。面对这些质疑与不理解，我很难去一一辩驳与解释，虽然我从事的是一个理应"唯利是图"的职业，但在现实的工作与生活中除了利益还有很多东西值得我们去追寻，如感恩和传承。

我认为，能将自己的工作经历与知识体系总结出来是一件非常有意义的事情。我能走到今天离不开职业生涯中遇到的每位同事，尤其是在汽车之家工作的这三年，我有幸得到了很多前辈和朋友的指导，在这里想特别感谢查导、梦梦、大川、晓飞、晓晨、玉石、爽哥、晓云、京力、晶姐、静静、苏苏、霆辉、学鹏、公主、洪指导、鹏辉、媛姐、老张头、阿紫、笑寒、潇雅、金利、倩倩、蕾儿、杰哥、朦总、山哥、陶老板等对我的教导与帮助，感恩永在心中。

另外，本书能顺利签约出版还要特别感谢我的老师黄志洪先生的引荐，并且有幸得到出版社月萍老师的精心帮助才使书中的诸多问题得以解决。

最后，希望看到《我在一线做商业产品》的读者，能对那些在我们职业生涯发展过程中帮助过我们的人常怀感恩之心。当然，更重要的是将自己受到过的帮助、自己积累的经验记录下来，并尽可能地分享出来。让这种在职场中的相互帮助成为一种习惯，让知识与经验在一代又一代人身上传承下去。

本书在第 1 版发行后仍将持续迭代，如果您发现书中有错误或不准确的地方，或者有疑问和建议，欢迎扫描下方的二维码与我直接联系。

公众号：凡事需景盛

目　录

第 1 章

商业产品的宏观认知

1.1　什么是商业产品

此前没有接触过商业产品的读者在开始阅读前不妨先去各大百科搜索一下"商业产品"这个词条，你会惊奇地发现各大百科里居然都没有对于这个词条的定义。"商业产品"一词显然不是什么全新的概念，并且与时下流行的那些"字看着都认识但连起来不明白是什么意思"的网络用语相比，它已经是一个从字面上就很容易理解的概念了。但很神奇的是，这个词条一直未被严谨地定义过。还有一个有趣的例子，就在刚开始写作本书前，某大厂的 HR 给我打电话询问我是否有换工作的意愿，但他拿到的信息似乎不全，只知道我是一名产品经理，并不清楚我是偏哪个方向的，就问了我一句："你是 ToC 的还是 ToB 的？"这个问题反而把我问住了："我只能回答我是做商业产品的。"然后这位HR 的反应是："哦哦，是 ToB 的啊！"那时我才突然意识到原来连大厂的 HR 都还有分不清楚什么是商业产品、什么是 ToB 产品的情况。可见由于对商业产品的定义不够清晰，导致很多互联网从业者都会将商业产品视作 ToB 产品的一种。那么，商业产品一定是ToB 产品吗？

互联网产品按照产品面向的对象不同可以分成 ToC 和 ToB 两大类。ToC 产品是提供给普通用户使用的，而 ToB 产品则是提供给企业进行商业活动所使用的。ToC 产品很容易理解，我们手机里安装的 App 几乎都是 ToC 产品，而我们日常在企业里使用的 OA（办公自动化）系统、CRM（客户关系管理）系统、报表系统则是典型的 ToB 产品。

以商业产品中最具代表性的商业广告为例，广告投放系统是将 B 端客户想要进行投放的广告精准地推送给 C 端用户，产生点击及转化行为的是 C 端用户，那么能说商业广告就是 ToC 产品吗？显然不能。然而，广告投放时面向的对象也并不是 B 端客户。因此，如果严格从 ToC 和 ToB 产品的定义来讲，商业广告就不是一款单纯的 ToB 产品。

同样，当企业内部开发产品的主要目的是提高组织效率及规范管理流程而不是盈利时，这些内部使用的 ToB 产品也不能算是商业产品，所以 ToB 产品并不一定是商业产品。将商业产品认为是 ToB 产品的一部分是一个常识性的错误，其实商业产品既是 ToC 产品也是 ToB 产品。那么，商业产品究竟是什么？

由于在互联网圈对于商业产品没有一个权威的定义，所以在这里我根据自身对于商业产品的理解，将商业产品定义为：**在互联网领域，企业以自身资源为特定对象提供所需产品或服务，进而换取利润的方式称为商业变现，其中企业所提供的产品或服务统称为商业产品。**接下来详细解读一下这个定义。

首先我将这个定义的范围限制在互联网领域，可以认为定义的是狭义的商业产品，毕竟商业产品这个概念并非互联网领域独有，各行各业都有符合此类模式的产品或服务。例如，软件行业为企业客户开发的系统、房产经纪行业为客户提供的房源信息及交易撮合服务等，从广义上看都可以认为是一种商业产品。由于我的水平有限，广义的商业产品并不在本书的讨论范围，本书所述的商业产品特指互联网领域中的商业产品。

其次说一说企业的自身资源。每家企业能够持续稳定经营，其背后势必有着自身独特的资源优势。这种资源优势并不局限于某种形式，品牌形象、业界口碑、技术实力、人才储备等，这些都可以视作一家企业的自身资源。而在互联网领域，流量就是最核心的资源。当然，值得一提的是，数据同样是一家互联网公司的核心资源。随着人口红利所带来的流量红利逐渐消失，企业想要获得大幅的流量增长就变得殊为不易。而无论是做用户增长还是做商业变现，都需要依托于企业逐渐积累起来的数据，也只有利用好自身的数据资源，才能实现更为精细化的运营和更加精准的投放。打一个可能不太恰当的比方：**流量是可再生的石油，而数据是挖不完的金矿！**

接着说一说特定对象。特定对象的定义就更为广泛了，凡是有可能购买企业产品或服务的主体，无论是企业还是个人都属于特定对象的范畴。例如，承接广告主的营销需求为其投放广告，广告主就是我们的特定对象；同理，愿意购买我们会员产品的用户也是我们的特定对象。

最后说一说企业提供的产品或服务。在这里，产品的形态或服务的形式并没有特别的限制，只要能够满足特定对象的需求进而促使特定对象为此付费，那就属于商业产品的范畴。而互联网领域最为常见的商业产品莫过于商业广告，但这里存在一个误区：认为做商业产品就是在做广告。其实不然，如今商业产品的形式已经多种多样，并不局限于广告这一种形式，为 C 端用户提供增值服务的产品也是商业产品，为 B 端客户提供内容营销服务、商业数据服务的产品同样是商业产品。曾经有几位前辈去新的领域负责商业化工作时就向我感叹："做广告久了思路就局限在了广告那一套里面，对于新的行业、新的业务模式要进行商业化时就没有想法了。"基于这样的情况，我选择将商业产品的定义设定得尽可能宽泛一些，不拘泥于流量变现，也不拘泥于广告这种形式，只要能将企业的资源变现的产品就都是商业产品。希望以此打开大家的思路，为后续的商业产品创新章节做个铺垫。

1.2　什么是商业变现

从商业产品的定义中可以看出，商业产品其实是依托于商业变现而存在的。我们对商业变现进行进一步的拆解，可以按照从抽象到具体将其分成三个不同的层级：第一层是商业变现逻辑，第二层是商业变现模式，第三层才是商业产品形态。换句话说，当我们体系化地思考如何进行商业变现时，应该先确定商业变现的逻辑，将变现的逻辑映射到一种具体的变现模式中，再根据这种模式的特点来设计相应的商业产品。

常见的商业变现逻辑有三种，分别是流量变现、服务变现、数据变现。

常见的商业变现模式有五种，分别是广告变现、电商变现、流量分发变现、增值服务变现、商业数据变现。

商业变现逻辑和模式的具体关系如图 1-1 所示。

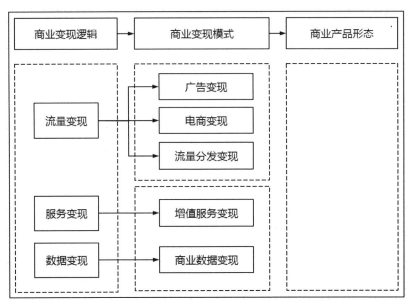

图 1-1　商业变现逻辑和模式的具体关系

1.2.1 流量变现

流量变现一直是商业变现中最常见也是最容易接受的逻辑。绝大多数互联网公司都是依托于一款或几款 C 端产品起家的，在产品发展的前期积累了足够的流量后，将这些流量有效变现，这可以说是最合乎逻辑的一种思路。在流量变现逻辑下有三种常见的商业变现模式及基于这三种模式所产生的商业产品，如图 1-2 所示。

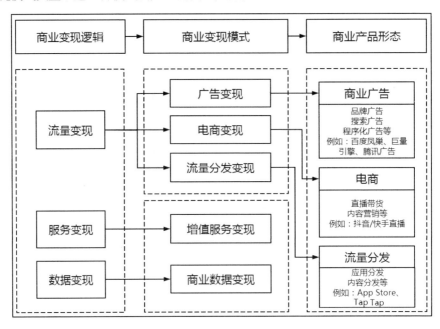

图 1-2　广告、电商、流量分发变现模式

在流量变现中最为核心的自然是广告变现模式，几乎所有的主流应用里都有广告变现模式的存在。但广告变现模式也有着明显的门槛，采用这种模式进行商业变现的前提条件是企业已经积累了一定规模的用户，保证每天能产生**稳定**的**真实流量**。

这里需要特别强调的是流量的稳定性。因为企业的流量来源有很多，如一场活动或一次对外采买带来的临时流量，但这样的流量缺乏稳定性，只能保证短期内的流量供应，是不适合进行广告变现的。另外，还需要强调一下流量的真实性。自互联网产生以来，"流量作弊"就一直屡禁不止，一些企业为了数据好看，自己进行流量作弊或纵容他人进行流量作弊的情况屡见不鲜。在流量质量无法保证的情况下进行广告变现，或许一开始能够蒙混过关，但时间一长广告的效果无法保证，也就不会再有广告主愿意进行投放，这种自砸招牌的事情还是不做为好。

在广告变现模式下对应着庞大且复杂的商业广告体系，很多大型互联网公司的核心收入就来源于此。经过多年的发展，整个商业广告下也衍生出了很多分类。例如，按照交易的方式可以分为合约广告、竞价广告、程序化广告；按照业务场景又可以分为搜索广告、品牌广告、信息流广告、社交网络广告等，商业产品形态层出不穷。各大平台的商业广告如图 1-3 所示。

图 1-3　各大平台的商业广告

由于商业广告体系庞大、复杂，并且是商业产品经理工作中最为核心的部分，所以我会在后续章节中进行详细讲解，这里不再赘述。

除了广告变现模式，另一大商业变现模式就是电商变现。从严格意义上讲，其实电商变现也可以算作广告变现的一种，但由于它的用户价值非常高，所以将其作为一种单独的模式来讲。电商变现模式其实也很简单，就是将流量引到各类商品页面，促使用户进行交易。例如，时下大热的在抖音、快手等平台直播带货就是最为典型的电商变现，如图 1-4 所示。

除广告变现和电商变现两大模式外，还有流量分发变现模式，这种模式主要出现在应用分发场景里。无论是苹果手机的 App Store 还是安卓手机的各大应用市场，都是用户获取应用最主要的渠道。可以说，这些应用市场把握着各大 App 的流量源头，即使是日活数亿人的"巨无霸应用"也承受不了被应用市场下架的后果。基于这样的上下游关系，衍生出了各式各样的应用市场的流量分发变现模式，就连历来"不合群"的 App Store 也在 2017 年推出了一项叫作 Search Ads Basic 的付费推广功能，现在几乎所有的应用市场都有付费推广的服务。应用分发案例如图 1-5 所示。

图 1-4　直播带货

图 1-5　应用分发案例

除了应用分发，内容分发也是流量分发的一个重要组成部分。如今几乎所有 App 都有的信息流功能就是最为典型的内容分发场景。在信息流产品发展的早期主要专注于信息的聚合和分发，但随着信息流产品的快速发展，不但衍生出了信息流广告产品，还衍生出了内容的付费推广产品及内容营销产品。信息流分发的内容不再单纯是作者所创作的文章或视频，还包含营销软文及作者付费推广的内容，并且内容分发类产品已经逐步成为商业化部门在商业广告收入遇到瓶颈时实现收入增长的新方向。内容付费分发案例如图 1-6 所示。

图 1-6   内容付费分发案例

1.2.2   服务变现

服务变现是商业变现里的另一种重要的商业变现逻辑，其本质是提供给用户一些需要付费才能使用的特殊服务，企业通过售卖这些特殊服务来获取利润。服务变现对流量的要求并没有像流量变现那么高，只要提供的服务足够特别、足够有吸引力即可，甚至可以在前期没有流量积累的情况下直接售卖自己的服务。当然，按照中国互联网用户的消费习惯来看，大家还是更容易接受"免费应用+IAP（应用内购买）"的方式。绝大部分用户在未使用过一项服务之前都不倾向于花费哪怕 1 元去下载，却愿意在习惯了使用这项服务之后购买其增值服务的部分。先体验再付费其实也符合用户的消费心理，这就是在服务变现逻辑下最为重要的增值服务变现模式，如图 1-7 所示。

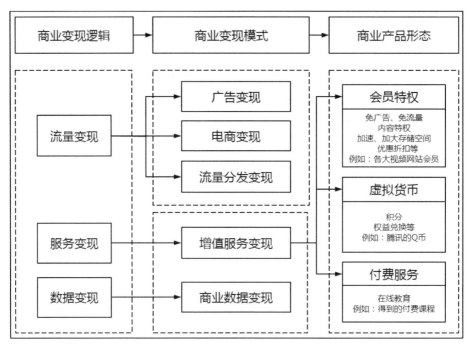

图 1-7　增值服务变现模式

　　增值服务变现模式在互联网还未兴起时就在软件行业有过广泛的应用。但值得注意的是，所谓增值服务强调的是在免费的基础服务之上提供给用户更为有价值的服务，且这项服务要有很强的不可替代性，才能促使用户为之付费。互联网圈里有很多失败的案例，如产品设计者为了盲目变现而将一些基础服务也放到增值服务中，"逼迫"用户付费才能使用，这样的"昏招"无疑是将自己辛苦积累的用户免费推给竞争对手。常见的增值服务有会员特权、虚拟货币及付费服务。会员特权一般包括免广告、免流量、内容特权、加速、加大存储空间、优惠折扣等；虚拟货币包括积分、权益兑换等；付费服务包括在线教育等。每家企业的业务模式及所提供的服务不同，对应的增值服务也不尽相同。增值服务案例如图 1-8 所示。

图 1-8　增值服务案例

1.2.3　数据变现

数据变现是近几年刚兴起的一种商业变现逻辑，其本质是将企业**积累**的数据进行**数据加工**、**数据分析**之后以有偿的方式提供给企业客户，帮助其进行经营决策。

在这个定义里，第一个关键词是"积累"。积累反映的是企业在进行数据变现时数据来源的安全性。使用的数据应该是由企业自己产生并逐渐积累起来的，而不是通过其他第三方或非法途径获取的。目前，国内用户的数据安全意识还比较薄弱，但企业对于数据的价值越来越重视，这样就催生了很多贩卖用户数据的黑色产业。这些"黑产数据"先不说适不适合进行数据变现，首先其来源渠道就是违规违法的，做出的产品也一定是违规违法的。

第二个关键词是"数据加工"。很多涉及交易、支付等需要验证用户身份的产品都会存有用户的详细身份数据，在使用这些数据时一定要对数据进行加工，脱去能直接识别出用户身份的敏感字段，否则将这些数据直接出售就与那些黑色产业没有什么区别。

第三个关键词是"数据分析"。数据分析可以比作挖开数据这座金矿的镐子，无分析不见其价值。**真正有效的数据变现一定不是单纯地出售自己的数据，而是出售自己数据**

分析的结论。想要真正帮助企业客户进行经营决策，一定要为其提供有效果的分析结论，这不是简单地提供给企业客户几个数据就可以做到的。商业数据变现模式如图1-9所示。

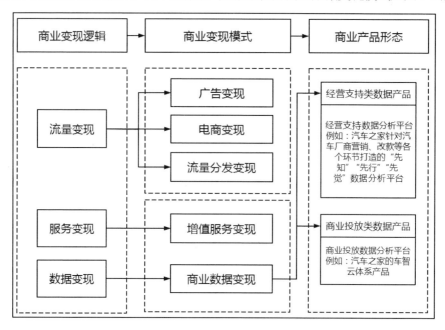

图1-9 商业数据变现模式

基于数据变现逻辑，衍生出了商业数据变现模式，在这种模式下有两种常见的商业产品形态。

第一种产品称为经营支持类数据产品。这类产品主要是企业基于自身数据收集的优势为企业客户提供在经营决策上的数据分析支持，更多是垂直类的媒体平台会进行开发。例如，汽车之家就基于自身积累的汽车行业数据、用户对于汽车的偏好数据等构建了"先知""先行""先觉"的"三先"数据分析平台，为汽车厂商在营销活动、设计改款、竞品分析等方面提供有偿的数据服务。

第二种产品称为商业投放类数据产品。这类产品最初是用于展示企业客户在购买商业产品之后所获得的效果的数据统计产品。但随着商业产品类型的复杂化及企业在营销模式上的多元化整合，这类产品不断迭代，已经不只是展示投放效果这么简单，它开始用于诊断、分析在商业投放过程中所出现的问题，并可以给出有效的解决方案。虽然这类产品现在绝大多数情况还是打包在其他商业产品中一起进行售卖，但它已经成为商业产品中的一个重要组成部分。汽车之家商业投放类数据产品——车智云如图1-10所示。

图 1-10　汽车之家商业投放类数据产品——车智云

在实际工作中，商业产品经理最常遇到的业务需求就是，已经有一款具备了一定用户量级的 C 端产品，需要我们进行商业变现。通常情况下，初级的商业产品经理会将这款 C 端产品各个页面的流量盘点一遍，在大流量的页面开设各种规格的广告位，之后开始在这些位置上投放广告，这款 C 端产品的商业变现就算完成了。在这个粗犷的商业变现案例中，商业产品经理对于商业变现整体的思考是有明显缺失的，一上来就选择了一种最为通用的商业变现模式和最常见的商业产品形态，的确完成了快速商业变现的目标，并且在做法上也谈不上有错。但其中的问题也很明显，毕竟一款 C 端产品中大流量的页面是有限的，能拓展的广告位也是有限的，按照这样的方案走下去很快就会面临收入无法提升的困境。在实际工作中，正是因为有太多这样缺乏深入思考的商业变现方案产出，才会有很多商业产品经理被用户产品经理戏称为"广告位产品经理"，一天到晚就只会到处开广告位，影响用户体验不说，还赚不到多少钱。

我之所以提倡要从商业变现逻辑开始自上而下地思考如何进行商业变现，目的就是给未来更大的拓展空间，之后能引入更多的商业变现模式，进而创造出更多的商业产品，**保证商业变现收入的持续稳步增长**。

所以，当我们再次遇到类似情况时可以尝试这样思考：先确认这款 C 端产品适合的商业变现逻辑。这里需要强调的是，商业变现逻辑并不是随便就能创造的，所以并不需要太纠结于能否创造出一种全新的商业变现逻辑。在一开始的时候只需要想明白自己的产品适合什么样的商业变现逻辑即可。

1. 判断是否适合流量变现

一般来说，一款 C 端产品开始做商业变现时需要拥有一定量级的用户。以一款 App

为例。当这款 App 的 DAU（日活跃人数）迈过了 10 万人这个门槛时，那么它存活下来的概率就会比较大，此时再启动商业变现将会是一个较为恰当的时机。过早启动可能影响到前期种子用户的积累，得不偿失，过晚启动又不利于企业的持续发展，所以选择启动商业变现的时机是非常重要的。接下来还需要对流量变现的价值进行整体的估计，这里举一个采用广告变现模式的简单例子。假设我们需要进行商业变现的 App 已经达到了 10 万人的 DAU，按照二八原则，80% 的流量其实是集中在 20% 的核心页面上。如果我们在这 20% 的核心页面上都添加广告位，那么我们的广告对于流量的覆盖率就可以达到 80%，假设广告的平均售卖率达到 80%，广告的平均点击率为 2%，每次点击费用为 5 元，就可以估算出每日商业变现的收入：

每日商业变现预估收入 = DAU×流量覆盖率×广告售卖率×CTR（广告的平均点击率）×CPC（点击费用）

$$= 100\,000 \times 80\% \times 80\% \times 2\% \times 5$$

$$= 6400（元）$$

根据公式计算的结果可以看出，我们进行流量变现后每日广告收入可以达到 6400 元，在广告售卖率不变的情况下，一年收入约有 234 万元，此时就可以认为该 C 端产品适合进行流量变现。

2. 判断是否适合服务变现

判断是否适合服务变现主要还是得看这款 C 端产品的定位，越是定位于某个垂直行业就越容易进行服务变现，定位的范围越广、越综合就越不利于服务变现的开展。例如，一款定位于英语新闻聚合的产品，在这款产品上进行服务变现，推出一门付费英语课程，这就是非常符合业务场景及用户需求的增值服务产品。而如果是一款综合类信息聚合的产品也想要这么做显然就不会那么容易。另外，如果想要采用增值服务的模式进行商业变现，就需要考虑这款 C 端产品能提供给用户哪些特殊的服务或权益。当这款 C 端产品能够提供的真实、独特的服务或权益达到 3~5 项，且经过用户调研，有一定比例的用户愿意为此付费时，就认为可以进行增值服务变现。

3. 判断是否适合数据变现

从原则上讲，只要数据来源不违规、不包含敏感信息都是可以进行商业数据变现的，而能否变现成功则要看有多少数据，并且能从这些数据中挖掘出多少价值。数据的积累并非朝夕之功。如果未来想要进行商业数据变现，就需要有一个计划，规划好数据收集的方向并预先做好埋点。在现实的工作场景中，这往往是一项短时间内在老板面前讨不了好，又加大研发人员工作量的活，但有远见的商业产品经理如果判断未来要做，还是会早早规划并提前打好基础的。

在确认了产品现阶段适合哪种商业变现逻辑之后，就可以根据选择的商业变现逻辑映射到相应的商业变现模式上，此时就需要商业产品经理产出该 C 端产品进行商业变现的顶层设计及规划出一套完整的商业产品矩阵。关于商业变现的顶层设计与商业产品矩阵，我会在第 2 章"商业产品经理的微观工作"部分进行详细的讲解，这里不再赘述。

1.3　商业产品 vs 用户产品

在了解了商业产品的概念及什么是商业变现之后，我们再来看看商业产品与用户产品究竟有什么区别。

1. 产品设计的目标不同

在互联网行业，无论是用户产品还是商业产品，其产品设计都是有着明确的目标的，前期目标的选择决定了后期产品设计的方向及最终产品的形态。一般情况下，用户产品的目标就是满足用户在不同场景下各式各样的**需求**，并在满足用户需求的基础上不断优化用户使用产品时的**体验**，进而达到吸引**更多用户**在产品上花费**更多时间**的目的。

接下来，我们还可以将以上内容进一步归纳成四个关键词：需求、体验、更多用户和更多时间。这四个关键词既反映了用户产品的愿景，又刻画了具体的量化目标。满足用户需求、优化用户体验是所有用户产品的愿景，但再伟大的愿景也需要具体落地时进行量化的指标，那么用户数量及用户使用时长增长与否就是衡量是否满足用户需求、是否提升用户体验的重要指标之一。

同样，在设计商业产品时也有明确的目标，那就是商业产品需要在**不影响用户体验的前提下实现产品盈利**。我在上文商业产品的定义中其实并没有提到用户体验的问题，认为只要是用来进行商业变现的产品就是商业产品，在讨论商业产品设计的目标时却要专门强调一定是在不影响用户体验的前提下进行的。

用户数量、用户体验是一款产品的生命线。如果一款产品的用户体验不好，使用的人自然越来越少，那么再厉害的商业产品设计出来也是"巧妇难为无米之炊"。当然，在实际工作中，商业产品完全不会影响到用户体验的情况很少，但在制定商业产品设计的目标时还是不能忘记死守用户体验这条生命线。只有能在商业变现与用户体验的天平上找到一个平衡点，才是真正厉害的商业产品。

2. 产品的主要受众不同

商业产品和用户产品因为产品设计的目标不同，所以产品的主要受众也并不相同。

在这里先对产品受众进行定义：产品受众其实并非一个群体，而是可以分成产品需求者和产品使用者两个群体。在用户产品里，用户产品的需求者和使用者是重合的，C 端用户既是这款产品的需求者也是这款产品的使用者。但商业产品则不同，商业产品的需求者与使用者可能并不相同，即付费购买产品的人有可能并不是最后使用产品的人。

举个例子。某企业花钱购买我们的商业广告产品，需求者是某企业，但某企业并不是商业广告产品的使用者，商业广告产品的真正使用者是看到或点击了我们商业广告的那些用户。当然，如果我们的商业产品是一款付费课程，那么这款商业产品的需求者和使用者就是重合的。

3．产品的体验不同

既然产品的主要受众不同，对于产品的体验要求自然有所不同。用户产品对于用户体验的要求显然更为严苛。站在用户产品的角度，所有会对用户体验有所影响的功能理论上都应该被优化。在这里用户体验可以拆分成以下四项：**更好的易用性、更好的交互体验、更好的视觉体验及更好的用户评价。**

反观商业产品则需要同时兼顾需求者（客户）的体验与使用者（用户）的体验。我们将需求者的体验称为商业体验。在这里也可以将商业体验拆分成以下三项：**更好的效果、能够满足更多的业务需求、更丰富的功能。**站在需求者的视角，在决策是否购买商业产品时最优先考虑的自然是这款商业产品能够实实在在带来多少效果，其次考虑产品能否满足所有的业务需求，最后才会考虑配套的功能是否完整、易用性是否良好等问题。毕竟如果产品的效果不好，即使产品的易用性再好、视觉体验再佳，这款产品也是很难卖得出去的。所以，在设计商业产品时需要优先满足商业体验的需求，然后尽可能兼顾用户体验的需求。

然而，在日常工作中，很多时候商业产品经理受到开发资源及时间的限制，往往只能舍弃一部分对于用户体验的要求，这种情况可以说在任何一家企业都难以避免。但商业产品经理一定要记得在下一版的需求中将用户体验方面的需求补回来，否则不但可能受到用户体验部门的投诉，长期不优化用户体验也将是一种自毁长城的行为。

4．衡量产品的核心指标不同

无论是用户产品还是商业产品，其背后都有一套完整的量化指标体系来对产品进行评估。用户产品的指标体系往往是从流量的来源渠道开始统计注册用户数、活跃用户数（DAU/MAU）、页面的 UV/PV、用户留存率、用户的平均访问时长等指标，这些指标可以清晰地反映出产品在运营过程中的真实情况。而商业产品的指标体系则会因为商业产品的形态不同而有所区别。还是以商业广告为例，可以从一个广告请求开始统计广告位的曝光量、可见曝光量、点击量、CTR、CVR（转化率）、收入等指标，这些指标能够反映出整个广告投放过程中各个环节的运转情况。对比两类产品的指标体系就会发现，虽然都是在刻画产品运转的过程，但其关注的指标基本都不相同。

　　总结一下，之所以有用户产品与商业产品之分，主要还是因为产品设计的目标及产品的受众有所不同。用户产品追求的是吸引用户，获取更多的流量和数据，而商业产品追求的则是收入，两者经过多年的发展已经形成了各自完整的体系。但这里值得一提的是，用户产品与商业产品既不是各自独立的也不是相互对立的，它们只是互联网产品发展中的两个方向，并且这两个方向一定是相互依存的。商业产品没有用户产品提供的流量和数据作为基础将会是"巧妇难为无米之炊"，而用户产品没有商业产品带来的收入去养活也将难以为继，只有两者相辅相成才能帮助企业走得更远。

1.4　什么是商业产品经理

　　商业产品是企业商业变现需求的产物，商业产品经理又是伴随着商业产品的不断发展而逐步衍生出的一个群体。上文提到商业产品与用户产品的关系是相伴而生、相辅相成的，但这并不是一个先有蛋还是先有鸡的问题，因为在绝大多数情况下都是先有用户产品才有商业产品。在产品经理这个职业的发展过程中，也是先有用户产品经理，后从中逐渐剥离出了商业产品经理这个方向，所以商业产品经理的人数是远低于用户产品经理的。并且市面上的培训课程及书籍绝大部分也是偏向于教你怎样成为一名用户产品经理，这就从源头上造成了商业产品经理的稀缺及一些以偏概全的误解，认为产品经理指的就是用户产品经理，甚至在亲朋好友面前解释自己的工作时也只能勉强解释为就是设计 App 的才能被大家所理解。但实际在行业里，产品经理这个职业已经形成了一套较为完整的分类体系，如图 1-11 所示。

　　从这个分类体系中可以看到，按照不同的分类方式划分，产品经理的类型多达十几种，并且由于业务类型的多种多样，图 1-11 中无法穷尽这一分类下的所有种类。但在互联网公司里最常用的分类还是按照职能或项目类型来对产品经理进行分类。

　　在传统的互联网公司组织架构里，往往会按照职能不同设有用户产品部门、商业产品部门及数据产品部门等，产品经理分属于哪个部门就算是哪种类型的产品经理。这种分类方式的优点在于职能清晰、分工明确，用户产品部门的产品经理就是专心搞流量、搞用户增长的，商业产品部门的产品经理就是专心搞商业变现的，数据产品部门的产品经理就是做好内部数据、服务支撑的。

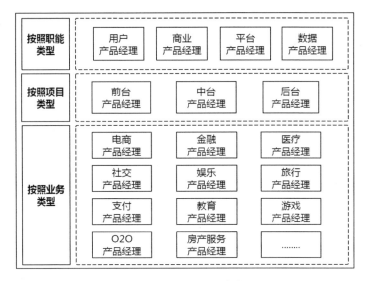

图 1-11 产品经理分类

这种分类方式也有缺点，就是各产品部门之间容易形成壁垒。由于用户产品经理与商业产品经理的 KPI（关键绩效指标）完全不同，甚至还会存在一些冲突，可能导致两个部门在日常工作中打得不可开交，甚至背后互相使绊的情况也是屡有发生。数据产品部门更是沦为两方的附属，只有低头接需求的命。

基于按照职能分类可能出现的问题及"中台"这个概念的迅速走红，很多企业都调整了内部组织架构，想要将原有按照职能划分进而形成的部门壁垒打破，按照项目管理的维度分成前台、中台、后台三大类。前台负责处理具体业务；中台负责横向整合资源，让前台的业务变得更为轻松；后台则是从底层最基础的环节支撑中台的服务。产品经理在其中按照所属项目不同自然而然就分成了前台产品经理、中台产品经理和后台产品经理。

这样的划分看似可以有效地解决各产品部门间的壁垒问题，然而理想很丰满、现实很骨感。从马云提出中台这个概念至今，无数企业喊出了中台战略的口号，但鲜有看到中台战略成功的案例，反而是茅台等企业率先宣布了中台战略的失败。中台战略的发展显然还在探索阶段，所以我们还是继续按照传统职能类型继续讨论。在了解了产品经理的分类之后，就该正式定义一下什么才是真正意义上的商业产品经理。

在互联网领域，在企业中专门从事商业变现类产品设计的岗位称为商业产品经理。下面还是来解释一下这个定义。首先，在对商业产品经理进行定义时依然将定义的范围限定在互联网领域，在其他领域可能也存在着商业产品经理这种岗位，这种岗位就不在我们的讨论范围之内。其次，在企业中专门从事商业变现工作的岗位同样有很多，如商业产品的销售员、负责售前工作的咨询师、负责售后工作的运营员及客服等都是为了进行商业变现而专门配置的岗位，而其中只有专门负责商业变现类产品设计的岗位才能称为商业产品经理，从中也能看出商业产品经理在商业变现流程中扮演着最重要的产品设计者的角色。可以毫不夸张地说，在商业变现流程中所有角色的工作都是围绕着商业产品经理所设计出的商业产品展开的，没有实质性的商业产品，再好的商业变现逻辑/模式都将是落不了地的空谈。

1.5　商业产品经理的核心能力

弄清楚了什么是商业产品经理之后，我们再来看看商业产品经理需要具备哪些核心能力。我们可以将商业产品经理需要具备的核心能力分成四个方向：扎实的产品基本功、商业理解、业务理解、核心技术认知。需要注意的是，这里只是归纳商业产品经理需要具备的核心能力，并不包含如沟通能力、表达能力、抗挫折能力等软实力。关于软实力的内容，我会在第 7 章 "商业产品经理的职业发展" 部分进行详细的阐述。商业产品经理的核心能力如图 1-12 所示。

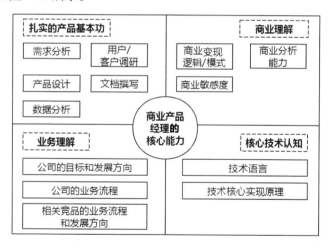

图 1-12　商业产品经理的核心能力

1.5.1　扎实的产品基本功

上一节提到商业产品经理最初是从用户产品经理中逐渐衍生出来的一个群体，所以两者只是目标和方向有所不同，但对于产品经理基本功方面的要求还是一致的。

无论是商业产品经理的工作还是用户产品经理的工作，都是从一个需求开始的，需求的来源无外乎以下四个渠道。

1．老板直接给安排的需求

这类需求因为是自上而下传达下来的，所以基本上是必做且优先级极高的需求。但老板站在公司战略发展的角度提出的需求往往是比较宏观、长远的，并不会涉及太多具体如何落地的内容，因此在接到这类需求时往往是比较模糊的状态。这个时候就需要产品经理具备较强的需求分析能力，能够将老板"飘"在天上的需求具体化并一步一步推进落地。在实际工作中，研发人员就有可能遇到产品经理提了一些很奇怪的需求，细问发现连产品经理自己都解释不清楚为什么要这么做，再问就是老板直接拍的必须做。出现这种情况的原因主要还是产品经理的需求分析不到位。无论这个需求是否真的是老板拍的，但只要是产品经理提出的，就必须能够解释清楚为什么要这么做。连自己的需求都解释不清楚的产品经理显然是不合格的。

2．业务方（运营、销售）提出的需求

业务方提出的需求属于横向传达的需求，这些需求主要源于运营、销售的同事在使用产品经理设计的产品时发现的问题及对产品未来发展产生的一些想法。与老板直接安排下来的需求相比，这类需求并不一定要照单全收，此时同样考验产品经理的需求分析能力。产品经理需要从各方众多的需求中提炼出最核心、最紧要的需求优先处理，既满足业务方的需求，又不会被业务方牵着鼻子走，沦为只会接需求的工具人。

3．用户/客户反馈的需求

通过用户/客户调研所收集来的需求同样属于横向传达的需求，但需要产品经理给予足够的重视。这类需求的特点是比业务方提出的需求更加杂乱无章，但代表着用户/客户最真实的感受。产品经理在需求分析时需要尽可能地将这些零散的点有效地组织起来，并在后续产品迭代中体现出来，只有这样才能牢牢抓住用户/客户的心。

4．自己思考的创新或优化需求

这类需求的产生源于产品经理自己，也就不存在传达的问题。它反映的是一名产品经理的自我驱动及思考的能力。与以上三种需要被动接受的需求相比，产品经理对于这类需求拥有足够的自主空间，可以围绕自己对于公司业务的理解、对于自身产品的认知来提出，这也是完善自身产品尤为重要的一环。所以，无论是商业产品经理还是用户产品经理，都离不开需求分析这项最基本也是最为核心的能力。

产品经理在完成了需求分析和用户/客户调研之后，就需要进入产品设计和文档撰写的环节。在产品设计中存在一个误区，那就是认为产品设计的核心就是画原型，产品经理的核心技能就是会使用 Axure 之类的软件来绘制产品原型。有很多培训机构培训出的产品经理精通 Axure 的各项功能，能够画出各种高保真的原型。然而，会用 Axure

画原型只是产品设计的一部分，产品设计的真正核心是根据原始需求设计出一套完整清晰的产品逻辑、友好的用户/客户使用流程，以及明确的数据获取逻辑、前后端的交互逻辑。可以说，产品设计最核心的就是"逻辑"二字。而对于一名产品经理最低的评价也不过就是："你这个人没有逻辑！"那么，想要将自己的逻辑清晰地表达出来就得靠撰写文档来实现，所以文档撰写也是产品经理的核心基本功之一。常见的产品文档类型有 PRD（产品需求文档）、MRD（市场需求文档）和 BRD（商业需求文档）。其中，后两种在实际工作中运用得比较少，最常见的还是 PRD。关于 PRD 的撰写，有两方面需要特别注意。

1）格式的规范很重要

撰写 PRD 跟本科时写毕业论文类似，需要采用八股式的内容结构及标准的文档格式。不建议产品经理自由发挥的原因也很简单，就是要让研发人员在读 PRD 时能够快速找到想要看的内容。能让读者快速看懂这个需求远比写得创意百出、花里胡哨重要得多。很多产品部门都会制定一个 PRD 的模板，要求产品经理严格按照格式来撰写，而统一格式的 PRD 也更方便管理。常见的 PRD 格式如图 1-13 所示。

图 1-13　常见的 PRD 格式

2）文档的字数不要太多也不要太少

新手产品经理在撰写 PRD 时经常会陷入一个误区，觉得写的字数越多、越详细，这份 PRD 就越好。然而，写得越多、越绕，研发人员就越容易看不懂或看起来太费劲，从而不愿意再看下去。所以，在撰写 PRD 时一定要图文并茂，尤其是在撰写涉及流程的内容时，尽可能画成流程图的形式更易于研发人员理解。记得我在第一次单独承接一个投放系统的项目时就遇到这样的问题，由于投放系统涉及的逻辑太多，方方面面事无巨细，在整理需求时又没有控制好第一期的需求数量，最后导致 PRD 长达两万多字，需求宣讲了一个星期才勉强宣讲完，但文档厚得如同字典一般，研发人员最后也没闲工夫去看、去查。不仅新手会在字数上犯错误，老手也会。很多已经进入稳定期的产品，其负责的老手产品经理在撰写文档时就容易马虎，文档写得极其简单并且经常出现"该部分逻辑与上一版本保持一致""该需求与线上版本相同"等这类偷工减料的字眼。这样带来的问题显而易见。如果是长期合作的研发人员倒是知道"一致""相同"指的是什么，但如果是新对接的研发人员就得再去翻以前的文档，需求宣讲时能给产品经理好脸色看那才奇怪了。所以，文档撰写的字数需要控制好，不要太多也不要偷工减料，尽可能保持在一个合理的范围内，这才是高质量的文档。常年坚持产出高质量的文档也会为产品经理在研发人员心目中赢得较好的口碑，非常有利于后续工作的开展。

完成产品设计和文档撰写后，基本功里就剩下最后一项——数据分析。前几年数据分析非常火，出现了一些专职的数据分析师，但并非所有公司的产品经理都配有专职的数据分析师来进行支持，绝大多数情况下还是需要产品经理自己动手分析数据。并且站在产品经理的角度，自己才是最了解自己产品的，哪些地方需要新增埋点、哪些指标需要重点关注、核心指标下降的问题到底出在哪，还是产品经理自己最清楚，所以数据分析能力逐渐成了产品经理的核心基本功之一。但这里需要注意的是，数据分析能力指的是产品经理通过分析数据发现问题、分析问题、解决问题的能力，并不是写 SQL、Python 的能力。

如今，市面上充斥着很多 SQL、Python 的培训课程，广告语更是夸张地喊出"产品经理不会写 SQL、Python 就要被淘汰"之类的话。然而，在实际工作中最多就是在做数据开发的同事没有时间做报表的时候自己写点 SQL、跑跑数据而已，掌握这种技能顶多可以说是技多不求人。但 SQL、Python 只是一种编程语言，是用来分析的工具，并不是分析本身，会不会这两种编程语言并不应该作为产品经理的核心能力来要求。真正反映产品经理数据分析能力的是其对于数据的敏感度及遇到问题时分析、解决问题的思路，而不是用什么分析工具。

1.5.2　商业理解

除了具备扎实的产品基本功，要成为一名商业产品经理，对于商业势必需要有着自己的理解。商业从本质上看就是通过满足需求来追求利润的行为。与用户产品经理研究的是如何实现用户增长、如何增加用户黏性、如何提升用户体验相比，商业产品经理研究的是如何获取利润。获取利润的方式、方法千千万，但获取的对象跳不出用户、客户、企业三大类，每类都有着自己不同的需求，而每个需求的背后又有其相应的价值。只有敏锐地发现需求、快速地满足需求，才能获得需求背后的价值，从而创造利润。所以，在商业理解部分第一步就是考验商业产品经理的商业敏感度。

商业敏感度也称商业嗅觉或商业大脑，从字面上拆解可以将其分成商业常识和敏感度两方面。商业常识指的是对于组织的运转模式、市场环境、财务状况之间的相互关系有深入的理解，而敏感度则是做出正确判断和快速决策的能力。在拉姆·查兰所著的《CEO说》中又将商业敏感度拆分成了财务敏锐、市场导向和全局思维三个方向。

什么是财务敏锐？简单来说就是对所在行业、公司各项财务数据有清晰的认知，当财务数据发生变化时能够快速寻找出变化的原因及可能带来的影响，当有各种经营事件发生时也能快速估算出可能带来的财务数据的变化。具体映射到商业产品经理身上，就需要商业产品经理对互联网行业市场的规模、公司的量级及盈利能力等财务数据有充分的了解，对于自身所属公司、所属产品线的经营状况有清晰的认知，当产品线收入下降时能够快速定位收入下降的原因并评估后续的影响，当遭遇外部事件（如竞品冲击、突发事件等）时能够快速估算出对收入的影响。

很多时候，一提到某人对某方面很敏锐就会认为这是一项天赋技能，无法复制。但实际上大量的针对性训练及足够的经验积累同样能造就极高的敏锐度，特别是对于财务方面的敏锐几乎都是后天训练的，没有对于市场、对于各项财务数据常年的关注是无法获得财务敏锐这种能力或长时间保持这种敏锐的。所以，将财务敏锐列为商业产品经理的一项基本功并不算是太高的要求。只是希望商业产品经理在日常关注流量、转化等常规指标时也别忘记将财务数据串联起来看看，这样对于理解商业、理解公司的运转都将有很大的帮助。

什么是市场导向？市场导向就是要尽可能向外看，了解外部环境、国家的相关政策、技术发展的趋势等，依照市场的变化进行决策。这看似是一项很普通、很宽泛的要求，但能有效地避免闭门造车、拍脑袋、想当然的情况出现。同样映射到商业产品经理身上，就需要商业产品经理对于外部环境、用户/客户需求的变化趋势有大方向上的把握，顺势而为，这样在设计产品时就不会出现重复造车轮或过度超前的情况。

什么是全局思维？全局思维就是俗称的大局观，即看待问题的高度。越是拘泥于一点越难发现症结，只有当你的思维高于你具体执行的层级时，你才能看到整个工作的全貌，也只有通过全局化的思考才能有效地协调资源，从而快速做出正确的决策。映射到商业产品经理身上，就需要商业产品经理的思维不再局限于自己的产品线或某款产品上，而是站在整个公司业务发展的大方向上进行思考，只有这样才能发现问题、捕捉机会。当然凡事都有个度，思维上拔得太高、太宏观又会导致看不清楚细节，反而让自己变得迟钝，所以在业务执行的层面向上抽象一到二层是最为合理且可行的。

其实，在了解了商业敏感度的三个方向后就会发现三者是层层递进的，财务敏锐能够快速、具体地捕捉内部微观层面的变化，市场导向则是对于外部环境的理解与快速反应，而全局思维是向上再抽象了一层，站在全局的视角纵观全局的变化。用一句话来概括就是：有洞察之眼，有听风之耳，有全局之思，则为商业敏感之人。

商业变现逻辑/模式在上文中已有详细的说明，这里不再赘述，我们直接来看商业理解中的最后一项——商业分析能力。在产品基本功中提到数据分析能力，而在商业理解中又出现了商业分析能力，那么两者究竟有何不同？在对两者进行区分之前我们先来看看两者的共同之处。

- 相同点 1：都依靠数据来得出结论。
- 相同点 2：都需要掌握处理、分析数据的工具。

由于具备以上两个相同点，所以数据分析与商业分析经常被混为一谈，甚至在招聘专职的数据分析师与商业分析师时没有明确地将两者的职能划分清楚，但其实两者是有明显区别的。在实际工作中，商业分析往往是先行的，而数据分析则往往是后置的。简单来说，商业分析往往发生于项目之前，在产品规划阶段就需要对行业信息、市场需求、用户/客户偏好、竞品情况、上下游关系等一系列商业属性的问题进行全面的分析，以此来指导后续的产品设计、产品定价及售卖。而这里的数据分析则往往是在产品上线之后对于产品的实际效果进行评估，从运行的数据中发现问题、解决问题。当然，并不是说商业分析就不看数据，而是说商业分析的数据来源比较广泛，分析的目的是发现机会、验证产品的可行性；而数据分析的数据则往往来源于产品本身，分析的目的是完善自身的产品。可以认为商业分析更为宏观，而数据分析更为微观，两者从出发点、数据来源到分析的目标及分析的方法均有不同，所以我将其分别列在两个大类别下。但当商业产品经理将两项技能归于一身时，两者又可以做到相互融通、共同进步。

1.5.3　业务理解

在具备了扎实的产品基本功及足够的商业理解之后，商业产品经理还需要具备第三项核心能力——业务理解。那么，商业理解和业务理解究竟有什么区别？上文所阐述的商业理解除财务敏锐一项涉及公司具体的产品或产品线外，其余部分都在理解市场、理解行业、理解整个公司。可以认为商业理解是如爬楼梯般一级一级往上走，站在宏观的视角理解商业的本质；而业务理解则是如蜘蛛网般层层延伸，以微观的视角发现流程中的每个细节。所以，业务理解要求商业产品经理聚焦于公司这个层面并能沿着公司的业务流程不断向外延伸，不仅需要知道公司的业务网有多大、覆盖了哪些、没覆盖哪些，还需要知道网是怎么织成的，其中哪些是关键节点。

另外值得注意的是，产品并不等于业务。很多产品经理存在这样的误区：自己设计了产品，那么产品逻辑就是业务逻辑，产品流程就是业务流程，产品就等于业务。但其实产品逻辑、产品流程只是业务逻辑、业务流程的一部分，产品经理也只是承担整个业务流程的一部分而非全部。举个例子。在一款商业广告产品中，商业产品经理承担的是产品设计及后续迭代的工作，后续产品的售卖是由销售人员来完成的，成功售出后具体的投放执行又是由产品运营人员来完成的，每当有其他职能的人员参与进来时都存在对接流程及详尽的执行流程。所以，商业产品经理不仅需要对自己产品的逻辑及流程了如指掌，还需要清楚地了解上下游的协作及其他团队执行的逻辑与流程，只有这样，才能在遇到问题时快速定位问题并在这个过程中挖掘出更多的有效需求。具体来讲，业务理解主要包含三部分：理解公司的目标和发展方向、理解公司的业务流程、理解相关竞品的业务流程和发展方向。

"商业产品经理需要理解公司的目标和发展方向！"这种说法听上去难免会有务虚的嫌疑，谁不需要理解公司的目标？谁不需要知道公司的发展方向？理解公司的目标和发展方向仿佛成了一件门槛很低的事情，但现实情况其实是公司里有很多人甚至一些中层领导并不理解公司的目标和发展方向。需要强调的是，这里所说的理解并不只是简单地记住了老板在年会上喊的口号或制定的全年目标，而是真正明白这些口号或目标背后的意义，以及沿着这个方向发展下去公司会变成什么样。

拥有成熟体系的公司往往能将这些战略层面的东西逐一拆解到各条业务线和各条产品线中，这样就能最大限度地形成合力。而如果公司的体系并不那么成熟，导致信息在上传下达的过程中有所折损，就需要一线的商业产品经理自行理解。那么，为什么商业产品经理一定要理解公司的目标和发展方向？因为如今的商业产品部门几乎都面临着一个疼痛的问题：除运转多年的商业广告外我们还有什么别的产品？虽然商业广告一直在优化，但无论是客户还是老板都早已听腻了关于广告的故事，商业产品部门迫切地需要有新概念、新产品推出来挽救不断下降的广告预算。而商业产品经理创新什么、创新方向从哪里来，就得从公司的目标和发展方向中下手。例如，公司目前营销属性太强，未来希望提升用户体验，那么商业产品经理的创新方向就应该转向更加原生的内容营销；如果公司的目标是发力短视频业务，那么商业产品经理的创新就应该围绕短视频的商业变现来展开。当创新产品与公司的目标和发展方向相吻合时，工作的开展难度及资源的扶持力度都将不会是问题；反过来，如果不幸与公司的目标和发展方向背道而驰，那么产品成功的概率就要大大降低。

商业产品经理在理解了公司的目标和发展方向之后，还需要进一步理解公司的业务流程。市面上可能有完全相同的产品，但肯定没有完全相同的业务流程。因为每家公司的业务流程都是根据自身特点来设计的，在不同的环节会有不同的偏向性。比如，在整个业务流程中哪个环节的能力更强或哪个环节的人员更强势，那么他们就会掌握更大的对于业务流程的定义权。

在互联网公司发展的初期，描述一家公司的特点常常就会以这家公司的强势部门为标签，如这家公司的产品团队强势那么它就是产品驱动型的公司，技术团队强势那么它就是技术驱动型的公司。当然，这些都是外部视角，不一定准确，但身在其中的商业产品经理就需要准确地进行识别，不仅要了解整个业务流程是怎么运转的，还要清楚地知道各个环节中所涉及团队的强弱势、利益点及关键角色。这里的关键角色并不一定是团队的负责人，根据我的经验，弄清楚这个团队中谁最靠谱、谁是最核心的人往往更加重要。

说到这里很多人会觉得对商业产品经理有这样的要求太市侩了。自己就一心一意设计好自己的产品不就行了吗？不想理会公司里那些乱七八糟的人际关系。别的岗位的人这么想也许可以，但商业产品经理不行。毕竟你设计的产品并不是推上线等着用户来用就完事了的，后续还需要涉及繁复的产品销售过程，如何将自己设计的产品推荐给销售人员，让销售人员愿意出去兜售你的产品，以及售出后产品运营人员如何执行、如何优化都是需要商业产品经理进行多轮、反复协调的。如何沟通得更高效、推进得更快，哪些团队、哪些人需要用什么样的沟通策略都是需要提前想好的。所以说，理解业务流程并不只是简单地知道各团队间是如何衔接的，还需要了解其中的每个人及如何与其沟通。

业务理解的最后一项是要求商业产品经理理解相关竞品的业务流程和发展方向。《孙子·谋攻》有云："知彼知己，百战不殆；不知彼而知己，一胜一负；不知彼，不知己，每战必殆。"在这里可以解释为既了解敌人又了解自己那么每场战争都不会有危险，只了解自己那么胜率就只有一半，既不了解敌人也不了解自己那么每场战争都会有危险。

如今的互联网行业竞争正在变得愈发激烈，对于背着收入 KPI 的商业产品经理而言更是如此。客户手中的预算就这么多，想要抢走分给别人的那一份就需要对竞争对手的产品有足够的了解。竞品分析、竞品调研其实也是商业产品经理最为常见的工作之一。但仅知道竞争对手做了什么还是远远不够的，毕竟长此以往你只会成为竞争对手的"跟屁虫"，被别人牵着鼻子走。所以，竞品分析、竞品调研更深层次的目的还是理解竞争对手的业务流程和发展方向，有先进之处就纳为己用，有盲目、缺失之处就要避免自己出现此类问题，同时预测竞品未来的发展方向，料敌机先，从而为后续的竞争创造更有利的条件。

1.5.4　核心技术认知

产品经理到底需不需要懂技术一直是个老生常谈的话题，网上曾经流传过一个段子。去互联网公司面试，面试官问："你会什么？"答："我什么都不会。"面试官说："来我们公司做产品经理吧，你非常适合。"虽然这是一个"黑"产品经理的段子，但是也反映出产品经理在公司内部的尴尬处境及外部对于产品经理这个岗位的误解。而造成这种误解的原因是产品经理不懂技术，时常提出一些离奇的需求，以致招来各种"黑"、各种无情的嘲笑。所以，产品经理是否需要懂技术这个问题的答案就很明显了，哪怕只是为了能在公司里生存，不被技术人员嘲笑，这技术也得懂！当然紧接着问题就来了，那到底需要懂到什么程度呢？总不能再去报个培训班从 Hello World 开始学起吧？理论上讲，报个班从头去学当然是最理想的情况，但耗时太长没有这个必要，毕竟哪怕最后学会了也不可能有哪家公司让产品经理上阵写代码。所以，对于商业产品经理来说，技术得学、得懂，但也需要有一个衡量的标准，也就是怎样才算懂技术。

1. 衡量标准 1：懂得技术语言

商业产品经理的一大工作就是与技术人员沟通，除要将自己的需求完整地传达给技术人员外，还需要听得懂技术人员给予的反馈。在技术人员的反馈中往往会夹杂着大量的技术名词，如果不知道这些名词意味着什么，那么你收到的反馈就完全是一段听不懂的天书。例如，这是不久前技术人员对我所提需求的反馈："页面上这个搜索功能我们只是用 ES 简单地搭了个架子，分词调的是公司统一的接口，只支持车系词，你要扩词那命名实体识别谁来做？我们这是后端做不了这个，你还是得先去找算法人员。"这句话放到外行眼里就是典型的字我都能看懂但就是不知道是什么意思。因为这句话里包含很多技术名词，要读懂这句话需要知道什么是 ES、什么是分词、什么是接口、什么是命名实体识别。此外，还涉及技术人员的分工及哪些工作是由后端人员来做的、哪些工作是需要算法人员来介入的。以上这些内容商业产品经理都得弄清楚，只有这样才能正常与技术人员沟通，并且还要有能力判断这些内容中哪些是真的实现不了、哪些只是技术人员在甩锅。

2. 衡量标准2：了解技术核心实现原理

商业产品经理除了需要懂得技术语言，也就是有一定的技术基础知识，还需要了解一些技术核心实现原理。对于不同职能、不同业务类型的产品经理，其所需要了解的技术核心实现原理也是不相同的。具体到商业产品经理，自身一定要懂的就是计算广告的相关技术。商业产品经理需要了解整个广告投放系统的架构包含哪些部分，其中广告投放引擎的作用是什么、原理上是怎么实现的，信息检索的方法有哪几种、具体业务中用了哪几种，流量和CTR预估的方法有哪些、各自的优劣势是什么，等等。

这些内容虽然专业性非常强，但都是最核心的原理，商业产品经理必须都要弄懂。当然这里也存在一个误区，认为商业产品经理需要弄明白这些内容首先需要能够看懂代码，其实不然。这里要求的商业产品经理懂技术并不需要真的能够看懂代码，而只需要能读懂技术人员所写的文档即可。

在实际业务中，商业产品经理与技术（研发）人员的对接流程通常是这样的：首先商业产品经理产出PRD，紧接着在产品组内部进行需求宣讲，通过后开始对技术人员进行宣讲，宣讲完成后技术人员会对商业产品经理所提需求进行评审，确定哪些需求可以实现、哪些需求不能实现；在确定了本期要做的需求之后，技术人员会产出与之对应的技术实现方案，通常情况下技术实现方案的评审也会邀请商业产品经理参加并确认具体细节，评审通过后就进入排期开发阶段。在这个流程中，商业产品经理只需要能够读懂技术实现方案即可，并不需要去看代码，并且正常、规范的公司是不可能让商业产品经理接触到具体代码的。

在满足了以上两大条件之后，就算达成了了解核心技术的目的。很多时候，常见的产品类型都有介绍实现原理的书，再配合公司里具体的技术文档就能帮助你快速入门。另外，如果觉得阅读大量的技术实现方案还是过于繁复，或者公司Wiki里的文档并不齐全，还有一个更快了解的方法，就是去找熟悉的测试人员要一份相应产品的测试用例。测试用例一般以思维导图的形式呈现，能让你快速弄清楚产品的技术实现流程及关键节点。并且测试人员往往才是最懂这个产品从需求到技术实现的人，各种前人交接不清的逻辑、技术细节很多时候都可以从相关的测试人员那里得到答案。有技术问题问测试人员，有流程、逻辑问题看测试用例，这绝对是一种可以帮你提高效率的好办法。

1.6　商业产品经理的分类

在了解了商业产品经理的核心能力之后就会发现，想要成为一名合格的商业产品经理还是有一定门槛的。想要完全具备以上所有的能力并非一件容易的事，需要一个方向一个方向地积累。在一个商业产品团队中，很多时候会依照公司的业务及商业产品经理选择的发展方向进行相应的分工，也就是对商业产品经理这个岗位的职能进行进一步的细分。绝大多数情况下会分成以下四种——系统型商业产品经理、策略型商业产品经理、功能型商业产品经理、数据型商业产品经理，具体如图 1-14 所示。

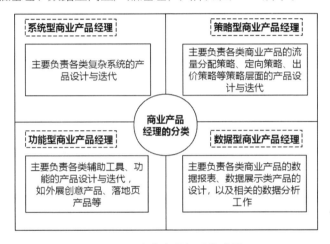

图 1-14　商业产品经理的分类

从图 1-14 的分类中不难发现，这里采用的分类方法与此前在产品经理分类中按照职能进行划分的方法非常相似。毕竟大型的商业产品是一个完整的体系，其中必然包含复杂的后台系统、灵活多变的策略、丰富多样的前端样式、一应俱全的配套功能及相关的数据统计与展示。身在这个大体系下可以体验到不同的产品职能，也能积累起完整的产品经验。

1.6.1　系统型商业产品经理

系统型商业产品经理是最为常见的一种商业产品经理，他们主要负责各类复杂系统的产品设计与迭代。与一般的平台产品经理不同的是，系统型商业产品经理专攻的是复杂的后台系统。例如，最常见的广告投放系统就是一个庞大且复杂的体系，想要承担这部分的工作对于商业产品经理的技术认知要求非常高，需要对广告投放引擎与投放后台的系统架构、核心功能及实现原理都有充分的认知。常见的 C 端、B 端产品在产品设计时可以参考、模仿同类的产品，但遇到一些复杂的系统就很难找到类似的参考资料。即使能够看到同类产品的页面或功能说明，也很难复制那些隐藏在背后的投放、优化逻辑。

无论是从 0 到 1 搭建一个新产品还是现有产品的优化、迭代，更多时候还是依靠系统型商业产品经理自身对于业务和产品的理解及过往的实战经验来支撑，能照搬的地方极少，这就在无形中加大了成为系统型商业产品经理的难度。所以，很多商业产品团队在招聘系统型商业产品经理时会将"能否把做过的复杂系统说明白"作为一个重要的考核指标，再进一步还需要能于各个功能模块的细节处说明白为什么要这么设计、当时是如何考虑的。如果应聘者能一一说明白，那么基本就可以断定这名应聘者是真实参与设计过这个系统的熟手，将其招入团队中会省去很多培养与学习的时间。当然，这样也就造成了一个新的问题：成为一名系统型商业产品经理的门槛很高。那么，如果你没有做过这类复杂的系统但又想入门该怎么办呢？其实这也是我写这本书的意义，因为我也经历过一个艰难的入门过程，所以希望能够帮助大家快速迈过这个门槛。

1.6.2　策略型商业产品经理

如果说系统型商业产品经理是商业产品经理的门槛，那么策略型商业产品经理就是团队中公认的站在商业产品经理食物链顶端的存在。首先来说一说什么是策略。策略并不是一种具体的产品，也没有固定的产品形态。互联网行业中的策略指的是可以实现目标的方案集合。为了完成某个目标而开发了一个新功能，那么这个新功能就是针对目标的一个解决方案，当然为了完成目标还需要有其他的解决方案，那么将这些解决方案汇聚到一起就形成了目标的解决方案集合，也就是我们所说的策略。所以，策略并不是一个解决方案，而是由多个解决方案组合而成的，方案与方案之间还需要有衔接与配合才能算得上是策略。但无论是策略还是功能，其存在的意义都是为了完成目标、解决问题，脱离了具体问题和目标的策略将毫无价值可言。

在实际业务中，我们遇到的很多问题都不会是一条直线的，会存在各种不同的场景/情况，每种场景/情况可能都需要有不同的解决方案，无法一概而论，这样复杂的问题就需要由策略型商业产品经理来解决。与系统型商业产品经理相比，策略型商业产品经理不仅要对于复杂系统有足够的认知，还要能够解决核心的问题。在商业广告中，广告的投放策略就是一个复杂的常态化问题，向下又可以拆分到各个模块的策略，如流量分配策略、定向策略、出价策略等。当然，也有非常态化的问题需要处理，如某条产品线的收入提升，某类广告的 CTR 优化、CVR 提升等。

在同业竞争中，当流量量级与产品功能都在同一水平时，决定效果好坏的就是各家公司的策略水平高低。所以说，系统型商业产品经理决定了商业产品团队的下限，而策略型商业产品经理则决定着商业产品团队的上限。因为策略型商业产品经理的门槛很高，所以商业产品团队在招聘策略型商业产品经理时并不容易，最大的问题就是合适的应聘者很少甚至连简历都求不来。所以，在筛选简历时应当适当放宽要求，特别懂系统或特别懂功能的候选者只要有志于往策略方向发展，其实都可以邀请来聊一聊，毕竟如果做策略不行还可以继续做系统和功能。至于怎么衡量一名应聘者懂不懂策略、到底有多懂策略，其实没有一个特别好的量化标准，只能通过应聘者讲述自己的项目经验及临场应对一些实际的题目来判断，并无多少技巧可言。

1.6.3　功能型商业产品经理

在一个商业产品团队中，有了做系统的又有了做策略的，但如果没有做功能的，那么这个团队就像只有一条腿走路的残疾人，始终是走不了多远的。上文提到功能只是一个解决方案，策略型商业产品经理要做的是将多个解决方案聚合起来。而这多个解决方案从哪里来？显然不可能是策略型商业产品经理一个人做出来的，此时就需要多名功能型商业产品经理来提供各自在不同方向上的解决方案。可以简单地理解为，系统型商业产品经理搭起了底层的核心系统，功能型商业产品经理在核心系统上构建了各式各样的功能（也可以理解为具体的某类产品），最后由策略型商业产品经理从中聚合、调度，以实现团队的最终目标。

对于功能型商业产品经理的要求，在核心技术认知方面就不需要有系统型和策略型商业产品经理那么高，当然对系统和策略了解得越多、理解得越深是绝对没有坏处的。相比以上两种类型的商业产品经理，功能型商业产品经理更需要的是对于商业、对于业务的理解及层出不穷的创意，因为功能型商业产品经理的核心工作就是设计各式各样满足用户需求的功能型产品。功能型产品需要有具体的产品形态，如各种风格的外展创意产品、各类不同功能的落地页产品等。

因为是要对外展示的产品，除满足核心需求外，还需要有美观的视觉、良好的用户体验，在面对销售人员或直接面对用户时还需要有包装好的"故事"。所以，要求功能型商业产品经理不但能敏锐地捕捉到用户的需求，还要有层出不穷的创意，哪怕最后是新瓶装旧酒也得每次都不一样。不要小看功能型商业产品经理在团队中的重要性，其地位绝对可以与系统型商业产品经理五五开，毕竟在这个"酒香也怕巷子深"的年代，再好的系统也要有好的包装才能实打实地给团队带来收入。商业产品团队在招聘功能型商业产品经理时除考核对于相关复杂系统的了解程度外，还需要应聘者展示以前做过的产品。根据其以前所做产品的水平就能大概了解应聘者的能力。如果是偏向于做外展创意、落地页等比较通用的功能型产品，还可以与其多聊一聊沉淀的方法论。很多时候大家对于产品设计的方法论是有误解的，一提方法论就觉得务虚，但实际上产品设计的经验是需要不断提炼才能上升到方法论的高度的，能说出相关的细节及积累的经验只能证明应聘者确实做过相关的工作，但只有提炼出相应的方法论才能授人以渔、推而广之。

1.6.4　数据型商业产品经理

商业产品经理的最后一种分类就是数据型商业产品经理。此类商业产品经理的职能主要由两部分组成：第一部分是商业产品的数据分析，第二部分才是设计商业数据产品。我们先来说一说数据分析。之所以要在商业产品团队中专门设置一个数据分析岗位，与很多公司的组织架构和人力成本有关。随着商业产品的快速发展，产品的逻辑、流程和形式千变万化，这就给相关数据的追踪与分析带来了很大的困难。特别是功能型商业产品经理很多时候会遇到紧急赶工上线而导致数据埋点缺失的情况，这就需要有人来负责查漏补缺。

另外，虽然数据分析能力已经作为商业产品经理的基本技能来要求，但对数据不敏感、分析能力不足的商业产品经理也是大有人在的。所以，很多公司会设有数据分析团队，再将各个数据分析师分配到不同的业务线或产品线上进行支持，以弥补商业产品经理数据分析能力不足的问题，还能起到一定的监督作用。

这样的模式已经算是目前最为合理的解决方案，但在实践中还是会存在一些问题。

首先，不是每条业务线或产品线都能配有专职的数据分析师的，绝大多数情况下还是一名数据分析师支持多条线。其次，由于数据分析师与商业产品经理分属两个团队，前者又有监督的职能，双方在工作的沟通上难免有不及时或有所保留的地方，这样就会导致遇到问题时互相不知道发生了什么。最常见的情况就是核心指标下降了，数据分析师不知道商业产品经理做了什么操作，给不出结论来才跑去问商业产品经理，而商业产品经理只知道自己上线了什么新功能，还在等着数据分析师来解答问题出在哪，由此形成了互相推诿的局面。这也是这种模式下存在的最后一个问题：因为配有数据分析师，所以商业产品经理就将数据分析的相关工作都甩给数据分析师去做，自己完全不看数据、不动脑子就去分析问题了。

在我转型成为一名商业产品经理之前，一直以数据分析师的身份工作在产品线上，常常遇到对接的商业产品经理直接抛个问题过来让给结论，对于自己的产品在这个过程中有过什么改动都说不清楚的情况。介于以上种种问题，很多商业产品团队会选择招一名数据分析师来团队中专职解决数据相关的问题，这样还能解决团队中很多商业产品经理不会写 SQL、跑数据要到处求人的问题。但这种操作显然是不符合公司对于各团队的职能划分的，有点瞒天过海的意思，但很多时候出此下策也是无奈之举。

另外，随着商业数据产品的逐渐兴起，这类在团队中专职做数据分析的商业产品经理就有了真正设计商业数据产品的职能。因为他们对公司业务线或产品线的逻辑、流程、数据情况了如指掌，正好物尽其用，融合各方数据源从中挖掘出对用户有价值的信息，并以数据产品的形式包装出来作为其他商业产品的增值服务进行售卖。更有甚者能够形成一套独立的体系单独进行售卖，这也是商业产品多元化发展的一个重要趋势。

在招聘数据型商业产品经理时能遇到有商业数据产品开发经验的应聘者自然是最理想的状态，但这样的概率很小。做过内部数据产品的应聘者也可以约来面试一下，但这样的应聘者也不多见。所以，此时可以调整思路，寻找那些想要转型做商业产品经理的数据分析师，只要对方有意愿转型并且具备一定的产品 Sense，完全可以给予机会试一试。我早期就是通过这样的方式成功转型成为一名商业产品经理的，在设计了第一款商业数据产品之后又正好赶上了一个全新投放系统的产品设计工作，从 0 到 1 搭建完成后开始对投放的效果进行优化，进而走上了策略型商业产品经理的道路。

1.7　商业产品团队的构成

在弄清楚了商业产品经理的分类及每种商业产品经理的职能之后，下一步需要考虑的就是商业产品团队的构成问题。需要强调的是，这部分内容并非只适合商业产品团队的领导阅读，不带团队单干或目前只是商业产品团队中一员的商业产品经理对此同样应当有所了解。

对于不带团队单干的商业产品经理而言，随着产品的不断发展，其终究还是要面对组建团队的问题，所以早做准备还是很有必要的。同样，对于目前只是商业产品团队中一员的商业产品经理而言，现阶段思考团队如何构成还为时尚早，但可以通过这部分内容弄清楚商业产品的设计工作是如何分工和运转的，并且找准自己在团队中的定位及未来的发展方向。毕竟很多时候因为业务及团队人员的变动，商业产品经理在团队中的定位、工作内容都会跟着改变，有些工作可能你不愿意去做，有些方向可能与你的目标背道而驰，此时清楚地了解团队的构成及运转的逻辑能在一定程度上缓解这种尴尬，对于自己未来的发展是极其重要的。

图 1-15 所示为常见的负责一条产品线的商业产品团队的协作流程，从中可以看到系统型商业产品经理在团队中起主导作用，团队中负责其他业务的商业产品经理都与他们有着密切的交互。系统构建得不好不但整个团队运转不起来，就算在功能层面包装得再好也只是个花架子，在实际运转中必然会不断地出问题。只有好的系统作为支持，功

能型商业产品经理才能依次创造出各式各样的商业产品，产品成功售卖之后将这些功能输出给产品运营人员，由产品运营人员来负责后续的执行工作。

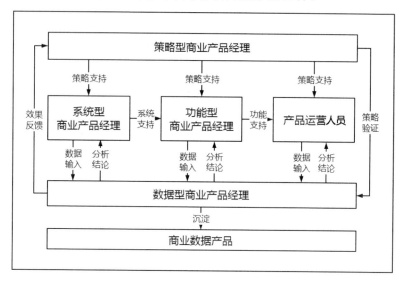

图 1-15　商业产品团队的协作流程图

策略型商业产品经理则凌驾于这条主流程之上，在每个环节提供策略支持，在系统迭代中优化各个模块的策略（如在广告投放系统中优化定向策略、新增出价策略等），以及在功能迭代中优化各项功能的策略（如优化各种广告类型间的流量分配策略等），在执行任务的过程中以策略输出的方式帮助产品运营人员优化各项执行任务的效果。在以上过程中，所有环节都会有相应的数据产生，而这些数据最终都会汇集到数据型商业产品经理手中。此时数据型商业产品经理需要履行他的第一个职责——帮助团队中的其他商业产品经理分析数据、发现问题，另外还需要将不断积累的数据进行沉淀，形成相应的商业数据产品并在不断迭代中形成商业价值。这里所指的商业数据产品属于广义的商业数据产品，并非只是传统意义上的一个能看数据的后台，而是有分析能力、能够诊断问题、对用户能产生价值的产品。产品的形式并不固定，前期甚至可以只是一份数据报告的 PPT，只要能够帮助用户更多地了解我们的产品都是有意义的，后期再逐步迭代成为一个集数据展示与分析、指导业务及对外连接输出的综合型平台。

基于以上的协作流程，我们可以对商业产品团队中各种类型商业产品经理的数量进行配置。

1.7.1　小型商业产品团队（3～5 人）

对于 3～5 人的小型商业产品团队，或者称之为产品组更为贴切，常见的 3 人架构为：1 名小组长+1 名系统型商业产品经理+1 名功能型商业产品经理。小组长除负责团队管理外，主要负责策略型商业产品经理的工作，至于数据分析工作就得由其他两名组员自行完成。接下来如果团队扩充到 5 人，那么应当根据目前产品所处的阶段来决定增加哪个方向上的人员。例如，如果产品正处于从 0 到 1 的初创阶段，那么再补充 1～2 名系统型商业产品经理也是合理的，毕竟前期的系统搭建尤为重要；而如果系统已经搭建完成，进入具体的功能输出阶段，就可以转而补充 1～2 名功能型商业产品经理，以丰富输出的产品功能。只有当产品已经进入成熟期或瓶颈期时才应该考虑引入 1 名策略型商业产品经理，从策略优化的角度为产品寻找增长点。以小型商业产品团队维护的产品规模配置 1 名数据型商业产品经理就显得非常奢侈，没有这个必要。

1.7.2　中型商业产品团队（6～14 人）

对于 6～14 人的中型商业产品团队，人员的可配置空间就变得很大。常见的 8 人架构为：1 名团队长+2 名系统型商业产品经理+2 名功能型商业产品经理+1 名策略型商业产品经理+1 名数据型商业产品经理+1 名产品运营人员。当团队规模较小时策略工作会由团队长来兼任，数据和运营工作分别由系统型和功能型商业产品经理来兼任；而当团队扩充到中型时，这些兼任的岗位就能区分出来，由专职的人员来负责，团队内的分工也会变得更加流畅且明确。但值得注意的是，当团队继续扩充时优先级应该是"功能型商业产品经理=产品运营人员>系统型商业产品经理>数据型商业产品经理>策略型商业产品经理"。毕竟一个商业产品团队从小型逐渐扩充到中型之后，再从 0 到 1 搭建底层系统的机会就很少了，绝大多数情况都是优化现有系统、重点扩充功能。此时对于功能型商业产品经理及产品运营人员的需求量应该是最大的，数据型和策略型商业产品经理有那么 1～2 名成员即可满足需求。

1.7.3　大型商业产品团队（15 人及以上）

由于我自身的经历有限，在职业生涯中还没有管理过大型商业产品团队的经验，所以在大型商业产品团队这个部分只能进行一些推断。配置 15 人的商业产品团队应该是：1 名团队长+2 名系统型商业产品经理+4 名功能型商业产品经理+2 名策略型商业产品经理+1 名数据型商业产品经理+5 名产品运营人员。在这个配置的架构中我们会发现，产品运营人员的数量大幅增加，因为随着产品售卖得越来越多，在项目执行过程中所需要的人力自然也越来越多，继续发展下去在运营层面还会按照用户所属行业来进行精细化的划分，最终产品运营人员的数量甚至会超过商业产品经理的数量。除产品运营人员的数量大幅增加外，功能型商业产品经理的数量也会随之增长，毕竟需要有更多功能输出给销售和产品运营人员。与此同时，可以增加 1~2 名策略型商业产品经理来增加策略方面的输出，以帮助产品运营人员更好地优化效果。

1.8 商业产品经理 vs 用户产品经理

在对商业产品经理这个岗位有了完整的认识之后，我们还是将商业产品经理和用户产品经理这两个岗位进行一个对比，以帮助大家明确两个发展方向的异同，以便提前做好选择。

1. 岗位职责不同

商业产品经理与用户产品经理在公司里分属于商业产品和用户产品两大中心/部门，两大中心/部门的核心职能不同带来的就是商业产品经理与用户产品经理在岗位职责上的不同。用户产品中心/部门主要负责的是 C 端产品的设计与研发，所以用户产品经理的职责自然就是负责某款 C 端产品的迭代或从 0 到 1 创造一款新的 C 端产品。从这个角度又可以将用户产品经理分成专门负责 C 端产品设计的、专门负责用户体验的及专门负责用户增长的。

而商业产品中心/部门的主要职责则非常直接，就是为公司赚钱，所以商业产品经理的工作都是围绕赚钱这一目的来展开的。虽然将商业产品经理分成了系统型、策略型、功能型及数据型，但无论是搭建复杂的系统、设计炫酷的功能，还是输出高效的策略、分析核心的数据，其本质都是在为公司赚更多的钱而努力，没有一项优化或迭代及新产品的诞生是脱离收入目标而存在的。打一个可能不太恰当的比喻：用户产品经理就像不为五斗米折腰的书生，一心追寻自己的抱负与理想；而商业产品经理就像满身铜臭的商户，哪里有赚钱的机会哪里就有他们的身影。这样的比喻虽然多少有些"黑"商业产品经理的意思，但真实地反映了在巨大的收入压力下，商业产品经理在到处想办法提升收入时的一种无奈和自嘲。我曾经就遇到过一些怀揣创造伟大产品梦想的年轻人在成为商业产品经理后感到非常不适应，无法接受这样"唯利是图"的工作职责而无奈离开的情况。当然，也有商业嗅觉灵敏的人刚一成为商业产品经理就展现出巨大的潜力进而快速成功的案例，所以究竟走哪条路完全可以依照自己的喜好来选择。

2. 核心 KPI 不同

既然商业产品经理与用户产品经理的岗位职责不同，自然对于两者的核心 KPI 也是不同的。用户产品经理按照分类不同，核心 KPI 可以分为以下三种。

对于专职做用户增长的用户产品经理来说，与用户数量相关的指标自然最为核心，如 DAU（日活跃人数）、MAU（月活跃人数）。可不要小看了这两个指标，如何实现这两个指标的高速增长可是现在互联网行业里最为头疼的问题之一。对于已经上市的互联网公司而言，这两个指标的变化还会出现在对外公布的财报中作为提供给投资者的重要参考。公司的财务数据表现得再好，要是活跃的用户数常年不增长或反而减少，这也是这家公司由盛转衰的一个明显信号。所以，目前比较常见的方式是整个用户产品中心/部门共背用户增长的 KPI，尽可能形成合力。

对于专职做用户体验的用户产品经理来说，用户体验早已不是虚无缥缈、不可量化的东西。常见的用于衡量用户体验的指标是 NPS（净推荐值）。NPS 是一种通过统计用户将向其他人推荐某款产品或服务的可能性大小来衡量用户体验好坏的指标。虽然通过主观打分的方式进行统计无法做到特别精确，但如果长期坚持进行一定规模的调研，根据 NPS 的变化还是很能反映用户体验的变化情况的。

对于专职设计 C 端产品的用户产品经理来说，核心 KPI 将是用户数量指标与用户体验指标兼有，并且还会加入一些用户的停留时长之类的具象化指标。

对于商业产品经理而言，绝大多数时候 KPI 都不会按照职能分类的不同而有太明显的差别，基本上产品线收入的 KPI 都是团队内所有成员共背的，只是各自所占的比重会有不同。而对于具象化的指标，如 CTR、CVR 等，不但各个公司考核的指标大同小异，甚至指标统计的口径也差不太多。所以，商业产品经理在写简历时对于产品效果的描述是极为相似的，沿着这些业内共识的指标很容易就能问出具体的细节。

3. 对专业技能的要求不同

商业产品经理与用户产品经理的第三个不同点是两者对专业技能的要求不同。上文提到过产品经理的产品基本功主要包括需求分析、用户/客户调研、产品设计、文档撰写及数据分析五大项。虽然两类产品经理在实际工作中每项都会有所涉及，但各自的侧重点还是有明显不同的。对于用户产品经理而言，需求更多源于自身对于产品的理解及对于用户/客户诉求的洞察，所以需求分析与用户/客户调研会是一个长期持续的过程。需求分析与用户/客户调研报告也是需要定期产出的，报告的质量也能反映出一名用户产品经理的洞察能力及专业水平。

而另外一项考验用户产品经理专业水平的指标就是在产品设计中产出的产品原型，

会使用 Axure 等工具来画原型一度被认为是用户产品经理的标志性专业技能。由于很多时候的需求都与前台页面有关，而通过原型及对于原型的注释来阐述需求更为直观，所以用户产品经理并不一定要将需求写成文档。前端展示的功能对于用户产品经理的交互设计能力甚至是审美都会有更高的要求。

但对商业产品经理而言，对于需求的分析与用户/客户的调研是按照用户/客户的维度来展开的，会在不同的周期内对不同行业的用户/客户分批进行调研，产出的需求分析与用户/客户调研报告也都是针对不同行业或直接针对某个用户/客户的。

另外，两者在产品设计方面也有所不同。商业产品经理绝大多数的工作都是围绕系统的迭代、策略的优化来进行的，这些都是没有具体产品形态或没有直观页面显示的需求。所以，商业产品经理需要使用 Axure 等工具来画原型的时候就比较少，很多时候还是以写文档为主。此时对于商业产品经理的交互设计能力、审美就不会有过多的要求，转而强调的是商业产品经理的逻辑表达能力及书面总结能力。

4．在公司中的地位不同

最后一项区别就是两类产品经理在公司中的地位是截然不同甚至此消彼长的。说到在公司中的地位，其实是一件很玄乎的事情，很多时候与公司所处的大环境、所处的阶段、内部的组织架构，以及个人的能力、情商、运气都有关系。在移动互联网刚崛起的那几年，各家公司除疯狂烧钱扩张外，考虑最多的就是应当如何将好不容易抢来的流量变现。所以，在那个年代各家公司纷纷建立商业产品中心/部门，商业产品经理作为部门中最为核心的存在，在整个公司中的地位是极高的。此时商业产品中心/部门给用户产品中心/部门提的需求几乎是不容拒绝的，毕竟是在想办法给公司赚钱，所有人都必须配合。这个时期商业产品经理不但能稳稳压用户产品经理一头，甚至是全公司地位最高、福利待遇最好的岗位。

但随着那个"野蛮生长年代"逐渐成为过去，流量增长越来越困难，各家公司开始意识到过度商业化对于用户的伤害有多大。为了降低用户流失率、继续保持用户稳定增长，大家又纷纷将提升用户体验放回了第一位，这样的转变影响最大的自然是曾经在公司里"跋扈"惯了的商业产品经理。曾经提了就必须做的需求很有可能因为太伤害用户体验而被驳回，曾经已经开辟的大量用户体验不好的位置、入口都将被取消，商业产品经理与用户产品经理在公司中的地位开始反转，很多需求需要商业产品经理不断去"恳求"才会被接纳。当一切都顺利推进时，还有可能被用户体验部门一票否决。所以，我在上文中一再强调商业产品经理在设计商业产品时一定要兼顾用户体验，否则你辛苦设计的产品很有可能就被相关的用户产品经理给直接"毙掉"。

当然这里并不是让大家看哪种产品经理在公司中的地位高、有话语权就去干哪种，而是想告诉大家三十年河东、三十年河西，时代在改变，哪怕是给公司赚钱的商业产品经理也不能在公司里继续横着走下去了。用户体验差的产品终要走向灭亡，在收入与用户体验间找到一个平衡点才是这个时代商业产品经理要思考的问题，也只有做好两者的平衡才能保证自己在公司中的地位。

本章小结

到此我们完成了对于商业产品经理宏观认知的阐述，下面就对第 1 章的内容进行一个总结。首先从"什么是商业产品"这一核心问题出发，在业界缺乏权威解释的情况下，我依照自身积累的经验对于商业产品进行了具体的定义并借此引出第 2 个问题"什么是商业变现"。商业变现包含三层内容：商业变现逻辑、商业变现模式及商业产品形态。自上而下看第一层是商业变现逻辑，包含流量变现逻辑、服务变现逻辑、数据变现逻辑。每种商业变现逻辑映射到第二层中又有与之对应的商业变现模式，流量变现逻辑对应广告变现模式、电商变现模式、流量分发变现模式，服务变现逻辑对应增值服务变现模式，数据变现逻辑对应商业数据变现模式。每种商业变现模式又可以进一步映射到具体的某种商业产品形态上，再对每种商业产品形态进行举例说明，这样大家对于商业产品就算有了初步的认知。

进而就产生了第 3 个问题"商业产品和用户产品究竟有什么区别"。区别总结起来有四点：产品设计的目标不同、产品的主要受众不同、产品的体验不同、衡量产品的核心指标不同。在弄清了两者的区别之后就真正进入商业产品经理的部分，由此引出了第 4 个问题"什么是商业产品经理"。产品经理的分类方式有很多，商业产品经理是按照职能进行划分得出的一种专门从事商业变现类产品设计的岗位。紧接着第 5 个问题就是"商业产品经理需要具备哪些核心能力"。商业产品经理的核心能力被分成了四大块：扎实的产品基本功、商业理解、业务理解及核心技术认知。

在具备了这些能力之后，要想进一步了解商业产品经理这个岗位，还需要知道"商业产品经理有哪些分类"，这就是第 6 个问题。商业产品经理可以分成系统型、策略型、功能型及数据型商业产品经理。每种商业产品经理在商业产品团队中都起着不可或缺的作用。

最后一个问题自然就是"商业产品经理与用户产品经理的区别是什么"，同样有四点：岗位职责不同、核心 KPI 不同、对专业技能的要求不同及在公司中的地位不同。这样一来，我们就通过 7 个问题阐述清楚了商业产品和商业产品经理两大核心概念及据此产生的几大关键问题，接下来就是核心知识点。

- 商业产品：在互联网领域，企业以自身资源为特定对象提供所需产品或服务，进而换取利润的方式称为商业变现，其中企业所提供的产品或服务统称为商业产品。

- 商业变现：第一层是商业变现逻辑，第二层是商业变现模式，第三层才是商业产品形态。

- 商业变现逻辑：流量变现、服务变现、数据变现。

- 商业变现模式：广告变现、电商变现、流量分发变现、增值服务变现、商业数据变现。

- 商业产品与用户产品的区别：产品设计的目标不同、产品的主要受众不同、产品的体验不同、衡量产品的核心指标不同。

- 商业产品经理：在互联网领域，在企业中专门从事商业变现类产品设计的岗位称为商业产品经理。

- 商业产品经理的核心能力：扎实的产品基本功、商业理解、业务理解、核心技术认知。

- 商业产品经理的分类：系统型商业产品经理、策略型商业产品经理、功能型商业产品经理、数据型商业产品经理。

- 商业产品经理与用户产品经理的区别：岗位职责不同、核心 KPI 不同、对专业技能的要求不同、在公司中的地位不同。

第 2 章

商业产品经理的微观工作

在对商业产品经理有足够的宏观认知之后，我们正式进入全书的重点部分，也就是商业产品经理的微观工作。先来说一说什么是微观工作。微观工作与宏观认知在本书中是一组相对的概念，其本质是反映我们看待问题的角度。

宏观认知部分以搭建基础认知为主要目标，所以涉及的都是核心概念的解释。例如，什么是商业产品？什么是商业产品经理？在弄清楚这些核心概念及这些概念之间的相互联系后，就算是在产品经理的知识体系基础上搭建了一套专门针对商业化的宏观认知框架。核心概念是框架中的一个个节点，而核心概念之间的相互联系就是串联这些节点的骨架。当然，节点并不见得越多越好，毕竟节点越多需要连接的骨架就越多，整个框架也会变得愈发复杂。结构性的东西永远是越简单越好，剩下的就交给一项项具体的工作内容来丰富，而这一项项具体的工作内容就称为微观工作。介绍这些具体的工作内容不仅能填充我们的整个宏观认知框架，更有助于帮大家快速入门商业产品经理这个职业。仅有宏观认知框架但不知道工作具体该如何开展的人，永远只是个纸上谈兵的门外汉；同样，只了解具体的微观工作内容但缺乏宏观认知的人，就只是房梁上的一颗螺丝钉，难以窥见房屋的全貌，就更不用谈未来发展。

所以，虽然宏观认知与微观工作是一组相对的概念，但二者又是相辅相成的。本书就依照这样的逻辑在第 1 章完成了对于商业产品经理宏观认知部分的阐述，接下来就开始阐述商业产品经理的微观工作内容。由于商业产品经理的微观工作内容有很多，为了方便记忆，我会按照一款商业产品的诞生路径来逐一解释。商业产品从 0 到 1 的诞生流程如图 2-1 所示。

从整体上看，一款商业产品的诞生需要经历三个时期，分别是产品筹备期、产品研发期及售卖服务期。产品筹备期，顾名思义就是在设计一款全新的商业产品前，商业产品经理需要进行的前期准备工作。在这段时期，商业产品经理的主要工作内容就是通过

进行**不断**的客户调研和需求分析来完成一款全新商业产品的产品规划。这里之所以强调
"**不断**"这个词，是因为客户调研与需求分析并非简简单单地调研一两家客户，分析一下
他们的需求就算完成了。从客户调研到需求分析、再到产品规划，这其实是一个循环往
复的发现过程。客户调研很多时候会被形式化，变成与客户拉近关系的噱头，但调研的
真正目是发现客户的真实需求。并且单一客户的需求可能并没有那么高的普适性，所
以还需要调研更多的客户来寻找最大痛点，进而汇聚成新产品的原始需求，这就是产品
筹备期的第二项工作——需求分析。

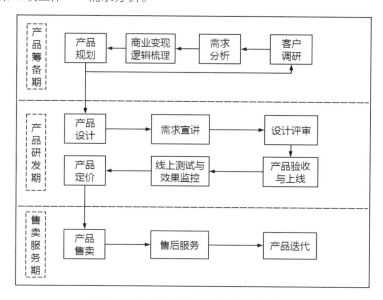

图 2-1 商业产品从 0 到 1 的诞生流程

需求分析完成后，下一步就是进行商业变现逻辑梳理，这是在产品筹备期经常被忽
略的一项工作。很多新手商业产品经理分析完需求就立刻开始动手规划产品的具体形
态，但其实在前面商业产品的定义中我就提到过，商业产品的本质始终是围绕商业变现
逻辑展开的，所以在开始规划新产品之前一定要先考虑清楚商业变现逻辑。常见的商业
变现逻辑分别是流量变现、服务变现及数据变现，而商业变现逻辑梳理的本质就是从中
选一并确认是否可行。当然，也不排除规划的是一个超级大的产品，三种商业变现逻辑
都包含其中，不过一般情况下还是应当走以小见大的路线，先专注于一种商业变现逻辑，
并以此对应一种商业变现模式，进而创造一种新的商业产品形态。

只有在梳理清楚了商业变现逻辑之后才会真正进入产品筹备期的最后一步——产
品规划。产品规划方案是对于前期所有筹备工作的一个整合，也是**产品筹备期最重要的
产出物**。在绝大多数情况下，在产出第一版产品规划方案后产品筹备期还远没有结束，

还需要将新产品的规划拿去与关系较好的客户进行第二轮调研。这样做可以带来两个好处：第一个好处是印证新规划的产品是否准确满足客户的需求并能帮助客户有效地解决问题；第二个好处是为新产品后期的售卖工作进行预热。在第二轮调研过程中，如果产品规划方案没有命中客户痛点或客户没有表现出明显的兴趣，那么商业产品经理需要对新产品的规划进行调整。在产品筹备期调整产品规划方案远比进入产品研发期后再来调整成本要小得多。而一款全新商业产品的产品规划方案从诞生到定稿，因为需要听取各方的意见，必然会经历反反复复的修改，所以很多时候产品筹备期可能拖得很长。商业产品经理在这段时期也会被虐得很惨，但想要做出一款成功的商业产品，必须经历这些磨炼。

在产品规划方案定稿之后就算正式进入产品研发期，这是商业产品真正从纸面落到实处的时期。在产品经理这个圈子里一直流传着这样一句话："能把自己吹出去的牛给落了地的产品经理，那才是真正的好产品经理！"这句话里多少有些自嘲、自黑的意思，但能很好地反映从产品规划到产品落地之间存在的差距。很多时候，在产品筹备期为了把新产品的故事讲好，产品规划都会做得无比宏大，各方面的功能一应俱全，但当真正来到产品开发的环节时就会发现，这个需求实现不了、那个功能也做不出来，"规划造航母、现实独木舟"的情况比比皆是。

造成这一情况主要有两个原因。首先是如果规划的新产品太普通，那么公司老板这关就过不去，连项目都立不起来，就更别想得到资源的投入了。同样，如果新产品太普通，那对于客户没有多少吸引力，即使做出来客户也不会买账。这是一个"酒香也怕巷子深"的年代，一款产品的成功一定伴随着一个好的故事。其次就是商业产品经理自身能力的问题。能力强的商业产品经理在进行产品规划时还会考虑到公司整体的研发水平及可能获得的资源支持，在"好故事"与"能落地"之间找到一个平衡点。如果商业产品经理的能力不强，就会在这个过程中要么把故事吹太大了最后落不了地，要么故事讲得太普通直接被"毙掉"。所以，能否将好的规划有效落地也是衡量一名商业产品经理能否支撑起一条产品线的重要标准。

产品研发期最为核心的工作自然就是第一个环节的产品设计，即基于产品规划出的整体框架设计出一款具体的商业产品。这个环节的核心产出物是 PRD。在 PRD 中不仅要表达清楚新产品的背景、产品逻辑及产品形态，还要清晰地描绘前后端的交互逻辑及上线后的投放/展示逻辑。新产品的 PRD 就像一本事无巨细的词典，每个细节、每个逻辑都要表达得清清楚楚，只有这样才能防止在后续的开发过程中产生歧义。因此，一款大型产品的 PRD 往往不是一名商业产品经理就能写完的，绝大多数情况下都会按照分模块或分功能的方式由团队中的几名商业产品经理共同完成。完成之后，为了保证互相衔接逻辑的通顺，会先进行一场团队内部的需求宣讲，需求确认无误之后就会进入非常重要且困难的外部需求宣讲环节。需求宣讲的对象自然就是负责新产品开发的程序员，而进行宣讲的目的是让其明白他们需要怎么来做新产品。这是一个产品与开发博弈的过程，商业产品经理与程序员之所以会被戏称为两个完全敌对的岗位，也正是源于这个过程中很多精彩的较量。

在不同的公司中这个过程也会被称为需求评审或技术评审。我们甚至能从用词上看出其中的火药味：需求宣讲明显是商业产品经理占主导地位，我给你提的需求你都得做；而需求评审或技术评审则是程序员占主导地位，你提的需求我来决定哪些做、哪些不做。双方的较量精细到用词，足见其中的玄妙。在研发人员清楚需要做哪些需求并且确认这些需求能实现之后，需求宣讲这个环节就算结束了。

传说有些公司的商业产品经理一完成需求宣讲就立刻"刀枪入库，马放南山"，但在现实情况中这是不可能的，如果真的出现了那就是极其不负责任的行为。因为在需求宣讲完之后还有一个同样重要的环节——设计评审。这里的设计评审并不只是对于设计稿的评审，还要对于研发人员产出的技术实现方案进行评审。很多商业产品经理在这个环节只愿意参加设计稿的评审，看看设计出的样式好不好看、符不符合预期，却忽视了对于技术实现方案的评审。很多时候，我们宣讲的需求和最终实际开发的方案是会有出入的，不在实际开工前沟通清楚，开工之后发现问题再想改那就万难了。

在新产品开发完成之后，商业产品经理需要先去测试环境进行产品验收，验收通过之后才能上线到正式环境中，然后进行第二次线上验收，这样新产品才算真正开发完成。新产品上线之后还需要进行一段时间的线上测试，商业产品经理需要观察新产品上线后各项核心指标的运行情况是否达到预期，紧急处理一些上线后出现的新问题，直到新产品运行稳定。在此期间，商业产品经理还有最后一步要做，那就是产品定价。公司会有专门的团队进行产品定价，通常情况下会由资源管理部门的产品定价组来完成这项工作。商业产品经理需要做的工作就是给产品定价组的同事讲清楚整个产品的逻辑、占用的公司资源及上线后的核心数据。产品定价组的同事会基于商业产品经理提交的数据、通过相应的定价模型对这款新产品进行合理的定价。

在拿到新产品的定价之后，产品研发期就算告一段落了，之后正式进入售卖服务期。

售卖服务期，顾名思义就是对新产品进行售卖。产品售卖的第一步就是将获得定价后的新产品推荐到销售部门去。虽然商业产品经理是直接背产品销售额的 KPI 的，但并不会直接参与新产品的推广与售卖，新产品的推广与售卖还是由销售部门来完成。此时，商业产品经理要做的就是为公司的销售人员介绍自己的新产品，让销售人员理解新产品的逻辑、亮点，只有这样销售人员才有可能在见到客户时向客户进行推荐。

新产品成功售出后，绝大多数情况下都不是一锤子的买卖，多半都有一个售后服务的过程，如商业广告就存在一个执行广告投放的过程。这个环节的工作主要由团队中的产品运营人员来完成，售后服务做得好才有客户愿意继续花钱，所以这也是一个极其重要的环节。当然，在这个过程中，无论是客户方面，还是运营方面，抑或是商业产品经理自己都会产生一些新的需求，前期产品研发过程中没来得及做的功能都会被重新提出来，此时新产品进入第一个迭代周期。迭代周期没有新创造一款产品时那么复杂，大体流程也超不出这 3 个时期 13 个环节。到这里我们就完成了对一款商业产品诞生流程的综述，接下来就看看每个环节的实操。

2.1　客户调研

客户调研作为产品筹备期的第一步，并不是一件容易的事。商业产品经理一定要先想明白为什么要进行客户调研，有了确凿的动因才能有持续推进的力量。并且在之后的调研过程中会不断地有人向我们提出这个问题，而这个问题最好的答案来源于另外一个问题——新产品筹备的动因是什么？也就是为什么要筹备新产品。1.5 节"商业产品经理的核心能力"部分就提到过，商业产品经理的需求来源有四大渠道，分别是老板直接给安排的需求、业务方（运营、销售）提出的需求、用户/客户反馈的需求、自己思考的创新或优化需求。

同样，筹备一款全新商业产品的动因也可以按照这个思路进行梳理。首先，容易产生要开发一款全新商业产品想法的人自然就是公司的老板及大部门的领导，他们站在公司/部门战略的角度对于创新总是有着迫切的需求的。产生需求的原因有可能是为了填补公司产品体系的欠缺，也有可能是发现了新的机会或方向，还有可能是为了完成每年的创新指标、为了向上汇报，总之做一款全新的商业产品几乎是每个公司、每个部门、每个团队每年都要面对的问题。

其次，容易产生这种想法的人还有商业产品经理自己。毕竟产品创新本来就是商业产品经理的天职，并且每个能成为商业产品经理的人都拥有敏锐的机会嗅觉，在有好的灵感或发现了好的机会时也会产生想要做一款全新商业产品的想法。

最后，容易产生这种想法的人自然就是我们之前合作的客户了。基于他们自身的需求及我们目前提供的产品，很容易激发出想要一款他们理想中的产品的诉求。而当做新产品的需求是客户提出的时，只要后期开发出的产品偏差不要太大，产品自然是不愁卖的。但另外两种情况，无论是老板想做还是自己想做最终不一定会有客户来买单，所以在具体规划前一定要带着想法跟客户聊一聊。

总结一下，**客户调研的动因其实就两个：一是验证客户对于新想法/新产品的感兴趣程度；二是收集客户最真实的诉求。** 在想清楚了新产品筹备的动因后，自然就回答了客户调研的动因，下一个问题就是如何进行客户调研。这里可以把一次完整的客户调研分成三个阶段，即调研前、调研中和调研后。

2.1.1 调研前

在调研前期需要准备好两件事，首先是约客户，其次才是准备调研材料。约客户是个技术活。商业产品的调研与 C 端产品的调研有很大区别。C 端产品的调研一般都有自己的调研团队或由用户增长团队来完成，调研的方式有线上问卷/访谈，也有线下的沟通会。商业产品的调研则不同，绝大多数情况是需要商业产品经理自己去完成的。而如果想要跟客户接触，尤其是 KA（重要客户），基本都需要销售人员帮忙联系，并且出差去客户公司进行现场沟通。在这种情况下，能对哪些公司里的哪些员工进行调研完全取决于销售人员日常的客情关系，以及商业产品经理与销售人员的关系。销售人员与客户关系好，愿意帮我们引荐客户，且客户配合调研的意愿比较高，则调研的结果就会越好。**所以，约到重要客户的关键人是调研前最重要的准备事项。**

下面有两个与销售人员打好关系的小建议。

- 在平常的工作中，销售人员可能遇到一些与产品有关的偏技术、偏逻辑的问题或会提一些改进的小需求，我们能帮就帮、能做就做，久而久之就能建立起良好的关系。现实工作中有很多商业产品经理抱着偷懒的心态，不愿意与销售人员多来往，甚至还嫌弃别人问题太多。当你还是一个组里的"大头兵"时这样做的后果可能还感受不到，但当你独立负责一条产品线时就知道这样做有多愚蠢。公司里有那么多新产品需要向客户推荐，主推哪一款、不推哪一款，是由销售人员决定的，公司里有那么多商业产品经理想找客户调研，是帮你安排还是帮他安排，也是由销售人员决定的。如果不维护好这层关系，那你负责的产品线很难做出成绩。

- 销售人员需要经常与客户沟通，这时就需要准备大量的材料向客户进行展示。我们定期分享一些团队内部的研究内容、优秀合作案例及新产品介绍给销售人员，不但能够促进自身产品的售卖，也能拉近与销售人员之间的关系，何乐而不为。

接下来是准备调研材料。网上有很多关于这方面的内容，搞得特别复杂、特别形式化，其实在实践中准备好**客户信息**及**调研大纲**两份材料就完全能够满足调研的需要了。客户信息的整理可以分成三个维度。

- 客户公司的基本信息，包括公司规模、人员规模、所属行业、经营情况、核心产品及近期发布的战略等。总而言之就是对客户公司有一个整体的认知。
- 受访者的基本信息，包括受访者的职级、负责的业务范围、在公司内部充当的角色等。一般的客户调研不会轻易到高层领导级别，绝大多数情况还是应选择调研主管业务的中层领导，这样所获得的需求也会更具体、更务实。
- 历史合作情况，这是商业产品经理进行客户调研的核心准备点。商业产品经理需要先对自己公司与该客户的历史合作情况进行深入了解，具体到客户购买过公司哪些商业产品。如果是流量类或服务类的商业产品，还需要弄清楚整个执行周期的效果数据及存在的问题。这是与客户进行沟通时最好的谈资，也最容易通过过去存在的问题引导客户说出最核心的需求。

以上三个维度的客户信息，前两个都不需要准备什么实质性的材料，看过、听过，记在心里就可以。至于历史合作情况，有时间的话可以准备一份简单的分析报告，将关键的数据及结论展示出来，在调研时适时地拿出来先进行一番讲解，这样能够将客户快速带入情景中，起到抛砖引玉的作用。

客户信息准备好之后，剩下的就是准备调研大纲。网上有很多关于调研大纲如何准备的材料，如如何做一张调研访谈表、调研大纲的格式是什么样的。但其实这些都是形式上的东西，除非公司的流程要求调研前必须填写这些表格，在时间有限的情况下可以不搞那么多形式上的东西。调研大纲的准备一定要带到具体的场景里、有核心的思路，才能不让调研过于发散或漏掉一些关键问题。接下来介绍一种商业产品经理常用的调研大纲整理思路，如图 2-2 所示。

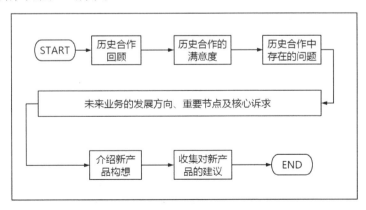

图 2-2 商业产品经理常用的调研大纲整理思路

对客户进行调研时，想要聊得有质量、有深度，就必须有个引子把客户逐步带入业务场景中，而不是一上来就粗暴地问对我们的产品有什么建议、对我们的产品有没有兴趣。因为面对毫无铺垫的问询，客户多半是"蒙圈"的，很难说出个所以然来。所以，我们可以将在客户信息中所准备的历史合作情况作为引子，先由我们帮客户回顾一下过去的合作情况，这样就能快速把客户的注意力聚焦到我们之间的合作上来。

这个阶段不需要准备具体的问题，把历史合作情况**正常地**描述一遍即可，太过于添油加醋可能招致客户的反感，也可能为本次调研定下一个虚浮的基调。在回顾完之后就可以开始收集客户的反馈，反馈主要是两个方向：历史合作的满意度及历史合作中存在的问题。客户反馈的满意度是为过去的合作进行定性。如果满意度高，那么客户对后续合作的意愿也会更强烈；但如果满意度低，那么接下来在收集关于历史合作中存在的问题时就一定要弄明白究竟是什么问题导致客户的满意度偏低。如果不解决这些问题，基本上很难再将新产品卖给这家客户。

另外一个值得注意的点是，在询问的过程中问题一定不要有太明显的引导性，问题有太明显的引导性是调研大忌。例如，"您觉得我们过去的合作愉快吗？"这样的问题就明显在引导客户做出正面评价。而不带引导性的问法应该是："如果让您给我们过去合作的满意程度打个分，那您会打几分？打分区间是 0 至 100 分。"只有避开有引导性的问题才能得到客观的反馈。

在完成了前几步之后，客户应该也逐渐进入状态了，就可以开始问一些开放性的问题，核心内容自然围绕客户未来业务的发展方向、重要节点及核心诉求展开。这些内容都是极其重要的信息，对之后的产品规划有着重要影响。例如，了解到接下来客户重要事件的时间节点，我们就能更好地计划新产品每一版的研发周期及上市的时间。想要卖产品给客户那就必须迎合客户的节奏与诉求。

在聊完这些开放性的问题之后，还是要将客户的注意力再次聚焦到我们的产品上来，借机将新产品的思路给客户介绍一下，通过客户的反应来测试一下客户对于新产品的感兴趣程度，并且听听客户对新产品的建议。这样做的好处有两个：一是将新产品的思路先植入客户的意识中，算是为后期的售卖埋下一颗种子；二是让客户对于新产品的设计有一种参与感，后续就更容易促成合作。

当然，这里介绍的也只是整理调研大纲的一种思路，根据业务不同、场景不同、调研对象不同，思路还有很多。不过即使不能完全套用，但里面包含的"**先聚焦—再发散—再聚焦**"的这种结构还是可以应用到很多场景中的。

2.1.2 调研中

在做好调研前的准备之后，我们就可以如约进行调研了，当然这里还有两个注意点。

- 收拾好自己的形象，衣着稍微正式一些。
- 将准备好的调研材料与同行的销售人员进行同步，先说清楚今天到底要做什么，如果有需要他们配合的地方一定要提前告知。

第一个注意点的主要目的是让客户感觉到我们的专业及对他们的尊重。要出去见客户需要把自己的形象收拾得好一点，这原本是一件无可厚非的事。但受到互联网公司穿着随意文化的影响，我还真的听到过夏天有同事穿着短裤、拖鞋去见客户，结果回来就被客户投诉的事情。

第二个注意点的主要目的是让同行的销售人员先了解清楚调研的内容。因为很多时候销售人员都会比较担心商业产品经理见到客户之后问些不该问的问题或说些不该说的话，导致其精心维护的客户关系出现裂痕，所以提前沟通清楚大家心里都有底。

在处理好这两个点后就可以去见客户了，调研过程就按照调研大纲的设计一步步完成即可。在客户反馈历史合作中存在的问题时，很可能出现反馈的问题其实并不是我们产品的问题或客户对于我们的产品存在一些误解的情况，此时不要立刻就进行反驳，而是应该耐心地听客户把所有的问题说完再找机会解释。直接反驳一是不利于客户关系的维护，二是很有可能阻挡了后续问题的收集。

另外，一般两个人去调研的话，一个人主要负责访谈，另一个人主要负责记录。记录方式如果选择录音一定要先告知客户，经得对方同意才能开启录音。就个人习惯而言，我不太喜欢录音这种方式，因为很多时候一告知客户需要录音时，客户说话就会变得特别拘束，平时敢说的那些话很有可能就说不出来了，这样对于调研的结果其实是有一定影响的。在记录时，也没有必要一定要把客户的每句话都记录到书面上，把所有问题的回答记录清楚即可。

在调研的过程中，如果客户提到公司其他产品的问题，回去后一定要及时与该产品线的同事联系跟进。因为客户不了解我们公司内部的分工，当他们有诉求时可能直接通过一个渠道就都反馈出来了，能不能反馈到相关人员的手上就全看调研者的职业操守了。如果大家都抱着"各家自扫门前雪"的心态来做事，那么这次可能是别的产品线错失机会，下次就可能是我们自己的产品线错失机会了。很多时候只是一句话的事，但对整个公司而言可能就是不容忽视的损失。

调研结束时可以送一些小礼品给客户以示感谢，现在很多互联网公司都会设计一些自己吉祥物的周边产品，如盲盒、台历、挂件等。另外，还可以送一本与商业产品相关的书给客户，还能帮助客户加深对商业产品的了解，像这本书就很适合送给可能购买我们商业产品的客户。

2.1.3　调研后

现场调研结束后并不意味着整个客户调研就结束了，调研后有三件事情需要及时进行处理。

- 当天调研结束后一定要将所有记录的调研内容及时整理成文档并同步到产品组内。之所以急着整理这些调研记录，是因为客户调研往往不是只调研一家客户，很多时候出一趟差要尽可能多调研几家客户，调研的客户一多，记录又没有及时整理，则很容易错乱。及时整理的第一个好处是，不但能避免这种问题的发生，还能将当天调研的感受、心得记录下来做一个复盘，避免当天调研中出现的问题在第二天再出现；第二个好处是，很多时候灵感就来源于沟通过程中思维的碰撞，哪怕一时还想不清楚，但一定要将这些模糊的东西先记录下来，不然一觉醒来就全没了。

- 对于调研过程中客户提出的关于历史合作中存在的问题，一定要及时记录下来，回去之后立即反馈给负责处理的同事。如果这些问题得到解决了，也可以通过电话或邮件的方式告知客户，有利于长期维护与客户的关系。

- 如果在客户调研中客户反馈的信息对于新产品的设计有较大帮助，那么可以在产品官网之类的一些可以展示相关信息的地方对客户的深度参与表示感谢。一张图、一句话的事，也许就能提高客户的忠诚度，让客户开心，未来甚至还能作为优秀合作案例拿出去宣传。

因为客户调研是去和人打交道，所以其中会有很多变数，也会有很多细节需要考虑，这是商业产品经理工作经验与社会阅历的综合体现。这里可能与大家对于商业产品经理的传统认知有所不同，想象中的商业产品经理应该和用户产品经理一样每天画画原型、写写 PRD 即可，不会应对那些复杂的人际关系。但当你真正独立负责一款全新商业产品的筹备时，你就会发现自己对于深入了解客户需求是那样如饥似渴，对于客户调研这件事情是多么乐此不疲。

2.2　需求分析

在完成对于多家既定客户的调研之后，就可以正式进入下一个环节——需求分析。

这里之所以强调是对多家客户的调研，首先是因为只调研一家客户所收集到的反馈可能是片面或无效的，其次毕竟我们做的是全新的商业产品而不是定制化的 B 端产品，所以在收集需求时必须考虑新产品未来的通用性和普适性，调研足够多的客户有利于消除非系统性偏差。**而需求分析这个环节就是将众多的客户反馈进行过滤、提取的过程，也只有经过过滤、提取的客户反馈才能称为需求。**这里可以把需求分析分解成三个阶段：客户反馈分类、明确需求及需求管理，如图 2-3 所示。

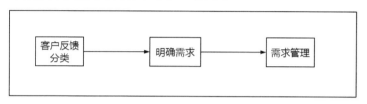

图 2-3　需求分析的三个阶段

2.2.1　客户反馈分类

需求分析的第一个阶段自然是对调研收集到的客户反馈进行整理，而整理最常用的方式就是分类。一般情况下，客户的反馈可以按照时间线分成三种类型。

1. 历史问题类

由于我们在进行客户调研时经常会采用回顾历史合作的方式作为切入点，所以收集到的客户反馈中最多的就是客户对于过去产品的"吐槽"。吐槽的内容更是五花八门，如"你们的产品太难用了""你们的搜索广告的线索产能也太低了"。从这两个吐槽的示例中就可以看到，客户的吐槽可以清晰地告诉我们产品的哪个地方不合理、不好用。但很多时候客户的反馈是非常模糊的，甚至一棍子打死所有的产品。商业产品经理设计出的产品被客户吐槽是一件非常常见，甚至每天都在发生的事情，世界上也从来不存在完美无缺、不被吐槽的产品，很多优秀的产品都是在万千吐槽中逐渐迭代出来的。所以，作为一名商业产品经理，在面对客户毫不留情的吐槽时千万不要"玻璃心"或觉得面子挂不住，而是应该微笑面对。如果客户的反馈有道理，就虚心接受，后续优化；如果没道理或客观原因暂时不允许这么做，那么也不用往心里去。但对于那些非常模糊的反馈，一定要追问清楚是哪款产品的什么功能让客户觉得不满意，不清晰明确的反馈是不能加入历史问题这个分类中的。

2. 未来规划类

这类反馈比历史问题类还要杂乱无章，毕竟在调研过程中这部分的问题都是开放性的、发散的，客户在讲述未来方向及核心诉求时也不一定是有逻辑的。所以，在对这类反馈进行识别时需要注意不要与历史的业务有纠缠，要归入这一类的一定是客户对于自己计划、规划的反馈。比如，"明年 KPI 翻番，业绩压力特别大""接下来公司要在××月××日举行××××活动"。

3. 当前竞品类

除历史问题和未来规划两类外，还有当前竞品类反馈。这里的竞品并不一定是市场上那些我们瞄准的竞品，而是从客户口中反馈出的竞品。客户并不一定只买了我们这一家的产品，尤其是像广告产品在主流的平台上都有投放，这是极为常见的。而客户在使用各家产品的过程中就会有对比，不见得哪家的产品绝对好，但能从客户口中说出来就意味着这款产品的亮点是对他们有足够吸引力的，因此这类反馈是需要重点关注的。

2.2.2　明确需求

在进行客户反馈分类的过程中，就会发现很多客户的反馈都不能直接形成一个真正意义上的需求，因为这些反馈中所包含的信息还不够明确。一个完整的需求应包含四大要素：对象、场景、问题和价值。

1. 对象

对象这个要素是四大要素中最为核心的部分。如果连需求的对象都没有搞清楚，那么后面的场景、问题及价值在大方向上都有可能是错误的。

其中，对象可以分成两种：面向对象和受益对象。面向对象指的是这个需求最终要针对的目标群体。比如，客户的需求是通过我们的平台向他们的目标群体投放一则广告，那么他们的目标群体就是这个需求的面向对象；目标群体通过这则广告了解到了客户的产品，其中一部分人还产生了购买行为，客户因此获利，那么客户就是这个需求的受益对象。当然，这里的受益对象并不一定能直接赚钱。根据客户的目标不同，受益的体现方式也会有很大差异，如增粉和提高品牌曝光度。另外，还有可能存在面向对象与受益对象是同一拨人的情况，如上文提到的商业数据产品，其本质就是 ToB 的模式，为客户提供有偿的数据服务，那么产品的面向对象就是客户，受益对象也是客户。

2. 场景

场景主要指的是**面向对象所处的场景**，而非受益对象所处的场景。原因其实很简单，因为受益对象所获得的收益往往是通过有针对性地在某个场景中向目标群体（面向对象）营销得来的，所以需求本身最需要关注的也是面向对象所处的场景。场景按照不同的划分方式可以分成很多种，如买车、用车就是汽车需求下的两类场景，出差、旅行又是出行需求下的两类场景。

3．问题

问题指的是面向对象在所处**特定场景**中**经常**遇到的状况。有问题才会有需求，需求的本质就是反映目前存在的问题。但由于问题与场景、对象是相伴而生的，不同对象在不同场景中遇到的问题也是不一样的，很少有一个一劳永逸的办法能解决所有场景下的问题。所以，绝大多数情况下需求都是有针对性地解决高频场景下经常遇到的问题。比如，客户想买一辆奔驰，但不知道北京哪家奔驰的 4S 店优惠力度最大。这就是一个非常典型的客户买车场景里的常见问题。

4．价值

无论是商业产品的需求还是用户产品的需求，都要对需求的价值进行衡量。在商业产品的需求中，价值的衡量相对简单，就是能否让客户获得想要的收益。如果能，那么这个需求就是有价值的。很多时候需求的优先级（也就是先做哪个需求、后做哪个需求）不好排序，而需求的价值正是排序的重要标准之一。

所以，我们在明确需求阶段的主要工作就是将分类后的客户反馈明确、清楚地提炼出四大要素，进而转化成一个真正意义上的需求。这个阶段的产出物可以通过一张表格来展现，客户反馈——需求转化表如图 2-4 所示。

客户反馈类型	客户反馈内容	问题	面向对象	场景	价值	受益对象
历史问题类	搜索广告的线索产能太低	客户希望有更多的用户通过搜索广告提交销售线索	网站/App用户	用户在网站/App进行相关搜索	客户日均获得线索量从XXX条提升到XXXX条	客户
未来规划类	元旦期间公司有大促活动 KPI：XXX 营销预算：XXXX	没有相关活动类型的产品来进行承接	元旦期间想要购车的用户	线上购车	帮助客户完成营销KPI	客户
当前竞品类	XX公司的XX产品可以查看分省份/城市的市场竞争格局	客户需要有更深层次的数据下钻功能	客户	日常营销管理与经营分析	获取不同区域市场的竞争情况以便制定有针对性的营销策略	客户

图 2-4　客户反馈——需求转化表

值得注意的是，将客户反馈转化成正式的需求其实更多是一个系统性思考的过程。并不是客户反馈什么就要一模一样做什么，而是要通过客户的反馈挖掘出客户的真实需求，进而将其引入我们新产品的设计中。例如，历史问题类中的"搜索广告的线索产能太低"问题，客户是想提升搜索广告的线索产能，但其最核心的诉求还是想要更多的销售线索。其实销售线索的来源并不一定是搜索广告，其他效果类产品只要线索产能够高也能满足客户需求，这就可以成为我们新产品的一个需求切入点。

2.2.3 需求管理

在汇聚了大量客户的需求、老板的需求及自己设想的需求之后，就来到了需求分析的最后一个阶段——需求管理。虽然是新设计一款商业产品，但新产品也不可能面面俱到，有准确的定位、有侧重点才能真正、有效地解决需求中的问题。所以，我们需要对所有的需求进行一次管理，也就是需求再分类。需求管理的方法有很多，这里主要介绍四种常用的方法。

1. Kano 模型

Kano 模型最早是由东京理工大学教授狩野纪昭（Noriaki Kano）发明的对用户/客户需求进行分类的模型，如图 2-5 所示。它最初用来分析用户/客户需求对于用户/客户满意度的影响，后被引用到缺少方法论的商业产品经理需求管理中。虽然表达上略有调整，但整体原理还是与原模型保持一致。

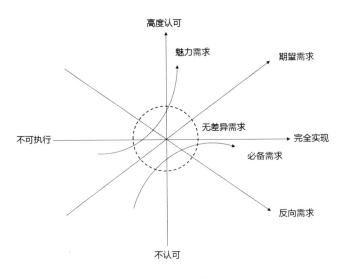

图 2-5 Kano 模型

该模型将需求分成五类放入一个由可实现程度与认可度组成的二维坐标系中。横轴代表可实现程度，横轴的落点越靠右表示需求越容易实现；纵轴代表认可度，纵轴的落点越向上表示需求的认可度越高。

1）必备需求

这类需求代表着用户/客户最为核心的痛点，是新产品设计中必须考虑到的需求。如果新产品在研发出来后并没有办法满足这些必备需求，那么新产品的售卖将会面临巨大的考验。当然，这类需求虽然满足了用户/客户的核心痛点，但毕竟是基础需求，并不会因为做了而提升用户/客户对于产品的满意度。这就好像微信必须有对话框、商业广告必须有投放系统、数据产品必须有展示后台一样，有的时候我们觉得理所应当，但没有的时候就会觉得产品做得不专业。

2）期望需求

这类需求代表着用户/客户的痒点，也是用户/客户选择购买我们产品的原因。市面上那么多互联网公司、那么多商业产品，用户/客户为什么非得买我们的产品？必备需求是每家公司的同类型产品都能满足的需求，所以大家比拼的就是能满足多少期望需求。期望需求能满足得越多，那么用户/客户对于我们产品的满意度就会越高，成功售卖的可能性就越大。当然，如果没有这些期望需求，产品仍需要满足用户/客户的必备需求。

3）魅力需求

这类需求与之前两类需求相比，最大的特点就是这类需求是用户/客户想不到的，当这类需求对应的功能上线之后能够让用户/客户眼前一亮，对于产品的满意度会显著提升。但即便没有这些功能，用户/客户对于产品的满意度也不会降低，因为这类需求属于锦上添花型需求。

4）无差异需求

这类需求指的是那些对于用户/客户来说不痛不痒的需求，做了这类需求对于用户/客户的满意度并不会有任何的提升。例如，调整一下某个按钮字号的大小、将后台展示的表格从默认显示 30 行变成 50 行等。这类需求看似很小，但实现难度并不一定很低，做起来经常得不偿失。

5）反向需求

这类需求指的是那些做出来后可能造成用户/客户反感的需求。一旦上线相应的功能会导致用户/客户的满意度明显下降，所以一定要在需求分析阶段提前甄别这类需求并予以剔除。另外，那些收集到的恶意、不道德的需求也应当归入这类需求中。在客户调研环节最容易收集到的就是客户对于竞品的窥探需求，如想要知道竞品的投放数据、截留竞品的销售线索之类的，涉及不正当竞争、有违职业道德的需求也应当被摒弃。

网上的很多资料在提到 Kano 模型时还会提到这个模型的实施方法，即将模型转换成一个问卷表格，将需求放到第一列，每个需求都可以按照从特别喜欢到很不喜欢五个程度进行评级。但在我看来这其实有一些本末倒置，毕竟无论是设计用户产品还是设计商业产品，在进行需求分析时产品经理应当早就已经完成了调研工作。并且需求的分类其实是一个考验产品经理主业水平及经验的环节，会有很多产品经理主观的判断在里面，此时最重要的就是相信自己的判断，作为新产品的负责人一定要考虑周全。

2. 时间管理四象限法

时间管理四象限法是一种以需求的紧急程度和重要程度来对需求进行分类的方法，如图 2-6 所示。这种方法不仅适用于需求管理，但凡需要考虑时间、需要进行优先级排序的事情都可以通过这种方法进行管理。

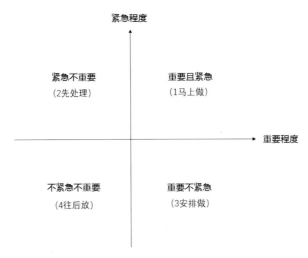

图 2-6　时间管理四象限法

重要且紧急的需求是在时间管理四象限中优先级最高的需求，可以说是实际工作中最为常见的需求类型。但这种方法带来了另外一个问题，就是好像所有需求都是重要且紧急的。今天老板在会上提出一个需求，回去这个需求就被定义为重要且紧急的需求，要马上安排人处理，明天老板可能又提出另外一个需求，还是重要且紧急的需求，需要立即处理，然而上一个需求还没有完成。这样的情况在时间管理四象限法中其实就失效了。所有的需求分类管理的方法都是建立在需求已经收集完毕的前提下进行的，所以在进行需求管理时一定要有需求封板的概念，尽可能杜绝在需求封板后加入需求，这样需求的分类才会有意义。

3. ICE 排序法

ICE 排序法的本质是一种通过多维度进行打分，再通过得分进行排序的方法，如图 2-7 所示。其中，I（Impact）表示影响范围，C（Confidence）表示对上线效果的自信程度评估，E（Ease）表示开发难易程度（工作量+技术难易程度）评估。

需求	影响范围	自信程度	开发难易程度	综合分	排序
投放平台权限管理	5（投放平台有4种不同角色要使用）	5（减少使用过程中的越界问题）	4（不同角色展示的内容不同，需求较为复杂）	14	1
投放策略模块	4（主要影响产品运营人员的效果优化工作）	4（帮助产品运营人员提升投放效果）	5（需要考虑人工策略如何转化成算法模型）	13	2
投放效果数据导出	4（产品运营人员每天需要看着这些数据）	2（方便产品运营人员对数据进行分析）	1（实现无难度）	7	3

图 2-7　ICE 排序法

通过以上介绍的三种方法，我们会发现其实这些需求管理的方法本质上都大同小异，要么就是把需求划分在一个二维的象限里，要么就是把需求放在一张交叉维度的表里。因此，我们在实际工作中完全可以根据自身业务特点构建一套类似的需求管理方法，作为自己从事产品工作时沉淀的方法论。如果只是日常的迭代需求，用这些方法进行管理其实已经足够了，但由于我们最终的目标是做一款全新的商业产品，因此在需求管理这个环节还要有比平时多一层的思考，就是如何将这些归纳的需求串到一起形成一款商业产品的雏形。一款全新的商业产品的诞生一定不是在某个阶段突然想出来的，而是在筹备的过程中逐渐丰满、清晰的，所以这里模仿 ICE 排序法发明一种适用于全新商业产品的需求管理方法。

4. FSD 商业需求分类法

按照 ICE 排序法，我们可以将明确好的需求按照商业变现逻辑的三种方式进行分类。其中，F（Flow）表示流量变现逻辑，S（Service）表示服务变现逻辑，D（Data）表示数据变现逻辑。分类的方式同样是将需求按照三个维度进行打分，哪个维度得分最高就将该需求归入哪个分类下，再通过综合得分来对需求的优先级进行排序。FSD 商业需求分类法如图 2-8 所示。

值得注意的是，每个需求并不一定只适合一种商业变现逻辑，很有可能三种商业变现逻辑都符合，但对于每种商业变现逻辑的符合程度一定是不同的。从分类体系构建的角度讲，如果一个需求在不同维度下的得分是相同的，那么这个分类体系就存在失效的风险，我们在构建体系时应当尽可能地规避这样的问题。

从现实产品规划的角度讲，一款产品既在进行流量变现又在进行服务变现，背后还有数据在变现，这将会是一个商业产品团队或一家公司的商业产品体系最为理想的状态。但这种状态往往是通过很多产品组合而成的，并非一个产品、一个需求就能完全涵盖，这才使 FSD 商业需求分类法的存在有意义。

需求	流量变现评分	服务变现评分	数据变现评分	综合分	需求归类	排序
提高公司新产品的曝光度上市周期中新增5万个关注用户	5（增加关注用户的本质还是增加流量，适合流量变现逻辑）	4（针对新增关注用户享有的特殊权益，有服务变现的空间）	1（新增关注用户的用户行为洞察）	10	流量变现	1
打造一款针对XXX用户的课程	3（为课程导流、提高课程售卖率，适合流量变现逻辑）	5（典型的增值服务变现需求）	0（不适合数据变现逻辑）	8	服务变现	2
投放业务数据看板	0（不适合流量变现逻辑）	1（伴随数据看板提供相应的增值服务）	5（典型的数据变现需求）	6	数据变现	3

图 2-8　FSD 商业需求分类法

2.3　商业变现逻辑梳理

在第 1 章我就介绍过商业产品的核心就是为公司进行商业变现，而商业变现里又需要弄清楚其中的三个层级：商业变现逻辑、商业变现模式和商业产品形态。这也是商业产品区别于其他类型产品的关键点。所以，在实际筹备一款全新的商业产品时，常常会将商业变现逻辑梳理这个环节从产品规划中单独提出来。

在整理完各方对于新产品的需求之后，其实在我们心里对于新产品已经有了大致的想法，也明白客户、老板的痛点到底在哪里，哪些是我们现在可以做的。但越是这个时候越不能着急，规划具体的商业产品形态还是要"**刻板**"地按照从逻辑到模式、再到产品形态的顺序，将新产品的商业变现逻辑梳理清楚。商业变现逻辑梳理流程如图 2-9 所示。

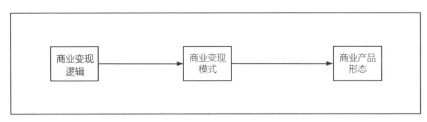

图 2-9　商业变现逻辑梳理流程

这里之所以强调"刻板"这个词，是因为商业变现逻辑的梳理更像一个严格论证的过程。无论是客户的需求、老板的需求还是自己设想的需求，哪怕经过了分类，但依然还是不成体系的，所以需要通过这种刻板的方法一层一层地论证清楚，进而确定最终的商业产品形态。

2.3.1　商业变现逻辑选择

常见的商业变现逻辑有三种：流量变现、服务变现及数据变现。具体选择哪种商业变现逻辑可以依照 FSD 商业需求分类法的结果来确定。简单方法是，可以先统计一下各类需求的数量，看看哪类需求的数量最多，那么就将这类需求所对应的商业变现逻辑作为新产品的核心商业变现逻辑。这种方法的优点在于，当商业产品经理想不清楚应该选择哪种商业变现逻辑时，可以依照客户需求的多寡来判断，而不是自己主观上臆断。

不过，这种简单粗暴的方法也存在一些问题，那就是当统计之后发现有两种需求的数量相差无几时，如果还是选择最多的那类需求，那这种选择方法的说服力就会降低。而要解决这个问题，我们可以转而统计所有需求在各项分类下的总得分，将总得分最高的那类需求的商业变现逻辑作为新产品的核心商业变现逻辑。每个需求在各项分类下的得分是有梯度的，只要需求数量不太少，能够有效降低出现各分类需求之间数量相差无几的概率，这样一来就能科学合理地确定出新产品的核心商业变现逻辑。

在实际工作中，以这种方式确定的核心商业变现逻辑可能与我们最初预想的不一样，此时就需要更加深入地分析造成这种差异的原因是什么，是我们一开始构想的就有偏差？还是我们判断的方法有问题？如果觉得各项得分求和的方式有问题，还可以再引入一些权重选项，如排在第一的需求有更高的权重值等，总而言之能有效规避非系统性风险的方法就是好方法。

2.3.2　商业变现模式确认

在确定了新产品的核心商业变现逻辑之后，第二步就是确定商业变现模式。由于常见的商业变现模式就那么五种——广告变现、电商变现、流量分发变现、增值服务变现、商业数据变现，并且除流量变现逻辑下存在多种模式需要再判断一次外，其他两种逻辑与模式都是一一对应的，所以这个步骤反而是三步中较为简单的一步。而流量变现逻辑下商业变现模式的选择可以依照主要客户的核心标的来判断。比如，汽车之家是汽车垂直类媒体，其主要客户是各大主机厂和经销商，客户的核心标的都是汽车。首先，汽车作为一个实体物件无法承载流量，就可以先排除流量分发变现模式。其次，汽车作为高单价商品，其用户还远没有形成线上购买的习惯，所以电商变现模式也可以排除。最后剩下的就只有广告变现模式了。当然这里需要注意的是，并非汽车这类标的就完全不适合其他两种商业变现模式。当广告变现模式的产品已经存在时，我们要做一款全新的商业产品就可以从另外两种商业变现模式上去尝试。

汽车这个实体物件没有办法承载流量，但在站内给该车系或品牌开辟一个小程序用于承接分发的流量也是一个好办法。同样，线上直接卖汽车虽然难，但集客收定金、领优惠券都是可以尝试的方向，曾经在罗永浩老师的抖音直播间里就出现过直播卖车。总而言之，根据公司当前业务的情况所选择的新产品的商业变现模式可能是不同的，也不一定是最合理的（因为最合理的可能已经做过了），但只要能把所选的模式走通，都是可以进一步尝试的。

2.3.3　商业产品形态构想

其实，在想清楚了商业变现逻辑、商业变现模式之后，与之对应的商业产品形态已经呼之欲出了。在这个环节需要思考的核心问题是新产品与现有产品到底有哪些"**本质**"上的不同，否则依照同样的商业变现逻辑、商业变现模式，最终推出同样的产品，也就失去了做新产品的意义。这里特别强调"**本质**"上的不同，是因为有太多所谓的新产品只是换了个外壳就拿出来宣传，其实并没有拿得出手的创新点，这样所谓的新产品对客户的吸引力很小。当然，想做出一款从 0 到 1 的新产品也并不是容易的事，所以我们还可以从以下三个角度尝试做出一些**微创新**。

1. 产品故事不同

互联网最流行的就是讲故事，再差的产品都能被一个好故事包装得"高大上"。当然，这是极端的情况，最踏实的路还是得"好故事+好产品"，所以我们在构想商业产品形态时就得想好要给客户或老板讲一个什么样的故事。新产品的故事要够有新意又不失逻辑，这比只是给老产品换个外壳要强很多。比如，我曾经遇到过这样一个项目：效果广告产品中已经有了专门收集销售线索的产品，此时老板要求要再做一款新的销售线索收集产品。最终新产品还是"投放后台+外展卡片+落地页"的方式，但我们给新产品包装了一个新故事。

由于不同车系的关注用户在站内的浏览路径是有明显不同的，所以我们的新产品就据此为不同客户的不同车系在不同的浏览路径上定点、定向投放广告和内容，进而收集到了更高质量的销售线索，这种方式用现在时髦的话说叫作"链路转化"。这款新产品从本质上看其实走的还是效果广告定向投放的路子，没有什么实质性的创新，但因为包装了一个全新的故事反而受到客户的追捧，最终销售线索的客单价明显高于老产品，部门整体收入也因此得到明显提升。所以说，在互联网圈故事不是万能的，但没有故事是万万不能的。在没有办法实现从 0 到 1 式的创新时，从产品故事的角度做些微创新也是一条出路。

2．立足渠道不同

除思考给产品包装不同的故事外，我们还可以尝试将相同的产品移植到不同的渠道上，再根据该渠道的特性进行相应的改造，同样可以认为是一种微创新。这里所说的不同渠道可以是不同的流量来源、不同的业务类型或不同的投放系统，只要与老产品的上下游依赖不同且没有明显交集，都可以视为换了一个渠道。当然，在选择渠道时一定要注意这个渠道是否符合产品的使用场景及其背后的逻辑。这就像给植物嫁接一样，一定要选好砧木与接穗及嫁接的位置，三者有一个不合适都会导致嫁接失败。

同样举一个我在过去工作中见到的案例。垂直类媒体每天站内的搜索量是没有办法和搜索引擎及综合类媒体相比的，在这样的背景下依托于站内搜索量的搜索广告的产能就一直是个问题。短时间内想要提升站内的搜索量并不是一件容易的事，所以我们另辟蹊径，将站内与搜索有关的页面的广告也接入搜索广告中，发明了一种新的搜索广告——CPC 优化广告。从本质上讲，这款新产品只是对于搜索有关页面的广告进行了重定向，利用这些广告位的剩余流量，与传统的 CPC 广告没有太大区别，只是换了个渠道展现出来。结果既解决了业务发展的困境，又提升了收入，也是很成功的微创新。

3．产生结果不同

第三种微创新的思路是，尝试在产品所产生的结果上做一些改变。老产品原本只能带来某一项指标的提升，如今开发一款类似的新产品能够带来某几项指标的提升或原有核心指标的大幅提升，这都是可以在客户或老板面前得到认可的逻辑。同样举一个实际工作中的案例。品牌广告通常是按照 CPD（按天计费）/CPM（千次展示成本）的方式进行售卖的，但随着效果广告的崛起，客户对于广告的效果就会有越来越多的要求，而品牌广告投放后的效果一直都不太好衡量，所以客户愿意投入的预算越来越少。为了解决这个问题，我们将目光瞄准到了公司面向 C 端的一款排行榜产品上。

排行榜公布的是各级别车系的排名，排名越高该车系在站内的自然曝光量就越大，并且这个排行榜中的排名在业界也是有一定的影响力的。整个排行榜的计算有一套复杂的逻辑，客户是没有办法通过直接花钱将排名提上去的，但该车系在站内的关注人数是整个计算逻辑中一个权重很高的指标。我们据此推出了一项新权益，产品依然按照常规品牌广告的逻辑进行售卖，但在品牌广告跳转的落地页上增加了公司统一的埋点，即通过该车系广告进入该车系落地页的用户也会被视作该车系的关注用户。从数据统计的角度看，这只是个变更统计口径的问题，并且在业务逻辑上也说得通；而从效果上看，客户只要增加在该产品上的投入就能在一段时间内有效地影响到客户车系在排行榜上的排名，达到了在不破坏排行榜权威性的同时，有效增加了产品收入的目的。其本质上只是增加了一项权益，但产生的效果很好，这也可以被认为是一项有意义的微创新。

2.4 产品规划

在完成了客户调研、需求分析及商业变现逻辑梳理之后，终于可以进入产品筹备期的最后一个环节——产品规划。与之前相比，产品规划不再是一个过程，而是一个阶段性成果的总结。其核心产出物就是产品规划方案。由于产品规划往往是需要向上汇报的，所以将产品规划方案写成一份 PPT 会实用很多。在真正动手写产品规划方案前，还需要搞清楚这个方案最终要向谁汇报，汇报对象的层级不同，方案的侧重点也将是不同的。这里先介绍一种常用的产品规划方法——产品规划十步法，如图 2-10 所示。

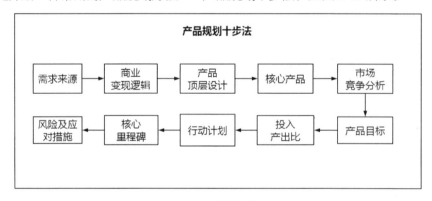

图 2-10 产品规划十步法

2.4.1 需求来源

产品规划 PPT 的第一页自然要从需求的来源说起，即讲清楚筹备新产品的动因。这部分内容对应的正好是客户调研、需求管理之后所得到的结论。所以，在撰写这一页 PPT 前，应先将这一页的核心结论列出来，然后按照需求的来源，也就是客户、公司及行业三个角度阐述我们在调研过程中观察到的现状、痛点及趋势。

这里的公司需求指的就是老板的需求和自己设想的需求，而行业需求指的就是行业中因为相关竞品产生的需求。另外，在客户这部分内容中可以直接标明是哪些重要客户的现状及痛点，这样能有效地提升我们所得结论的可信度或说服力，更能在第一步获得老板心理上的认可。产品规划十步法——需求来源如图 2-11 所示。

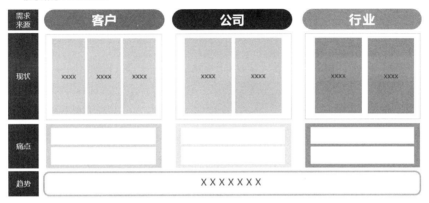

图 2-11　产品规划十步法——需求来源

2.4.2　商业变现逻辑

商业变现逻辑的展示是商业产品规划与其他产品规划的最大不同。所以，我们在第一页讲完了需求来源之后，紧接着就是将我们基于需求产生的关于商业变现逻辑的思考展示出来。展示的逻辑依然是按照从商业变现逻辑到商业变现模式、再到商业产品形态的顺序，将最终选择了哪种逻辑、哪种模式，会产生什么样的产品，以及为什么不选其他的逻辑、模式说清楚。

在实际工作中，很多商业产品经理会觉得这一页没有什么必要，更希望早早将商业产品形态展现出来，但其实这样做并不会取得特别好的效果。即使我们的商业产品形态讲得天花乱坠，还是会让老板觉得虚浮，因为在我们的阐述中缺少对于产品背后逻辑的阐述。越是给高级别的领导汇报，这种虚浮感越明显，毕竟他们需要以审视的眼光来看待我们的新产品规划，所以会格外在意新产品背后的商业变现逻辑通不通、商业变现模式合不合理。一旦确认新产品抓住了他们在意的点，那他们对于新产品的认可度就会大大提高。级别越高的领导反而越不关注具体的商业产品形态，因为在他们认可的逻辑和模式下商业产品形态出不了什么大问题。这就是我在对整个产品筹备期的工作进行阐述时，一再强调这部分内容重要性的原因。产品规划十步法——商业变现逻辑如图 2-12 所示。

②商业变现逻辑

- 核心结论：XXXXXXX

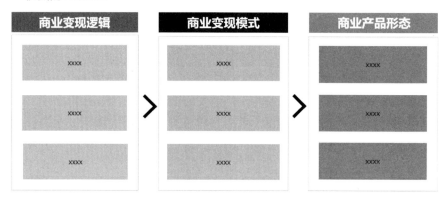

图 2-12 产品规划十步法——商业变现逻辑

2.4.3 产品顶层设计

产品顶层设计又称产品矩阵、产品图谱等。虽然在称呼上五花八门，但其本质是相同的，就是将一个大产品体系下的各类子产品按照一定的归类方式展示出来。这里存在一个误区，认为只有大型产品才有顶层设计，一般的小型产品是没有的。实际上，小型产品也需要顶层设计，并且也是可以按照方法拆成子产品或子模块的。这里我们先来看看小型产品的顶层设计应该怎么展示。产品规划十步法——小型产品顶层设计如图 2-13 所示。

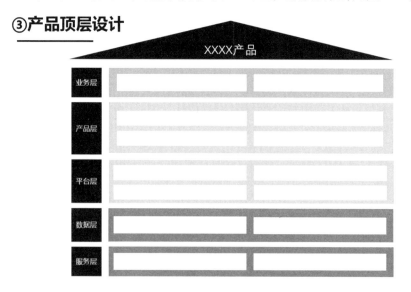

图 2-13 产品规划十步法——小型产品顶层设计

　　小型产品归类的方法有很多种，如图 2-13 中就是按照前、中、后台的逻辑从底层的服务层开始，如同建房子般一层一层往上累加，服务层的上一层为数据层，数据层再往上就到了涉及的具体平台，平台再往上就是具体的产品，最后产品对应到不同的业务场景中。这种自下而上层层叠加的归类方法会让我们的整个顶层设计显得更有逻辑。也正是因为有前辈发明了这样如同建房子般的展示方式，才有了"顶层设计"这个词。接下来我们看看大、中型产品的顶层设计应该怎么展示。产品规划十步法——大、中型产品顶层设计如图 2-14 所示。

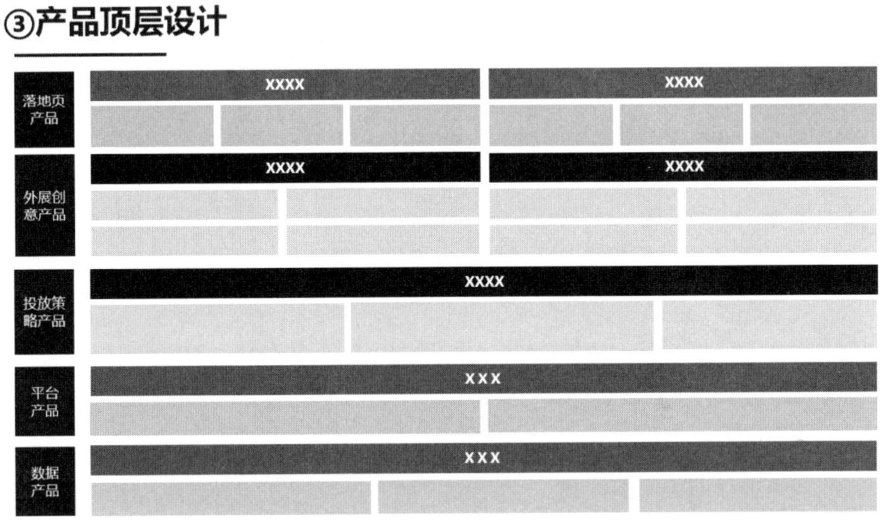

③产品顶层设计

图 2-14　产品规划十步法——大、中型产品顶层设计

　　大、中型产品由于涉及的子产品会很多，所以在进行顶层设计的展示时，也就没有必要过分拘泥于顶层设计的那个小屋，以矩阵的形式尽可能将涉及的子产品在一页中展示出来即可。大、中型产品归类的方法也很明确，如图 2-14 就是典型的商业广告产品的顶层设计，将产品按照数据、平台、投放策略、外展创意、落地页等进行归类。其实，归类的方法并无对错可言，言之有理即可。

2.4.4　核心产品

　　在产品顶层设计部分，我们只需要将产品按照分类列出来即可；在核心产品部分，才需要将核心产品具体的商业产品形态展示出来。大、中型产品可以展示的内容很多，所以在展示前必须有所取舍，只需要把最重要的或最能让人眼前一亮的内容展示出来即可，不必过于求全。在实际工作中，你越是想重点汇报商业产品形态，老板就越有可能只是过一眼亮点部分，没大问题就直接通过了，所以在这部分有两种常用的表达方式。

- 当新产品有 C 端页面时，可以将有亮点的 C 端页面的设计稿展示出来，并在设计稿上进行相应的解释，包括产品名称、亮点、效果数据等。产品规划十步法——核心产品（有 C 端页面）如图 2-15 所示。

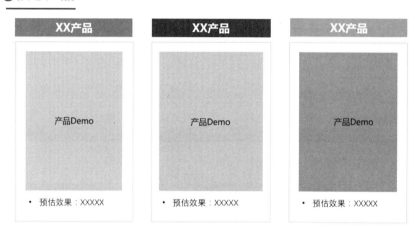

图 2-15 产品规划十步法——核心产品（有 C 端页面）

- 当新产品没有 C 端页面，主要是一些系统搭建、平台改造时，可以用一张表格把相应的功能、模块列举出来，不清晰的要有解释，能衡量效果的要把效果数据展示出来。产品规划十步法——核心产品（无 C 端页面）如图 2-16 所示。

④**核心产品**

产品分类	产品功能	产品特点	产品效果

图 2-16 产品规划十步法——核心产品（无 C 端页面）

在有 C 端页面这一部分还会存在一个疑问：产品 Demo 到底准备到什么程度？常见

的产品 Demo 按照精细程度可以分成三种：商业产品经理产出的初版原型<交互设计师产出的高保真原型<视觉设计师产出的设计稿。从展示的角度出发肯定是越精细越好，越是高保真越能在老板心中留下印象，所以能展示什么样的产品 Demo 就得看商业产品经理在产品筹备期能争取到多少设计资源的支持。这个环节往往很考验商业产品经理日常的交际能力。然而有意思的是，很多时候会听到老板说："这些 Demo 不用弄得太精细，你就是在纸上用手画一个，只要能给我讲明白了就行。"听上去多么平易近人，但仔细观察你就会发现，没有谁真的敢用手画一个草图就拿去汇报，所以该下的功夫还得下，不该偷的懒也永远不要偷。

2.4.5　市场竞争分析

在阐述完新产品的情况之后，接下来就是对新产品所处的市场环境进行分析，这部分内容也是老板关心的点之一。这部分内容主要可以分成两部分来阐述。

1．市场大盘分析

所谓市场大盘分析，指的是对新产品所处市场的规模进行测算，也就是平时常说的盘子有多大、蛋糕有多大。这类分析对于规划一款要杀入新领域、新市场的产品尤为重要。市场盘子太小，耗费人力、物力太多易得不偿失，所以在产品规划时一定要考虑到这个问题。

2．竞品分析

分析完市场盘子有多大之后，就要分析目前该市场上存在的竞品有哪些、这些竞品的特点分别是什么、所占的市场份额有多大。有渠道的话最好还能收集一下竞品收入的情况及效果数据等，这样分析的结果会更有说服力。

产品规划十步法——市场竞争分析如图 2-17 所示。

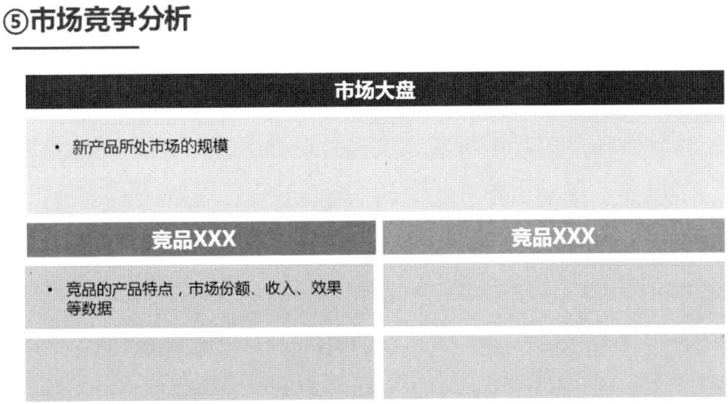

图 2-17　产品规划十步法——市场竞争分析

撰写市场竞争分析最大的难点往往不在于分析本身，而在于经常找不到相关的数据。市场大盘的数据可以尝试从几家知名互联网咨询公司的研究报告里找，报告中对于规模较大的市场基本都有分析，但过于细分就比较难找，很有可能得靠自己估算。另外就是竞品的相关数据。一般情况下，大公司的商业产品基本都有对外公开的宣传材料，直接在相应的网站上就能下载。至于收入及效果等机密数据，想打探到就需要商业产品经理拥有一些人脉关系，如从朋友、同事或代理手中打探到一些信息。当然，打探来的这些信息不用很精确，大概知道是什么量级也就差不多了，后续会有利于产品目标的制定。

2.4.6　产品目标

产品目标的制定同样是老板一定会关注的内容。从整个产品规划的阐述逻辑来看，在讲清楚新产品是什么、新产品所处的市场环境及新产品的竞争情况之后，自然就到给自己定目标的时候了。自己给自己定目标，最大的好处在于给老板提供了一个目标量级的参考值，有此基准的话目标不至于被定得太离谱，这也算是商业产品经理在汇报过程中对于自己的一种有效保护。一款新产品的目标会被拆解成定性目标和定量目标两种。

1．定性目标

定性目标经常会因为制定得过于模糊或不方便拆解而失效。为了避免这一问题，可以在制定定性目标时加入"时间"和"实现"两个元素。时间指的是设定一个项目完成时间或新产品上线时间，而实现指的是项目、新产品的完成程度。例如：

- 目标1：××××年××月××日启动小程序商业化。
- 目标2：××××年××月××日实现小程序搜索功能商业化。
- 目标3：××××年××月××日完成小程序全面商业化。

从这几个示例中可以看出，通过加入**时间**、**启动/实现/完成**等定性词汇可以有效地刻画定性目标，并且支持逐级往下拆解。例如，小程序怎样才算完成了全面商业化，就可以拆成搜索、信息流、详情页都完成了商业化即认为小程序完成了全面商业化，这样就又拆出了三个子目标，三个子目标还可以继续往下拆……

2．定量目标

定量目标的制定需要设计一套目标计算逻辑，并且这套计算逻辑一定要在规划中展示出来。商业产品的定量目标几乎都将收入作为最核心的考核目标。最常见的商业广告的定量目标一般是，通过使用的流量到点击到售卖的逻辑计算出新产品的收入目标。当然，过程中的 CTR、CVR、ARPU（每用户/客户平均收入）都可以作为定量目标的子目标。定量目标的制定除了要从公司的实际情况出发，还需要综合考虑一些核心竞品的数据情况。制定的目标与竞品的情况不能差距过大，不然会给后续的销售工作带来巨大的困难。产品规划十步法——产品目标如图 2-18 所示。

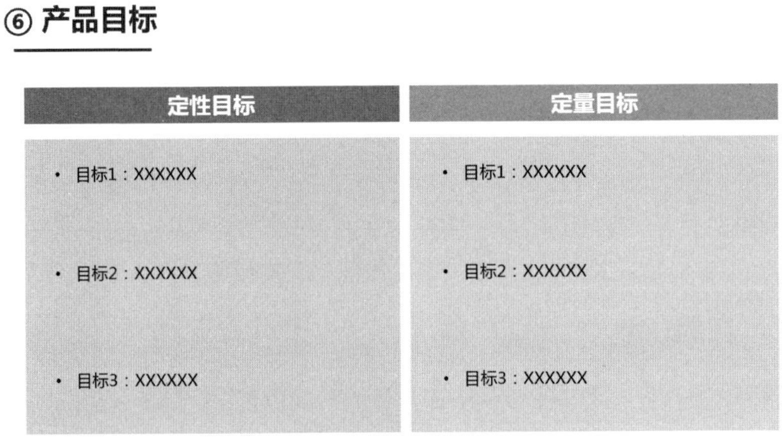

⑥ 产品目标

定性目标	定量目标
• 目标1：XXXXXX • 目标2：XXXXXX • 目标3：XXXXXX	• 目标1：XXXXXX • 目标2：XXXXXX • 目标3：XXXXXX

图 2-18　产品规划十步法——产品目标

2.4.7　投入产出比

在给自己定完目标之后，终于到反客为主、伸手向老板要资源的时候了，索要资源的主要办法就是衡量投入产出比。打造一款全新的商业产品，在产品筹备期主要是人力方面的投入，需要大概规划一下在产品研发期涉及哪些岗位，常见的就是商业产品经理、交互设计师、视觉设计师、后端开发人员、前端开发人员、数据开发人员、测试人员等。粗糙一些可以只估计一下各个岗位需要的人数，精细一些可以按照目标时间的紧迫程度来计算人数及每个岗位所要消耗的工时。如果是流量变现类产品且使用的流量有刊例价时，还需要核算一下流量成本。产出部分分两种：一是产品产出，二是收入产出。产品产出指最终会产出哪些产品、哪些服务、哪些平台，收入产出就是预估会带来多少钱。最终，综合成本与收入计算出这款新产品的 ROI（投资回报率）。这里需要注意的是，由于人力成本不容易估算，很多商业产品经理就自作主张地只用流量成本来计算 ROI，最后导致 ROI 高得惊人。这种高得惊人的数据出现在汇报时是很容易被老板"挑战"的。产品规划十步法——投入产出比如图 2-19 所示。

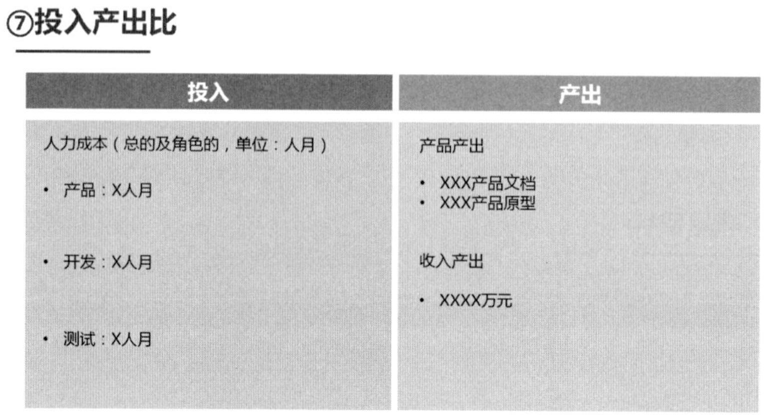

⑦ 投入产出比

投入	产出
人力成本（总的及角色的，单位：人月）	产品产出
• 产品：X人月	• XXX产品文档 • XXX产品原型
• 开发：X人月	收入产出
• 测试：X人月	• XXXX万元

图 2-19 产品规划十步法——投入产出比

2.4.8 行动计划

阐述完投入产出比，接下来就说一说具体的行动计划。行动计划可以按照之前制定的定性目标来拆分，也可以按照功能模块来拆分，只要言之有理即可。按照拆好的任务来制定每个任务的交付物、负责人及计划开始/完成时间。行动计划的制订本该是项目经理的工作，但如今很多互联网公司都已经取消了项目经理这一岗位，所以这项工作就得由商业产品经理自己来完成。产品规划十步法——行动计划如图 2-20 所示。

⑧ 行动计划

分类/模块	需求/任务描述	交付物	负责人	计划开始时间	计划完成时间

图 2-20 产品规划十步法——行动计划

2.4.9 核心里程碑

设定核心里程碑其实是一种常见的项目管理方法。从内容上看，核心里程碑和行动计划其实是存在一些重叠的，如果商业产品经理在一个有 PMO（项目管理执行官）制度的公司中，那这也是必不可少的一部分。因为在 PMO 制度下，新产品的进展是要定期在 PMO 会上进行汇报的，那么设定一些里程碑用于中期的阶段性汇报就很有必要，这也是有效掌控项目进度、及时发现项目中存在问题的一个有效方法。里程碑主要由四部分组成：里程碑名称、时间节点、产出物及完成标准。产品规划十步法——核心里程碑如图 2-21 所示。

⑨核心里程碑

里程碑1：XXX	里程碑2：XXX	里程碑3：XXX	里程碑4：XXX
1. 时间节点 *(年/月/日)*：			
2. 产出物：			
3. 完成标准：			

图 2-21　产品规划十步法——核心里程碑

2.4.10　风险及应对措施

产品规划方案写到最后一步，商业产品经理须提前思考整个研发周期内可能要面对的风险。在产品规划阶段就将可能预见的风险提前抛出来，远比在项目进行中出了问题再抛出来要好得多，毕竟提前抛出来可以先想想应对措施。人力不足、研发人员没有排期或外部门的支持力度不够等，都是我们在进入产品研发期之前很容易预见的风险，将这些风险提前汇报给老板是很有必要的。产品规划十步法——风险及应对措施如图 2-22 所示。

⑩风险及应对措施

风险等级	风险描述	风险应对方案	方案实施计划	负责人
（高/中/低）				

图 2-22　产品规划十步法——风险及应对措施

总结一下，产品规划十步法涵盖了商业产品规划过程中常见的绝大部分问题，算是一种颇为全面的产品规划方案撰写方法。产品规划十步法中所列出的每部分内容我都列举了一页 PPT 作为示例。在实际应用时，我们还需要根据汇报对象的层级不同强化相应的内容。

1）向公司高层领导汇报

需要向高层领导汇报的产品规划自然不是什么简单的小项目，所以方案的侧重点需要放在产品顶层设计、市场竞争分析和投入产出比上。我们应站在高层领导的视角，他们更关注的是战略、方向及资源分配的问题，对于具体的商业产品形态反而不会太过在意，所以我们的汇报需要满足这一要求。

2）向公司中层领导汇报

公司中层领导对于公司具体的业务、各条产品线的划分及交集是最为熟悉的，所以在向中层领导汇报产品规划时就需要侧重于新产品的商业变现逻辑、产品顶层设计、核心产品及产品目标。如果公司产品线比较繁杂，则还需要说清楚跟其他产品线的区别及有可能出现交集的地方，这对于中层领导的决策是尤为重要的。

最后强调一下在撰写产品规划方案时商业产品经理的心态问题。一份最终定版的产品规划方案势必需要反复进行修改和雕琢，这种感觉就像回到学校写论文的时候，反复被要求修改甚至重写是很常见的。所以，在撰写产品规划方案时心态一定要放平，千万不要抱着一次就能过的期望，要做好反复修改、反复被虐的准备。身边曾经有同事抱怨写产品规划方案这件事又虐人又务虚，与崇尚落地能力的商业产品经理的价值观并不相符，对自己未来职业的发展也没有什么帮助。其实，我第一次真正独立负责一款大型产品的规划时也有相同的感受，撰写的过程真的很虐，每天晚上写一版第二天早上拿去请各路"大佬"帮忙指点，然后回来继续改，两周下来改了 20 多版总算完成了汇报，启动了项目。过后总结发现，经过这样一次磨炼，我的规划能力、表达能力有了质的提升，脑子里有了两种模式可以自由切换：当打开 PPT 时就能进入"高大上"的汇报材料撰写模式，当打开 Word 时还能回到朴实落地的需求文档撰写模式。当然，更重要的是自己能够在真正意义上自上而下地全盘看待自己设计的新产品。总而言之，撰写产品规划方案是商业产品经理进阶必须跨过的坎，过程越难最后对自己的提升帮助就越大。

2.5 产品设计

在正式开启产品研发期之前，需要确定此前产品筹备期的工作是否已经全部完成。

全部完成的标志不仅是通过了汇报、获得了老板肯定的答复，还需要将汇报材料、汇报结论等信息同步给各个协作方。对于大型产品，最好组织一个项目启动会，将研发周期内需要涉及的协作方都拉进来，给大家讲一遍新产品的规格，并与各个协作方提前沟通好大致的排期时间及产品上线的 Deadline。在大部分公司里，研发资源都是各项目间共用的，不提前占好大家的排期，项目是很难进行的。项目启动会结束后才算真正进入产品研发期。

　　进入产品研发期之后，我们才开始展开系统性的产品设计工作。这里所说的系统性的产品设计工作与产品筹备期的产品规划有很大不同。在产品筹备期，商业产品经理需要做的是通过不断收集需求来为新产品找到一个切入点，所以要重点思考新产品的逻辑、市场、目标等问题。问题确认之后，新产品的整体框架就比较明确了。进入产品研发期之后，商业产品经理需要做的就是丰富这个框架，将其构筑成一个真正完整的产品，其中就会有很多在产品筹备期被搁置的细节需要应对。

　　产品设计可分成以下几个阶段，如图 2-23 所示。

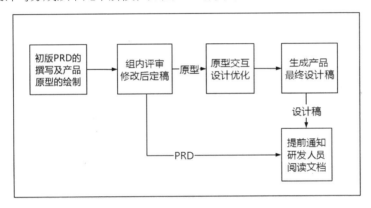

图 2-23　产品设计流程

　　产品设计的第一步就是完成初版 PRD 的撰写及产品原型的绘制。PRD 的格式及注意事项在第 1 章已经介绍过，这里不再赘述。着重来说一下产品原型的绘制。能够绘制产品原型一直被认为是产品经理的核心技能之一，使用的工具就是常见的 Axure。当然，市面上还有一些国产的原型工具，如墨刀，但从功能的完整程度及使用的广泛程度来讲还是 Axure 更通用一些。作为一名商业产品经理，对于产品原型的绘制能力**并没有用户产品经理要求得那么高**，并且绝大多数情况下绘制的都是一些后台类的原型，真正涉及C 端的页面也是有设计资源支持的。所以，我认为并不用将精力太多地投入这个方向上，会用软件画出常规的产品原型（不需要带任何交互的原型）即可。我是非常反对在无特殊需要（如汇报）等情形时还要求商业产品经理绘制高保真原型的做法的。可以毫不客气地说，这种要求是在浪费时间，产品原型只需要把对于产品形态的构想表达清楚就行，至于承载形式选哪种，哪怕用 Excel、A4 纸画，只要后续流程方看得懂都是可以的。

在撰写完初版 PRD 及绘制完产品原型之后，一定要在组内先进行一轮评审，再拿去跟研发人员进行需求宣讲，这么做主要有以下两个原因。

- 一个大、中型产品的 PRD 及原型出于时间成本的考虑往往不会只让一名商业产品经理来写，一般都是需要组内协作完成的。协作完成的产出物一定要注意相互之间的衔接逻辑，如果直接把各自写的部分拼接起来就拿去跟研发人员进行需求宣讲，很有可能因为存在大量逻辑不通的问题而被研发人员打回来。
- 在 PRD 的撰写及产品原型的绘制中，一个人思考的方案难以周全，这时就需要组内的集体智慧来进行补充和完善，这样能够很有效地将产出物的质量提升一个档次。

在完成组内评审之后就可以对外输出了，原型输出给交互设计师进行优化，优化之后再由视觉设计师产出最后的设计稿。PRD 需要提前输出给研发人员进行阅读，这一点非常重要。如果研发人员提前阅读了 PRD，在需求宣讲阶段就可以直接把问题提出来，非常有利于项目的快速推进；反之，产品人员与研发人员反复进行多次沟通，效率就太低了。

2.6 需求宣讲

首先，需求宣讲与产品规划汇报一样，都是一次集中性、大规模的对外输出商业产品经理对于新产品的构想的过程。不同的是，产品规划汇报更多是宏观层面上的介绍，很多产品细节都没有深究；而到了需求宣讲环节就需要对具体的产品形态，每个页面的功能、交互逻辑、产品状态及各类细节进行详尽的表达。在很多公司里喜欢将这个环节称为需求评审，但站在一名商业产品经理的角度，我更愿意将这个环节称为需求宣讲。因为"宣讲"一词的主动权明显在商业产品经理一方，并且这是一个让研发人员深入了解新产品设计的过程，用"宣讲"显得更柔和，用"评审"就显得过于弱势和严苛，这种心理上的弱势并不利于后续需求的推进。

其次，需求宣讲究竟要讲什么？需求宣讲非常体现一名商业产品经理的专业水平及表达能力，最差的情况就是单纯地将 PRD 照着念一遍。假如遇到大项目，好几万字的PRD 能把需求宣讲会上的所有人都给念睡着了。所以，想要宣讲达到一个比较好的效果，一定要分清楚主次，有逻辑、有侧重点地进行表达。比如，在宣讲一个产品后台的需求时最好先把整个后台的产品架构给研发人员讲明白，在大家的脑海中先建立一个整体的印象，再一个模块一个模块地阐述。每讲一个模块都要重点强调模块与模块之间是如何衔接的，以及输入字段有哪些、展示字段有哪些、输出字段有哪些。之后，具体描述页面上的功能点、交互效果，重点描述各种交互动作带来的状态变化，以及反向流程如何处理、会存在哪些极端情况等。这样层层深入既条理清晰又容易发现问题。在这个过程中，还有四个关键点需要商业产品经理特别注意。

- 需求宣讲与主题演讲不同，主要目的是给研发人员讲明白需求。所以，在宣讲过程中研发人员有疑问时随问随停，及时回答，当时解释不清楚的记作待办，会后立即处理。千万不要只自顾自地往下讲，需要适时地收集大家的反馈，以确认研发人员已经清楚地理解了我们的意图。

- 在需求宣讲的过程中，除了一个人主讲，还需要有人从旁帮助记录问题。尤其是宣讲过程中发现的一些逻辑不清或其他问题，必须清楚地记录问题本身、待办人及待办反馈时间。两个人相互配合好才能让本次宣讲变得更高效。

- 很多刚入行的商业产品经理在需求宣讲时会觉得压力很大，怕被研发人员怼，就会存在一种闯关的心态，给研发人员讲需求就像游戏闯关一样，开始就拼命往前冲，能过则过，只要把需求讲完就算交差了，还总是希望需求宣讲一次就完成，不要再有下一次。这样的心态其实违背了需求宣讲的目的。需求宣讲的核心目的是给研发人员讲明白我们的需求，遇到没有理解清楚的情况时就应该反复讲、反复沟通，直到大家都清楚。需求宣讲时有问题远比研发过程中才发现问题要好得多，所以一定不要急于求成，要耐下心来反复沟通、确认。被研发人员怼不可怕，没有及时解释清楚问题导致产品无法上线或无法达到验收要求才最可怕。

- 在需求宣讲的过程中，最常遇到的情况就是被研发人员以各种各样的理由砍掉我们提的需求，这也是商业产品经理与研发人员最容易产生冲突的环节。在这个过程中，我们需要识别清楚哪些需求是无关痛痒、可以被砍掉的，哪些需求是核心需求、绝不能让步的。毕竟站在研发人员的角度，他们绝大多数时候是以需求实现的难易程度来对需求进行删减。双方出发的角度不同自然就会产生分歧，针对这些分歧的拉扯也会带来很多心理上的博弈。从总体上看，我们的需求并非一个都不能砍，一些无关痛痒的需求可以接受放到下一期再做，但核心需求必须坚持到底且不能打折扣。

最后，需求宣讲会结束后并不意味着这个环节就结束了，需求宣讲环节完成的标志是商业产品经理拿到了由研发人员给出的研发时间排期表。很多公司都有自己的项目管理系统或任务看板，实在没有的也可以用 Excel 自己设计一个。研发时间排期表示例如图 2-24 所示。

团队	任务项	开发负责人	12/14	12/15	12/16	12/17	12/18	12/19
平台后端	项目/任务模块改造	XXXX						
	XXXX模块改造							
	XXXX配置改造							
	XXXX管理页面改造							
	投放端改造							
算法侧	XXXX项目排期侧改造	XXXX						
	程序化创意开发	XXXX						
数据侧	XXXX人群包开发	XXXX						
平台前端	项目/任务模块改造	XXXX						
	KPI模块改造							
	XXXX配置改造							
	XXXX管理页面改造							
落地页	XXXX落地页开发	XXXX						
测试	项目/任务模块改造	XXXXX						
	XXXX模块改造							
	人群包配置改造							
	XXXX管理页面改造							
	投放端改造							
	XXXX项目排期侧改造							
	程序化创意开发							

图 2-24　研发时间排期表示例

研发时间排期表的第一列展示研发过程中主要的协作团队，如平台后端团队、算法团队等。第二列为各团队对应的任务项，如果涉及的人员比较多建议还是将任务拆细并准确列出相应的研发人员 (开发负责人)，最后列出项目周期，让研发人员根据自身时间安排进行填写。商业产品经理需要进行居中协调，毕竟各团队的任务间可能存在前后依赖关系，时间一定要衔接好。在各团队及老板对于研发时间排期没有异议后，需求宣讲环节才算真正结束了。

2.7　设计评审

需求宣讲的完成标志着以商业产品经理为核心的阶段告一段落，接下来商业产品经理在项目中的角色就转变为辅助者、协调者及监督者。在新角色下主要需要进行三场评审。

- 第一场评审主要针对设计人员产出的设计稿进行评审。对于商业产品而言，只要是会对外展示的产品都需要对设计稿进行严格的要求，严格要求的方式就是让大家对设计稿进行评价并给出优化建议。针对设计稿的评审往往会邀请相关领导前来参与，大家一起精益求精地再对设计稿进行一次打磨，以保证最终展示在客户眼前的产品能够让人眼前一亮。

- 第二场评审则主要针对研发人员产出的技术实现方案进行评审。这场评审经常容易被商业产品经理忽略。然而，现实情况是我们在需求宣讲会上所表述的需求和研发人员最终产出的技术实现方案很可能存在一定偏差。为了避免这种风险，一定要对研发人员的技术实现方案进行了解。这里就体现了上文提到的商业产品经理的核心能力之一：核心技术认知。商业产品经理在参加评审时不但要能看懂技术实现方案，还要清楚地知道这样实现与预期的效果是否有偏差，一旦发现有偏差要及时提出并与研发人员协商解决。

新手商业产品经理在这个环节可能感觉比较吃力。但当你逐渐熟悉系统的运转原理、前后端的衔接逻辑之后，你对于技术实现方案的理解就会清晰很多。想要在这个阶段有好的表现没有什么捷径，就只能靠自身多学习、多积累。

- 第三场评审是测试用例评审，主要针对测试人员产出的测试用例进行评审，这也是一个经常被忽略的环节。商业产品经理的需求与技术实现方案会存在偏差，技术实现方案与测试用例同样会因为相互的理解不同而出现偏差。这里先解释一下什么是测试用例。测试用例指的是由测试人员产出的针对新产品的测试任务描述。常见的测试用例大多以思维导图或表格的形式呈现，并将新产品所有要测的功能点、逻辑、兼容性、性能等各方面都罗列出来。商业产品经理参加测试用例评审的意义就是确认测试方案是否完备、核心逻辑是否都进行了验证。**一份标准的测试用例其实是了解一款产品背后逻辑的快速渠道，测试人员往往是最了解这款产品背后逻辑的人，善加利用必有奇效。**

在完成这三场评审之后，我们基本上就消除了研发及测试人员对于我们所提需求在理解上的偏差，并且清楚地了解了技术实现方案及测试的重点，这在后续的产品验收中有很大帮助。

2.8　产品验收与上线

在完成以上三场评审之后，新产品就进入真正的研发周期。当然，在这段时间里商业产品经理也不能闲着，因为在研发过程中还会遇到各种各样之前预想不到的问题，需要进行决断。这些问题会很多、很散，最常见的如需要使用的数据不全、交互逻辑有冲突、设计的结构与其他系统衔接不了等。每个问题的出现都需要商业产品经理及时跟进，最后的结论无论是改需求还是调整技术实现方案抑或是寻求支持，都必须抓紧时间，一旦有所拖延就会带来新产品无法按时上线的风险。所以，那些网上流传的商业产品经理一评审完需求就可以"刀枪入库，马放南山"的段子在实际工作中是不太可能出现的。

具体的研发—测试—上线流程如图 2-25 所示。

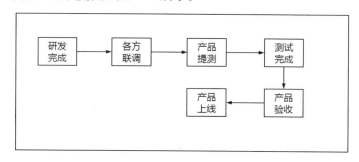

图 2-25　研发—测试—上线流程

　　由于研发也是由多个团队协作完成的，所以在正式提测之前还要预留出一段时间来让各方进行联调，保证各个功能模块相互衔接。可以说，联调才是产品研发中最重要的环节，所以在实际工作中这个环节往往最容易出现问题。此时，商业产品经理虽然不需要直接介入，但还是要了解清楚发生了什么问题并且预计什么时候能解决。如果问题太多，导致新产品按时上线有风险，要及时预警。

　　各方联调通过之后，新产品就会进入测试阶段。一般情况下，商业产品经理在测试完成之后才会介入。但根据我的经验，尤其是大型项目，还是尽可能地在测试完成前一两天就参与测试工作会比较好。提前参与哪怕可以做的事情有限，只能点点页面、看看展示是否正确，也是可以的。这样做一是能够站在一名使用者的角度帮助测试人员发现问题并及时让研发人员修改，二是对实际研发出来的产品是什么情况自己心里先有个底，这一点尤为重要。

　　另外，在这段时间里经常会被忽略的一个环节就是由设计人员来完成的"走查"。所谓走查，指的是设计人员检查最终研发出来的产品与设计稿是否有差异。比如，页面上各元素的间距、字号、色号都得 1：1 按照设计稿进行还原。但凡用户/客户能够看到的页面都是需要严格进行走查的，走查安排在测试阶段也方便研发人员能够一起修改。

　　如果商业产品经理提前介入了测试阶段的工作，那么测试完成其实也就意味着产品验收完成了一半。因为产品验收需要分成两步：第一步是在测试环境中进行验收，验收通过之后测试人员才会将新产品上线到正式环境中；第二步是在正式环境中再进行一次验收，确保在正式环境中上线的新产品符合验收标准。

　　在整个研发—测试—上线流程中还存在两个注意事项。

- 很多新手商业产品经理都存在一个误区，认为新产品的上线是由研发人员来完成的，所以在让研发人员改完需求后就要求立刻上线。然而，实际上在正规的流程中，新产品的上线是由测试人员来完成的。只有在测试人员确认测试通过之后才能将新产品上线到正式环境中。让研发人员改完需求后直接将新产品上线到正式环境中是非常危险的操作，可能带来非常严重的后果，切莫因小失大。

- 在这个流程中商业产品经理经常会遇到一个情况，就是提测的产品与自己心里预期的差距有点大，这个时候是该硬着头皮验收呢？还是拒绝验收呢？要知道，第一版做出来的产品势必是比较粗糙的，罗马不是一天建成的，一个产品、一个系统也不是一次就能做完的，所以是否验收的核心点在于所有要求的功能是否都完成了。个人认为只要功能都完成了，剩下一些细节上的问题可以再调整，心态一定要放平，实际产品与心理预期有差距是很正常的，没有必要在这个环节过于苛责、过于追求完美。**所有的产品其实都是多方妥协的结果，而商业产品经理存在的意义就是不断让产品变得更好，而不是一次就做好。**

2.9　线上测试与效果监控

对于一款全新的商业产品，产品正式上线之后，商业产品经理在产品研发期的工作还远没有结束，也远没有到可以向用户/客户推荐的地步。此时，还需要进行一系列的线上测试及对测试效果进行监控。为什么还要进行线上测试？在实际工作中，一款新产品，尤其是流量变现类和服务变现类产品，在正式上线初期是不会直接接入全部流量的，而是比较谨慎地先进行小流量的灰度测试。通过小流量的灰度测试来收集反馈数据、检验产品效果，待所有数据指标都达到预期之后才会正式接入全部流量。毕竟，在整个产品的设计与研发过程中，虽然商业产品经理会尽可能地站在用户/客户的角度思考，但其始终不是真正的用户/客户，所以在全量推荐前仍需要一些真实的用户/客户来进行反馈，这样才知道新产品到底好不好。

有的时候甚至还会遇到商业产品经理所设想的最合理的产品逻辑，但用户/客户并不接受的情况。一旦发现这样的问题，需要紧急对产品进行优化，否则全量推荐之后相关的数据指标可能是一场噩梦。另外，效果类产品（如效果广告）在推出前还需要提前与公司同类型的产品进行 A/B 测试。这里的 A/B 测试指的是在相同时间、相同流量来源下对于两款效果类产品所得效果的比较。其中的道理其实也很简单，我们想要让用户/客户购买一款新的效果类产品，势必保证新产品的效果要比老产品好才行。

整个线上测试的时间应持续一到两周，这个过程中会不断地暴露各种在研发过程中没有想到的问题，商业产品经理与研发人员需要不断解决。新产品的研发都走到了这一步，心态上千万别着急，更不能松懈，还是要做好打持久战的准备。

2.10　产品定价

产品研发期的最后一个环节就是对新产品进行定价。从严格意义上讲，产品定价工作其实并不是由商业产品经理来完成的，也不应当放在产品研发期，最常见的是放在售卖服务期进行处理。因为产品定价对于任何一家公司而言都是极其重要且复杂的事情，在定价的过程中需要考虑的因素会非常多，所以很多公司都会设置专门的岗位来做这件事情。常见的组织架构是在资源管理部门下设一个产品定价组来专门为整个公司的新产品进行定价。这里将产品定价的工作放在产品研发期并推荐先由商业产品经理来思考，主要有以下两个原因。

- 原因一：作为新产品的设计者，商业产品经理应当是整个公司最懂这款新产品的人，那么对于自己设计出的产品的价值一定要有认知、有衡量。在将新产品提交给定价部门之前，自己应当先对新产品的定价有足够的思考。只有这样才能保证在与定价部门的同事沟通时，既能将产品的价值很好地表达清楚，又能有效地影响最终定价的逻辑。千万不要小看这种对于定价逻辑的影响，很多时候商业产品经理对于定价部门给出的定价方案不满意的原因都是在前期沟通时自己对于产品价值认知不足，不清楚定价的逻辑和方法，以为随便将产品介绍扔给定价部门就算完事了。

- 原因二：站在定价部门的角度，尤其是大公司里的定价部门，可能每天都会收到产品定价需求。定价部门的人力显然是不可能支持从产品筹备期就一路跟着项目直到新产品上线的，所以如何快速、深入地了解一款新产品是他们的核心诉求。能够做到这一点的就只有新产品的设计者——商业产品经理，所以在正式提交产品定价需求之前，商业产品经理必须自己先想清楚才行。产品定价的基础理论如图 2-26 所示。

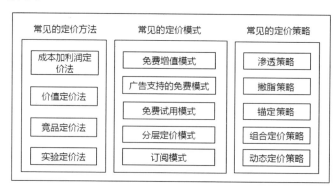

图 2-26　产品定价的基础理论

基础理论可以分成三部分：定价方法、定价模式及定价策略。这三部分的理论最终都会对应到产品定价的具体流程中。下面就先来介绍一下常见的定价方法。

2.10.1　定价方法

1．成本加利润定价法

涉及产品定价，最容易想到的思路就是从公司财务的角度考虑。对公司而言，产品定价的目的是让公司获得的收益最大化，收益最大化映射到财务指标的变动上自然就是利润。利润是收入与成本的差值，即

$$更高的收入-更低的成本=最大的利润$$

我们对于产品定价的思路就是先核算产品的成本。成本的分类方法有很多，这里比较适合的方法是按照成本性态分为固定成本和变动成本。固定成本指的是在一定时期内不受业务量增减变动影响的成本，如产品研发期内的人力成本；反之，变动成本就是会随着业务量增减而变化的成本，如使用的服务器的成本。产品研发期的主要成本其实就是人力成本及研发成本。成本虽然不能完全决定价格，但是我们计算出的产品成本可以当作产品定价的下限，"预期的利润+成本"就是产品定价的上限。

2．价值定价法

除了从财务的角度来考虑，还可以从产品本身价值的角度进行考虑。产品本身的价值也分成两种。一种是产品自身就包含的实际价值。比如，成为一些平台的会员之后，平台会送出一些周边产品，这些周边产品都是有实际价值的，那么组合在一起同样可以形成产品定价的下限。另一种是产品能够直接为用户/客户创造的价值，如能直接帮用户/客户节省多少钱或时间。最常见的例子就是外卖平台的会员送优惠券且免配送费等，用户/客户愿意为这些权益支付的价格就可以作为产品的定价。总而言之，要采用价值定价法，需要产品本身的价值容易评估，或者产品包含的标的物、权益在用户/客户心中有清晰的公允价值认定，否则价值定价法所定出的价格就会很飘忽。

3．竞品定价法

根据相关竞品的价格来制定自己产品的价格同样是一种常见的定价方法。从本质上讲，这并不是一种合理的定价方法。因为它与前两种定价方法相比，连完整的计算逻辑都不需要就可以得到产品的价格，并且放弃了对于自身成本、利润的考虑及对于产品价值的认定，完全将产品的定价权交给了竞争对手。但在实际工作中，这种定价方法屡见不鲜，尤其是在新产品要进入一些成熟市场时，用户/客户对于市场内流通的产品的价值已有充分认知，新加入的公司其实并不具备充分的定价权，而是需要"随行就市"。此时，

选择竞品定价法虽然并不会出彩，但绝对是最稳健的方式。当然，采用竞品定价法还需要考虑两个核心问题。

1）竞品如何选择

一款新产品在进入市场前都会圈定一批竞品作为主要的竞争对象。竞品圈定是一项技术活，并不一定要选这个市场中最好的或市场占有率最大的产品，这也不是商业产品经理或老板一拍脑袋就确定的，而是需要通过细致的线下调研寻找与自己产品的功能、卖点等各项情况最为接近的产品。例如，在我接触较多的汽车行业里，由于品牌、车系众多，经常出现客户确定不了自己竞品的情况，甚至还出现过自己的产品是紧凑型车，却非要将一款 SUV 列为主要竞品的情况，最后的结果自然不言而喻。所以，在竞品圈定问题上一定要慎重，一味追求与市场中最好的产品竞争不但会导致前期开局困难，也会因此影响到整个团队的士气。

2）与竞品价格的比较

在圈定竞品后就面临第二个问题：产品的定价是比竞品高，还是比竞品低，抑或是与竞品持平？定价比主要竞品低并不见得是一件好事，甚至会被用户/客户认为产品是因为质量不好所以才比其他产品价格低的，并且贸然的低价还有可能掀起不必要的价格战。反过来，定价比主要竞品高同样有风险。如果产品的品质高于竞品，那么卖更高的价格还是可以理解的；但对于一款全新的商业产品来说，上线之后还需要经过一段时间的迭代才能达到稳定状态，这样的新产品在初始阶段是很难在品质和服务上超越那些成熟产品的。总而言之，定高、定低都有可能出现问题，此时就需要进一步引入定价策略，这个问题我会在定价策略部分进行详细的阐述。

4．实验定价法

最后一种常见的定价方法是实验定价法，也就是通过设计不同的价格实验来确定最终的产品定价。最常见的价格实验就是通过销量的变化来调整价格，销量越高产品的价格越高。另外一种常见的价格实验是向不同的用户/客户群体提供不同价格的产品来测试用户/客户对于价格的反应。比如，先发布一个内测版提供给几个关系较好的用户/客户使用，并对他们报以不同的价格，最终成交最多的产品的价格就认为是最合理的定价。

实验定价法的优势在于摆脱了完全主观定价的局限，能够有效收集到市场对于产品价值的反馈。但也有其弊端，那就是价格不稳定会让已经付费的用户/客户感到不适。所以，采用实验定价法时，要尽可能地对各个实验组的用户/客户进行价格隔离，防止串通。

以上四种常见的定价方法，每种都有其优缺点，并且四种方法之间也并非相互独立，在实际应用中往往是结合在一起使用的。比如，先采用成本加利润定价法来确定产品的最低价，然后通过价值定价法和竞品定价法来定位出产品的最佳价格，最后通过实验定价法来对价格进行微调，进而实现更精确、更合理地为产品定价。

2.10.2 定价模式

在确定了新产品的价格之后，接下来要考虑的就是定价模式，也就是常说的这钱怎么收。当产品定价比较低时，用户/客户往往会选择一次性支付全部价款，以减少后续的麻烦；但当产品定价较高并且一次性支付金额较大时，用户/客户就会考虑采用不同的购买方式。比如，买房时采用按揭贷款的方式、购买大型物件时采用账单分期的方式。购买的方式多种多样。但值得注意的是，用户/客户之所以能选择不同的购买方式，是因为商家为了促成交易设计了多种购买方式，也就是说用户/客户能选择什么方式进行购买是由商家来决定的，这就是我们所说的定价模式。商业产品的定价模式根据产品的特性及业务的不同可以分成以下常见的五种模式。

1. 免费增值模式

在免费增值模式中，公司（商家）会面向所有的用户/客户提供一个只包含产品基础功能的免费版本。用户/客户在接触产品的初期可以通过这个免费版本对产品的基本功能进行体验，而想要使用产品的核心功能或主打功能就需要购买增值版本。这种定价模式常见于一些 SaaS（软件即服务）类产品中。例如，本书绘制流程图所使用的在线绘图工具 ProcessOn 就是采用这种定价模式，免费版本最多只可以在线上保存 9 个文件，而增值版本就不再限制文件数量。采用这种定价模式对前期产品拉新是很有帮助的，但需要时刻关注免费用户的支持服务成本及从免费用户到付费用户的转化情况，一旦转化率不高这款产品就很难维持下去了。免费增值模式示例如图 2-27 所示。

2. 广告支持的免费模式

与免费增值模式相对应的是依靠在产品中添加广告来进行支撑的免费模式。在这种模式中，不再需要提供多个版本，也不再需要通过用户/客户直接付费来获利，而是通过帮助广告主给他们的目标人群展示广告并吸引感兴趣的用户点击来赚取广告主的钱。这种靠广告来维持产品免费使用的模式是商业产品的核心定价模式之一。根据广告类型的不同会衍生出不同的广告定价模式，这部分内容我会在第 3 章"商业广告"部分进行详述。当然，采用这种模式也存在一些限制，那就是想要采用这种模式，在产品前期需要积累足够的流量，否则一天就几个广告曝光、几个广告点击是很难支撑起产品的日常运作成本的，所以创业公司一般很难采用这种模式。

图 2-27　免费增值模式示例

3．免费试用模式

第三种定价模式是免费试用模式。这种模式与免费增值模式最大的区别在于，它并不需要将产品切分成多个版本，而是在产品的使用时间、使用次数上进行限制。前期体验的用户/客户可以在体验期内享受产品全部的功能，或者完整地使用产品多少次之后再付费。这种模式的好处在于，能够让用户/客户先进行完整的体验再付费，这样付费的抵触心理会小很多。但缺点是对于产品的体验要求非常高，需要做到快速让用户/客户喜欢上这款产品，才能进一步产生购买行为。

4．分层定价模式

除免费模式外，还存在分层定价模式，即给产品下的每个功能或服务进行详细的定价，让用户/客户可以灵活选择自己需要使用的功能或服务。对用户/客户来说，捆绑太多功能或服务有可能难以消化，为了提高他们的购买意愿，采用这种灵活选择的方式是非常合适的。当然，这种模式也有其局限性，那就是当功能或服务太多时，用户/客户会感觉很乱而无法做出选择，所以这种模式经常与免费增值模式一起使用。

5. 订阅模式

订阅模式早在报纸和杂志时代就已经普遍为大众所接受，当这种模式沿袭到线上时就变得更为便利，很多内容类的商业产品都会采用这种模式。用户/客户单独购买一期的价格为 x 元，如果选择订阅则价格为 $0.8x$ 元再乘以 12 个月。这种模式让用户/客户有一种占到便宜的感觉，能有效促进购买行为的产生。这种模式的局限性在于很难争取到那些只想短期使用而不愿意贸然买下全部产品的用户/客户。并且产品的质量及体验好坏直接决定了用户/客户是否会续订，如果第二年产品没有什么特别明显的提升也会造成续订率大幅下降。

以上就是在互联网行业中常见的五种定价模式。基于这五种定价模式又会衍生出一个问题：定价模式和商业模式究竟有什么区别？其实从严格意义上讲，定价模式是商业模式的一部分。商业模式是一个严密、完整的链条，需要从产品的原始需求开始一路考虑到回款及后续的持续获利；定价模式则只是围绕已研发出的产品来设计让用户/客户更能接受的购买方式，进而帮助公司实现营销目的。虽然定价模式在商业模式中是极其重要的一个环节，但它还不能直接等同于商业模式。

2.10.3　定价策略

定价方法确定的是新产品的基础价格，定价模式确定的是新产品的购买方式。当两者都确认后，还需要采取定价策略来对新产品的最终价格进行微调，也就是正式回答定价方法中遗留的问题：新产品的定价究竟是高一些好，还是低一些好？常见的定价策略有以下五种。

1. 渗透策略

渗透策略指的是在新产品上市时采取一个相对较低的定价，以此来吸引大量用户/客户，提升市场占有率。这是一种典型的以牺牲高毛利来换取高销量及高市场占有率，进而产生显著成本经济效益的策略。采用渗透策略不但需要有足够的资本支撑，还要求此类产品的用户/客户量级足够大且对品牌不敏感、对价格敏感，且产品的生产成本能够随着销量的增加而有明显的下降。

渗透策略的优点在于能够快速占领市场并借助销量来降低成本，进而获取长期稳定的市场地位，同时微薄的利润也能有效阻碍竞争对手进入。而这种策略的缺点在于难以树立优质的产品形象，投资回报率及回报周期都不会很理想。在日常生活中采用渗透策略最为成功的案例就是小米，其在初期切入市场时就采取了千元旗舰机的策略迅速收获大量价格敏感型用户，占领了低端机市场，后续凭借成熟的产品研发系统及供应链迅速成为国产手机的代表。小米可以说是渗透策略的完美践行者。

2. 撇脂策略

撇脂策略指的是在新产品上市之初就为新产品制定一个较高的价格，尽可能地在短期内获取丰厚利润，尽快收回投资。这种策略就如同从牛奶中撇取那层脂肪，有取其精华的意思。采用这种策略的产品首要条件就是要有技术护城河，具备独创性且同类产品难以模仿，其次要有足够的品牌力为产品背书，一个完全不知名的品牌是很难吸引用户/客户进行大胆尝试的，最后要有敢于尝鲜的用户/客户群体才能保证产品初期的销量。在日常生活中采用撇脂策略最为成功的案例就是苹果和戴森。以戴森为例，其明星产品吹风机、吸尘器、卷发棒都有着对于同类产品颠覆性的创新及无法模仿的技术壁垒，产品上市价格更是远高于同类产品。高定价不但没有阻碍其销量增长，还为其俘获了一大批忠实用户。

3. 锚定策略

锚定是一种心理现象，具体指的是人们倾向于把对未来的估计和已采用过的估计联系起来，并且很容易受到他人建议的影响。简单来说，人们会受到预先设定的影响，在做决定时有意无意地参考预先的设定。这种通过给用户/客户一个"锚"来引导用户/客户产生购买行为的策略便称为锚定策略。

锚定策略有很多应用方式，最常见的就是价格锚定。无论是线上购物还是线下购物，都会看到各种产品原价×××元，打折后×××元，标出产品的原价就是为了在用户/客户心中建立一个锚，实际成交的价格只要比这个锚的价格低，用户/客户就会有一种占到便宜的心理，进而产生购买行为。

除了价格锚定，常见的还有环境锚定。例如，在一些装修华丽的高档场所，平时在路边卖2元一瓶的矿泉水在高档场所里就要卖到十几元甚至几十元。高档场所的环境就是那个锚，让用户/客户产生心理预设：这是高档场所，消费自然比普通的地方高。在日常生活中采用锚定策略最为成功的案例便是著名的星巴克的矿泉水。星巴克会在店内显眼的位置出售20多元一瓶的矿泉水，矿泉水卖得好不好并不重要，但在20多元矿泉水的对比下，30多元的咖啡就会显得非常划算，这就是通过高价的矿泉水锚定了消费者的心理，进而促使消费者产生了购买行为。

4. 组合定价策略

组合定价策略指的是对于互补的、有相关性的产品，在制定价格时将有的产品价格定高一些，有的定低一些，在迎合用户/客户心理的同时获得整体效益。采用组合定价策略的前提是用户/客户对于同一产品有不同功能及品质上的要求，并且不同产品间能够相互搭配、捆绑。组合定价策略在日常生活中尤为普遍。例如，去麦当劳用餐，单点一份汉堡 15 元，单点一杯可乐 8 元，当看到一份汉堡+一杯可乐的套餐只要 18 元时就会感觉自己占到了便宜从而直接下单，完全忘了隔壁便利店一瓶可乐只卖 3 元。这就是组合定价策略的优势，能够通过捆绑等手段让用户/客户心理上更容易接受，进而更容易产生购买行为。组合定价策略的局限性在于，如果公司没有多款产品支持组合定价，组合的产品一旦相关性不够或需求频次不高，就会招来用户/客户的厌恶，得不偿失。

5．动态定价策略

动态定价策略指的是公司根据市场需求和自身供应能力，以不同的价格将同一产品销售给不同的用户/客户，以实现收益最大化。其实，动态定价并不是什么新鲜的方式，自古以来很多产品的价格都是随行就市、不断变化的，市场供应量大价格就下降，市场供应量小价格就上升，只是在互联网时代产品的动态定价变得更加容易，甚至出现了"千人千面"的价格。虽然"千人千面"的价格确实能够为公司带来更大的收益，但也产生了更多的价格歧视，近年来更被戏称为"大数据杀熟"。采用动态定价策略最出名的案例莫过于滴滴出行，不同的用户/客户在相同的时间、相同的位置打车去相同的地方所要支付的金额可能是不一样的。这种动态定价的最大问题就在于一旦被用户/客户发现自己受到了价格歧视，公司就立即失去了这名用户/客户，并且目前无论是"大数据杀熟"还是价格"千人千面"，都已经被国家有关部门明令禁止。

2.10.4　产品定价流程

在了解了产品定价的基础理论之后，商业产品经理还需要对整个产品的定价流程有所了解。商业产品经理从将新产品提交给产品定价组到收到最后的定价结果，中间一般还有以下五个步骤要走，这也是产品定价组的核心工作内容。产品定价流程如图 2-28 所示。

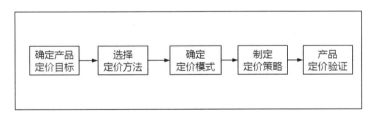

图 2-28　产品定价流程

1．确定产品定价目标

无论最终采用什么样的定价方法、模式及策略，产品定价的第一步都需要结合公司整体的商业化战略来为新产品确定定价目标。不同的目标将明显地影响到后续定价方法、模式及策略的选择。而产品定价目标一定不是产品定价组按照自己的理解随意构想出来的，产品定价目标的确定主要有两大依据。

第一个依据是公司内部任何一款新产品的推出都应该符合公司整体的商业化战略。比如，今年公司整体的商业化战略是在现有领域扩大市场份额，尽可能地打击市场上已有的竞争对手及阻碍更多的市场新入者，那么在确定产品定价目标时就应当有这方面的考虑。最常见的方式就是从产品利润的角度将产品定价目标分成低利润目标、中利润目标和高利润目标。

- 低利润目标，指的是以低利润、无利润，甚至负利润为目标选择定价方法、模式及策略，最终为新产品制定出一个在市场上非常有竞争力的价格，以达到快速抢占市场或提升市场占有率的目的。
- 中利润目标，指的是以获得一定的利润水平或利润率为目标选择定价方法、模式及策略，最终为新产品制定出一个在市场上既能保证一定的利润水平又能保证足够销量，甚至还能带来品牌形象提升的价格。
- 高利润目标，指的是以获得尽可能多的利润为目标选择定价方法、模式及策略，最终为新产品制定出一个在市场上获得利润最大化的价格。

在上文的例子中，为了符合公司整体的商业化战略，可将产品定价目标设定为低利润目标。

第二个依据来源于商业产品经理提交给产品定价组的新产品定位。虽然公司整体的商业化战略是扩大市场份额，但并非所有产品的定价目标都要设定为低利润目标，也不是所有产品都适合低利润目标定价的，更多时候还是要考虑产品本身的特性。比如，当我们的新产品是一款效果类的销售线索收集产品时就不适合设定为低利润目标。因为销售线索的客单价会远高于其他类型的产品，并且销售线索的产能也是有限的，无法大规模走量。物以稀为贵，自然更适合为这款产品设定一个高利润目标来为公司创造更多的利润。产品定价组需要结合公司整体的商业化战略及新产品的定位来最终确定产品定价目标。

2. 选择定价方法—确定定价模式—制定定价策略

确定了产品定价目标之后，接下来就要开始选择定价方法。站在不同的出发点上选择的定价方法肯定也是不同的。按照此前设定的低利润目标，最为适合的定价方法自然是成本加利润定价法。先确定新产品的最终成本作为产品的基准价格，同时可以采用竞品定价法针对主要竞品的价格来对基准价格进行调整。

接下来要考虑的就是如何收费，也就是确定具体的定价模式。如果是广告产品，则可以按照广告自身的特性来选择定价模式。例如，品牌广告产品就选择 CPD/CPM 模式，搜索广告产品就选择 CPC 模式。如果是商业数据或偏 SaaS 的产品，就可以选择免费增值模式或免费试用模式。

最后再来选择定价策略。在低利润目标下以成本价为基准采用免费增值模式的产品，最适合的定价策略自然是渗透策略，映射到最终的价格上就是将基准价格调整到可以迅速吸引价格敏感型用户/客户产生购买行为的程度。经过这三个步骤，新产品的定价就已经产生了。

3．产品定价验证

产品的定价产生后，定价的流程还没有结束，因为之前所有的定价步骤都是在公司内部主观完成的，并没有得到外部的验证。就像上文提到的渗透策略的实现需要将基准价格调整到可以迅速吸引价格敏感型用户/客户产生购买行为的程度，但定价者认为的能吸引用户/客户的价格，用户/客户并不一定买账，此时这个价格的确定就需要外部测试来支持。常见的外部测试方法有三种。

1）价格敏感度测试

价格敏感度测试是最常见也是最简单的方法。这种方法最早是在 1976 年由荷兰经济学家彼得·范·韦斯滕多普提出的。测试方法就是通过调研的方式向受访者展示产品/服务，然后提出以下四个问题。

- 问题 1：你觉得以下哪个价格最划算，会让你觉得物超所值？
- 问题 2：你觉得低于以下哪个价格就太便宜了，会让你感觉产品质量有问题？
- 问题 3：你觉得以下哪个价格虽然有点贵，但还可以接受？
- 问题 4：你觉得超过以下哪个价格就太贵了，不会考虑购买了？

收集完调研数据后对数据进行分析，可以将四个问题中选择各个价格的人数百分比绘制成图表。价格敏感度测试如图 2-29 所示。

图 2-29 中 P1～P2 为可选的价格区间，P3 为最优价格点。价格定在这个点上可以使用户/客户的损失最小，但通常情况下最有用的还是确定的价格区间。当然，这种方法也有其局限性，那就是在整个测试中并没有考虑到竞品这个关键因素。所以，这种方法更适用于一些成熟的市场，在这类市场中相似的产品很多并且没有太明显的创新，此时得出的结果就可以认为是核心竞品的价格区间。

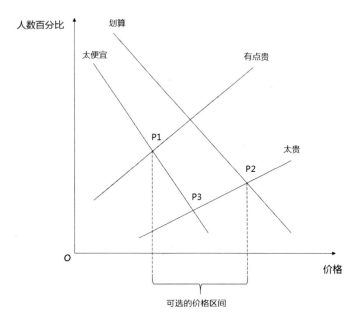

图 2-29　价格敏感度测试

2）价格断点测试

价格断点测试是由 Gabor 和 Granger 在 1965 年提出的，用于测试不同价格水平下用户/客户对于产品态度的变化，从中找到能获得最大利益的价格点。测试同样采用调研的方式，先向受访者展示产品，然后从低到高展示价格，并针对每个价格进行提问："如果这款产品的价格是×××元，您购买的可能性是？"调研结束后可以得到一个测试价格、意向人数比例及预估销售额的表格，将数据绘制成折线图。价格断点测试如图 2-30 所示。

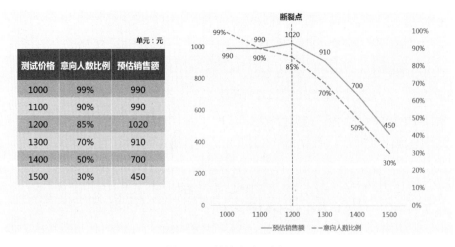

图 2-30　价格断点测试

从图 2-30 中可以清晰地发现 1200 元是价格的断裂点,超过这个价格用户/客户的购买意愿会大幅下降。另外,还可以通过这个调研来识别出最大的潜在人群和最忠诚的人群(多贵都愿意买)。价格断点测试的局限性在于,调研执行的难度较大,用户/客户对于价格的感知与反馈可能没有预想得那么快,最终调研结果的质量难以保证。

3)产品价格抵补模型

无论是价格敏感度测试还是价格断点测试,都有一个明显的局限性:没有考虑竞品的问题。产品价格抵补模型可以看到不同产品在竞争环境下,价格变化对于用户/客户购买意愿的影响。具体执行前需要提前准备几个要进行测试的产品,然后设定好每款产品的起始价格,每款产品每轮价格上涨的幅度及价格的上限可以是不一样的。在测试时,首先向受访者展示进行测试的几款产品及每款产品的起始价格,然后让受访者选择最可能购买的一款产品。第 2 轮将第 1 轮受访者选择的产品按照设定好的幅度进行调价,再向受访者展示并让其选出在第 2 轮中最有可能购买的一款产品,以此类推。产品价格抵补模型如图 2-31 所示。

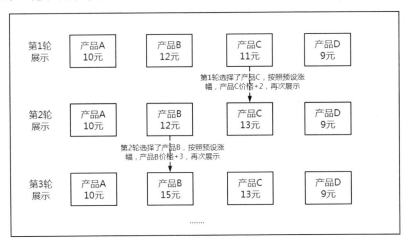

图 2-31　产品价格抵补模型

最终从收集到的结果数据中可以清晰地看到,在价格竞争的情景下,强势产品的产品溢价能有多少。假设 A、B、C、D 四种产品的价格都是 10 元,当产品 C 的价格涨到 15 元而其他产品的价格不变时,如果用户/客户依然愿意购买产品 C,那么产品 C 相对的产品溢价就是 5 元。此外,还可以通过这个模型看到产品的价格弹性及自己的产品在不同价格下的竞争力如何。当然,产品价格抵补模型也存在一些问题,首先是多种同类型的产品并不容易准备,其次是受访者需要对于产品的价值有一定的概念,并且能够快速根据产品的价格变动做出决策。

以上三种方法可以帮助产品定价组对之前所定的价格进行科学的外部测试,以检验市场对于新产品价格的认可程度。最终，根据外部测试所得的数据反馈对原有的定价进行调整，就可以得到新产品的最终定价了。当然，最终的定价方案还需要评级委员会进行确认，之后产品定价组才会将最终确认的结果发送给对应的商业产品经理。商业产品经理在收到产品定价组的最终定价方案之后，整个产品研发期的工作就算告一段落了，接下来就要开始一个新的阶段——售卖服务期。

2.11 产品售卖

商业产品经理与用户产品经理的主要区别之一就在于，商业产品经理需要参与产品具体的售卖工作。在售卖服务期，商业产品经理在其中所扮演的角色就全面转换为辅助者、支持者。虽然商业产品经理不需要直接向用户/客户推销自己的产品，但仍需要尽可能地向销售人员推荐自己的产品并提供足够的支持，以保障新产品能够顺利售出。

在实际工作中，尤其是一些大公司里，商业产品经理的 KPI 都是与自己产品的销售额直接绑定的，但销售人员的 KPI 并不一定和这款产品绑定。简单来说，公司里有很多产品需要进行售卖，销售人员将哪款产品推荐给用户/客户是有很多因素需要考虑的，如公司的核心战略、用户/客户的需求及产品的好坏等，甚至还会有一些私人关系、过去合作的经历等因素交织于其中。所以在这个环节，商业产品经理最重要的工作就是尽可能地向销售人员推荐自己的产品，让大家对于新产品产生认同感，只有这样才有可能向用户/客户推荐我们的产品。

这会是一个比较艰难的过程。我就曾经在向销售人员推荐自己的产品时吃过闭门羹，当时销售人员的原话是这样的："反正都是收线索的产品，卖谁的不是卖！"话虽然不好听，但充分反映了供求关系的不平衡及公司内部的竞争情况。按照流程，商业产品经理在产品售卖阶段主要有三个环节的工作需要完成，分别是组织新产品介绍会、新产品答疑会，以及充当售前的角色进行销售支持。产品售卖内部推荐流程及核心产出物如图 2-32 所示。

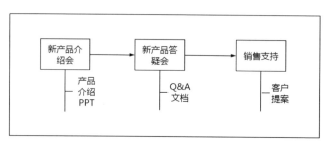

图 2-32　产品售卖内部推荐流程及核心产出物

2.11.1　新产品介绍会

商业产品经理向销售人员推荐自己产品的第一步就是组织一场新产品介绍会。负责产品销售的人员可能很多，每个大区甚至每个城市可能都有负责的销售人员，把大家组织起来统一进行新产品的介绍是一种比较有效的方式。而新产品介绍会宣讲所需的产品介绍 PPT 自然由商业产品经理来准备。

产品介绍 PPT 一般会分成两个版本，即内部版和外部版。对内向销售人员推荐的是内部版，主要由商业产品经理自己撰写；对外向用户/客户推荐的是外部版，主要由销售人员与商业产品经理共同完成。内部版与外部版最大的区别在于是否需要将新产品最核心的逻辑细致地讲清楚。我们重点看一看内部版的主要架构，如图 2-33 所示。

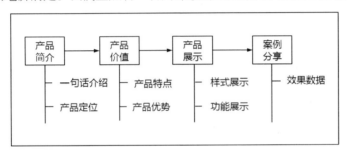

图 2-33　产品介绍 PPT 内部版架构

1. 产品简介

产品介绍 PPT 的第一部分需要先对整个新产品进行一个简短的介绍，让销售人员对于新产品有一个基本的认识，之后逐渐深入。产品简介一般包含以下两部分。

1）一句话介绍

这里强调的一句话介绍，需要商业产品经理将新产品最核心的功能、最重要的特点提炼成一句话表达出来，从而达到既简洁又能让人快速理解的目的。提炼这样一句话并不是一件容易的事，非常考验商业产品经理对于自己产品的理解及文字表达功底。这里举一个我曾经做过的搜索广告竞品拦截产品的例子。该产品一句话的产品介绍为："××××是一款帮助广告主实现**竞品拦截+高质量销售线索收集**的搜索广告产品。"这句话中包含很多信息。面对的目标客户是谁？广告主。产品的特点是什么？竞品拦截。产品的效果是什么？高质量销售线索收集。产品的定位是什么？搜索广告。

2）产品定位

一句话介绍完新产品之后，紧接着要详细阐述一下新产品的定位。表达产品定位的角度有很多，还是以上文的搜索广告产品为例。产品定位可以表达为："××××是一款按点击计费，可灵活定制投放的搜索广告产品。"这里可以简单地理解为，一句话介绍产品是对外宣传时用的，所以说的都是一些华丽的辞藻；而在产品定位时，为了让销售人员更加准确地理解，就需要说一些具体的、在大家认知范围之内的内容，做到虚实结合。

2．产品价值

在对新产品进行介绍之后，第二部分就要开始阐述产品价值，这也是销售人员最为关心的部分，没有独特价值的产品拿什么去向用户/客户推荐呢？所以，在阐述新产品的价值时一定要提炼出一些核心点。常见的思路是将产品价值分成两个维度来阐述。

1）产品特点

产品特点主要阐述的是产品独有的一些功能，如搜索广告特有的竞品拦截功能、销售线索收集功能等都可以作为产品的特点来宣传。但需要注意的是，由于互联网行业的市场竞争非常激烈，这些常规种类的产品基本上每家公司都有，宣传的特点也是千篇一律，这样的情况无论是对用户/客户还是对销售人员都没有太大的吸引力。所以，在阐述产品特点时一定要抓住"新"和"奇"两个关键字，把自己的不同展现出来。还是以搜索广告产品为例，常见的宣传特点有以下几种。

- 精准人群（搜索是用户的主动行为，对于用户意图的识别自然是最精准的）。
- 即搜即得（一旦识别到用户的意图就为其展示感兴趣的广告）。
- 核心资源（搜索结果页是全站的核心资源位，处在用户转化的关键节点上）。

基于这些传统的特点还能再推一些新的特点，如竞品拦截（当然一些公司出于用户体验的考虑是不允许搜索广告进行竞品拦截的）、承诺销售线索量、除按点击计费外还支持按转化计费等，只要与常见的特点不同都可以作为自己独有的特点。

2）产品优势

除阐述新产品的独有特点外，还可以通过与原有产品或竞品进行对比来展示自身的优势。例如，汽车之家这样的垂直类媒体在宣传自己产品的优势时，就会带上自身对于汽车用户意图识别的准确性比综合类媒体要高这一明显优势。毕竟愿意主动打开汽车之家的用户对于汽车或多或少都是感兴趣的，用户更加精准、用户意图识别更为清晰，对于后续的宣传和营销有巨大的帮助。这就可以作为产品的优势特别提出来进行宣传。

3．产品展示

产品展示部分相较而言比较简单，常见的思路也是分成两个维度进行展示：新产品的样式及新产品的功能。样式主要展示新产品前台对 C 端的页面截图及后台对 B 端的页面截图，再辅以一些标注和描述即可。功能的展示则可以采用"流程图+页面截图+标注"的方式清晰地将新功能的运转流程及每步产生的结果展示出来。产品展示部分需要特别注意的是内容的简洁。新手商业产品经理经常出现的问题就是事无巨细地将产品所有的页面、功能都堆砌上去，既分不清主次又显得臃肿，其实只要展示最核心的样式及功能就够了。

4. 案例分享

产品介绍 PPT 的最后部分还需要进行案例分享。前面说了很多概念性、展示性的东西，即使说得再好、再天花乱坠，有经验的销售人员对于产品最终的效果肯定还是会有担忧的，所以在介绍的最后还需要讲一个真实的案例来打消销售人员的顾虑。在实际工作中，一款新产品在正式开始大规模推广前都会先找一批种子用户或一两个关系较好的用户进行试点，成功后再将试点作为优秀合作案例分享出来。

在分享案例时一定要注意避免敏感信息的泄露。随着人们数据意识的觉醒，已经有越来越多的公司开始注重数据隐私的保护，所以在案例展示时一定要避开那些敏感信息，如双方合作的金额、签约主体、参与人员等，可以着重展示一些过程中的核心效果指标及最终的结果指标。过程中的核心效果指标可以是广告的 CTR、页面的 CVR、活动的参与人数等，而最终的结果指标可以是为客户带来的有效关注人数、下载量、激活量、销售线索量等。

过程中的核心效果指标可以写得很精准，如 CTR4.09%（保留两位小数总会让人觉得数据很准确）。最终的结果指标由于数据量级比较大，可以进行适当的模糊，如覆盖人群可以写成 198 万人而不是写成 1 981 283 人这种不易读的方式。巧妙利用一些数据展示上的小技巧不但能够让你的案例分享更专业、更准确，还能达到清晰易懂的效果。

2.11.2 新产品答疑会

一般在新产品介绍会的最后还会有个现场答疑环节，用于解答销售人员的疑问。但由于销售人员刚接受完新产品的推荐还来不及进行细致的思考，所以在这个环节问的往往都是大面上的、比较偏概念的或只着眼于某些细节的问题。等销售人员逐渐消化之后还会冒出各式各样的问题，遇到这种情况就需要再组织一场新产品答疑会。新产品答疑会的核心产出物就是 Q&A 文档。这个文档由商业产品经理或产品运营人员来编写，主要就是收集产品介绍之后大家对于新产品提出的问题及制定标准的回答话术。千万不要小看这个 Q&A 文档的作用，有这样一个文档存在并保持不断更新，能够大幅降低商业产品经理、产品运营人员及销售人员之间的沟通成本。并且一些常见的问题，尤其是后期客户反馈的问题都应该收集好并制定好标准的回答话术，防止因为相互之间的理解偏差而给客户不一致的反馈。最后还是以搜索广告产品的 Q&A 文档为例，分析一下常见的内部、外部问题。

1. 常见的内部问题示例

Q1：担心流量不足，影响区域售卖产能。

A1：

扩词：增加车系、品牌、级别词，并结合素材的制作来覆盖更多流量。

扩广告位：在××××页面扩容广告位或在××××页面新增广告位（已实现，并且会持续与用户端协商。目前共有广告位×××个，其中搜索专属的有××个）。

Q2：担心流量增长后会影响广告的点击效果，尤其是销售线索。

A2：根据前期内测数据，点击和销售线索的效果远超传统品牌广告，因此对扩流后的效果比较乐观；素材和落地页会不断优化，保证广告效果；产品运营和技术人员会根据新素材测试的数据和算法模型提取的特征给客户提供一些实际的建议。

Q3：目前搜索的售卖模式是 CPC，不保量，那么如何保证客户的预算能被花出去？

A3：首先实时监测产品的每日数据，可以通过增加关键词及时补充流量，保证达到每日均值（第一优先）；其次搜索是按照实际的消耗来结算的，所以如果客户不介意，则可以延长合同时间。

2. 常见的外部问题示例

Q1：搜索广告是一种怎样的产品模式？

A1：搜索广告是通过实时搜索关键词，筛选和结构化点击分类选项，体现网民检索需求，并即时推荐相关广告的一种产品模式。

Q2：搜索广告有怎样的优势？对比精准广告和 CPD 展示广告的优势怎样？

A2：搜索广告主打竞品拦截与销售线索收集。与 CPD 展示广告相比，搜索广告在满足广告曝光的同时，可以为客户提供更加灵活的投放方式并拦截竞品，曝光但不计费。

Q3：搜索广告的 CVR 如何？性价比如何？

A3：我们在××—××月进行了搜索广告效果的内部测试，数据显示整体的 CTR 为×%，超过百度的搜索广告 CTR，整体的 CVR 可以达到×%，效果还是不错的。按目前的 CVR 水平进行计算，一个销售线索不超过××××元。并且因为是用户主动触发的搜索行为，用户的意图明显，销售线索的质量也高于其他类型的广告，所以从性价比的角度讲搜索广告是更好的选择。

2.11.3　销售支持

在完成了新产品的介绍及答疑之后，产品售卖还剩下最后一步——销售支持。在很多软件公司里都设有专门的售前/售后岗位来对销售人员的工作进行支持；而在互联网公司里，由于商业产品众多，很多时候商业产品经理及产品运营人员还需要充当售前的角色，以支持销售人员进行售卖。其中最常见的支持性工作就是协助销售人员完成对客户的提案。客户提案与产品介绍是有着明显不同的。产品介绍主要面向公司内部，帮助大家了解新产品的具体情况，着重点是新产品本身，所以需要写得具有普适性，需要将新产品的各个方面都介绍清楚；而客户提案则正好相反，需要写得具有故事性、针对性，将新产品的功能与特点尽可能地与客户的核心诉求对应上。整个提案的阐述逻辑非常重要，这里就会涉及在日常商业活动中经常听到的一个词——**讲故事**。在亚历山大·奥斯特瓦德与伊夫·皮尼厄合著的《商业模式新生代》一书中，就详细剖析了讲故事这一行为在商业活动中的价值、作用，以及如何讲一个好的商业故事。

1．讲故事的价值与作用

在商业社会中，讲故事是一种被低估的方法。从本质上讲，一种新的商业模式/产品可能是难以描述清楚或不容易理解的，因为它们是在以一种非同寻常的方式呈现现有的事物从而挑战现实。人们对于不熟悉的模式很可能有抵触反应，所以在描述一种新的商业模式/产品时最重要的就是克服这些抵触反应，而讲故事就能帮助我们很好地和听众沟通这种商业模式/产品的相关内容。好的故事能够抓住听众，所以故事是一个非常理想的热身工具，能为深度探讨商业模式/产品的内在逻辑做好准备。

当销售人员向客户推销我们的产品时就会面临一个问题：有些很好的产品但不一定能打动客户。此时能够有效地向客户推荐自己的产品就显得至关重要。这时候，讲故事就有了用武之地。虽然最终客户可能还是会对效果的数据及结果更感兴趣，但好的故事能够赢得他们的关注。抓住人们的注意力和好奇心会为下一步深入宣讲和讨论铺平道路。另外，一个好的故事能够迅速勾勒出一个想法的概要，避免陷入细节。

2．讲故事的方法

想要讲述一个引人入胜的故事有很多种方法，每种方法都有其优劣势，也都有各自适合的场景及听众。根据听众的偏好及当时所处的环境不同，可选择不同的讲故事的方法。常见的讲故事的方法如图 2-34 所示。

需求	图片配旁白	视频	角色扮演	文字配图片	连环画图
描述	用一张或多张图片来讲述一个主角的故事和他所处的环境	用视频来讲述一个主角的故事和他所处的环境,可以拉近现实与幻想之间的距离	让人们扮演故事中的主角,构建逼真形象的场景	用文字和数张图片来讲述一个主角的故事及他所处的环境	用一系列的卡通图片来栩栩如生地讲述一个主角的故事
使用场景	小组讨论或者会场演讲	向很多听众广播或者内部做有重要意义的决策	相互陈述的创意研讨会	向很多听众汇报或者广播	向很多听众汇报或者广播
时间/成本	低	中/高	低	低	低

图 2-34　常见的讲故事的方法

站在商业产品经理的角度,虽然不用自己去向客户当面提案,但通过以上方法协助销售人员构建一个好的产品故事,对于后续产品的售卖是非常有利的。

2.12　售后服务

商业产品的售卖与普通商品的售卖不同。普通商品的售卖往往是一锤子买卖,货款两清后交易就算结束了;商业产品的售卖则不同,售卖之后往往会有一段较长的售后服务期,有时甚至是服务完成之后才按照提供的服务进行收费。所以,前期的售卖环节固然重要,但售后服务同样不能马虎。售后服务期的主角就变成了产品运营人员,商业产品经理与销售人员作为支持方出现,产品运营人员负责使用新产品为用户/客户提供服务并监控效果的达成情况。在售后服务期,这会是一项繁复且非常容易出问题的工作,过程中可能遇到以下三种情况。

1. 新产品自身的问题

一款新产品的初次售卖最容易出现问题,很多在之前内/外部测试中没有发现的问题都有可能在这段时期暴露出来,产品故障、平台 Bug 可能层出不穷。遇到这种情况时千万不要随口抱怨研发人员或各个协作方,新产品刚上线有各种各样的隐性问题再正常不过了,罗马不是一天建成的,一个新的产品/系统也绝对不是第一版就能做得很好的。产品是通过不断迭代才成熟起来的,所以遇到这种情况时一定要冷静、放平心态,尽可能地将问题罗列出来帮助研发人员快速定位与解决问题。

2．效果不达预期

除新产品本身会出问题外，新产品承诺的效果也可能因为一些此前没有意识到的因素而导致不达预期。遇到这类问题时，越早发现越有周旋的余地，等到售后服务快结束时才发现最终 KPI 完不成了，那时候就真的没有办法了。产品运营人员一定要日常监控好效果数据，一旦发现 KPI 完成有风险要及时预警，让各方一起想办法。最后实在解决不了就算找别的产品线帮忙也千万不能把自己刚立起来的牌子就这么砸了。

3．用户/客户的新需求/吐槽

第三种常见的情况就是用户/客户在使用产品或享受服务的过程中产生了一些新想法。这些用户/客户反馈的新想法可能是用户/客户的新需求，如需要添加什么功能，也可能是用户/客户对于产品的吐槽，如这个功能不好用、哪里设计得不合理等。遇到这种情况时，销售人员一定要做好客情工作，稳定用户/客户的情绪。与此同时，商业产品经理则要快速评估这些新需求/吐槽，将其中有价值的点挖掘出来迅速加入下一步的产品迭代中，并及时将问题解决的排期反馈给用户/客户。根据我的经验来看，后期没有反馈、没有解决问题的时间计划远比前期产品做得烂更伤害用户/客户的感情。

2.13　产品迭代

售卖服务期的最后一个环节还是要回到对于新产品的迭代上。在成功进行第一次售卖并完成售后服务之后，商业产品经理就需要考虑对于新产品进行一次较大的版本迭代。之前在售后服务期进行的迭代幅度都比较小，主要围绕快速解决用户/客户提出的问题展开；但在售后服务期结束后就不能再做这种修修补补的迭代，而是要解决一些根本性的问题或进行有预见性的改造。

1．根本性的问题

根本性的问题指的是最初在产品设计过程中存在的一些缺陷，最终在售后服务期形成了无法快速填补的问题，就需要在大版本的迭代中修改。需要注意的是，研发人员很多时候会因为改动太大而不愿意承接这类问题，而让商业产品经理将就着用。但这种根本性的问题往往是这次不改就永远不会改的，所以该坚持的一定要坚持。

2．有预见性的改造

除那些前期遗留下来的坑需要填外，有经验的商业产品经理还会对未来可能出现的需求有所预见，提前做一些准备或进行一些有预见性的改造。这样做的好处显而易见，那就是可以有效防止突然提出一些紧急需求，将整个团队弄得很狼狈。在实际工作中，商业产品经理最不愿意听到的话恐怕就是销售人员经常说的："我不管！反正产品我都卖出去了这个功能必须有！"而研发人员最不愿意听到的就是商业产品经理说："这是刊例倒逼的需求我也没办法！"所以，为了大家不互相推诿、甩锅，还是尽可能做一些有预见性的改造，这样对所有项目参与方都有好处。

本章小结

通过介绍上述 13 节的内容，我们完成了一款商业产品从 0 到 1 的整体历程，下面就对第 2 章的内容进行一个回顾。一款全新的商业产品的诞生需要经历三个主要时期：产品筹备期、产品研发期及售卖服务期。

- 产品筹备期包含客户调研、需求分析、商业变现逻辑梳理、产品规划。
- 产品研发期包含产品设计、需求宣讲、设计评审、产品验收与上线、线上测试与效果监控、产品定价。
- 售卖服务期包含产品售卖、售后服务、产品迭代。

其中，每个时期又有其重点环节及核心产出物。

- 产品筹备期的重点环节：客户调研和产品规划。

核心产出物：调研记录、产品规划方案。

- 产品研发期的重点环节：产品设计。

核心产出物：PRD。

- 售卖服务期的重点环节：产品售卖。

核心产出物：产品介绍 PPT、Q&A 文档、客户提案。

总结一下，一款全新的商业产品从 0 到 1 的过程是漫长且繁复的，并且过程中有很多注意事项及细节需要商业产品经理推进与把控。当一名新手商业产品经理真正自己走过一次这样从 0 到 1 的过程之后，他将获得巨大的成长，毕竟不是每个商业产品经理在职业生涯的初期都有机会完整地体验这样一个过程的。如果有幸遇到了这样的机会请一定记住，无论多么艰难困苦，无论产品最后成败与否，都要坚持把这个过程走完，这将是影响你整个职业生涯的宝贵经历。

第 **3** 章

商业广告

在对商业产品经理的微观工作有充分认知之后，我们正式进入全书的第三部分——商业产品经理的专业知识。在宏观认知部分提到过广告变现模式是目前互联网公司最主要的变现模式之一，在微观工作部分频繁以商业广告产品为例，足见商业广告在商业产品领域内的重要地位。在实际工作中，无论最终做哪个方向的商业产品，如果对于商业广告没有深入的了解，都不能算是一名合格的商业产品经理。所以，商业广告的专业知识就是商业产品经理专业知识的核心和基础。每个商业产品经理或即将成为商业产品经理的各位，都应当深入了解这部分内容。

3.1 商业广告基础

在了解商业广告之前，我们需要对广告有一个明确的认识。在威廉·阿伦斯所著的《当代广告学》中对于广告给出了以下定义：

广告是由已确定的出资人通过各种媒介进行的有关产品（商品、服务和观点）的，通常是有偿的、有组织的、综合的、劝服性的非人员的信息传播活动。

在这个定义中有三个关键点。首先，广告本质上还是一种**信息传播活动**，只不过这种信息传播活动与常见的口耳相传不同。广告是一种非常有组织的信息传播形式，通常由文字和非文字元素构成，用以填充由出资人所指定的特定空间和时间。

其次，在广告活动中有两个主动参与方——**出资人**和**媒介**，在互联网行业的商业广告领域也会将双方称为**需求方**和**供给方**。需求方有可能是广告主也有可能是代理机构，供给方可以是媒体也可以是其他变现平台。另外，在广告活动中除两大主动参与方外，还有一个被动参与方——受众。在刘鹏、王超两位老师所著的《计算广告》一书中就有这样的总结："出资人、媒体和受众这三者的利益博弈关系是广告活动永远的主线，这一主线将贯穿于商业和产品形态的整个演化过程中。"

最后，广告还需要具备有偿性、劝服性、非人员的特点。

- 有偿性很好理解，除公益广告是无偿的外，正常商业活动中涉及的广告都是有偿的。
- 劝服性指的是大多数广告都是有劝服性的——说服受众购买某款产品、服务，或者改变对于某些事物的看法及观点。
- 非人员指的是广告本身是通过一定的媒介形式来进行信息传播的，和人与人之间的口耳相传是不同的。

既然广告的本质是一种信息传播活动，那么投放广告的根本目的又是什么？根据《当代广告学》中给出的解释：

广告的根本目的是广告主通过媒体达到低成本的用户接触。

也就是说，既然广告是一种信息传播活动，媒体又可以通过这种信息传播活动接触到用户，那么广告主只要向媒体支付相应的广告费用就能通过其快速接触到用户，因此产生的费用远比在街头通过人与人之间的口耳相传要低得多，这才是广告主选择进行广告投放的根本目的。

沿着这个解释继续往下挖掘又会引申出第二个问题：广告主不惜花费重金去接触用户又有什么目的？在《计算广告》中也对这个问题进行了分析：广告主投放广告这种行为必定是包含着某种市场意图才会去接触相应的人群的，其目的就是通过广告的内容影响其中的潜在用户，使他们**选择广告主产品的概率提高或对产品性价比的渴求程度降低**。提高产品购买概率的本质就是希望能利用广告手段马上带来大量的购买或其他转化行为，这种目的的广告称为效果广告；对产品性价比的渴求程度降低则是受到广告宣传的品牌力所影响，这种目的的广告称为品牌广告。所以，广告主不惜花费重金去接触用户的目的就可以总结为**效果提升**和**品牌宣传**。

虽然在实际工作中商业产品部门会分有效果广告产品线和品牌广告产品线，但从投放广告的根本目的来讲，效果提升与品牌宣传从来都不是相互独立的。一个优秀的品牌广告可能直接激发受众的购买欲望从而使其产生大量的购买行为，一款知名品牌的产品投放大减价的广告，其所能产生的效果会比没有品牌力加持的产品投放大减价广告的效果要好得多。所以，在如今这样广告主纷纷追求效果的时代，切莫忘记投放广告的根本目的中还有品牌宣传这一项。

如果仅以转化效果为目的考虑效果广告产品，可能背离投放广告的正确方法论。我曾经就遇到过这样一个失败的案例：一家国产电动汽车生产商要进行广告投放，它不愿意选择品牌+效果广告的组合方式，只愿意投效果广告并且广告需要定向投给三家造车新势力（蔚来、理想、小鹏）的用户，最后还需要我方保证每天产生足够的销售线索量。然而，现实情况是这家国产电动汽车生产商的品牌知名度远远低于这三家造车新势力，最终该车的线索转化率只有同类车系的 20%，我们耗费了巨大的流量仍没能完成向客户承诺的销售线索量。后来，我在对这个失败的案例进行复盘时总结出了以下两个问题。

- 客户（广告主）对于品牌力的漠视，一味追求短期内的转化效果，殊不知没有前期品牌宣传作为铺垫，后期是难以获得足够数量的效果转化的。
- 投放广告的根本目的是通过广告来发现受众中的潜在用户进而影响他们的行为，并不能直接帮客户（广告主）达到挖竞品墙角的目的，与其向竞品的用户宣传，还不如专心发掘自己的潜在用户的特质。

所以，就广告本身的投放目的而言，效果提升与品牌宣传就应该是并存且相辅相成的。这也就有了在上述案例中我给客户的提案是品牌+效果广告的组合方式，这种组合方式在营销学中称为**整合营销**。关于整合营销，我会在后面内容里进行详细的阐述。

3.1.1 广告有效性原理

在弄清楚了投放广告的根本目的之后，我们继续来探讨第三个问题：广告从与用户接触开始是如何产生最终效果的？这个问题一直是广告领域的传统研究课题，在《当代广告学》中也针对这个问题进行了讨论，提出了著名的广告有效性原理，并在理论的基础上用一个三段式的广告信息传播模型将广告从物理上产生到最终产生转化行为的整个过程展示了出来。广告信息传播模型如图 3-1 所示。

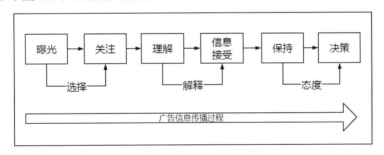

图 3-1 广告信息传播模型

在图 3-1 中，将广告信息的传播过程分解为选择（Select）、解释（Interpretation）和态度（Attitude）三大阶段，并将三大阶段进一步分解为曝光（Exposure）、关注（Attention）、理解（Comprehension）、信息接受（Message Acceptance）、保持（Retention）、决策（Decision）六个子阶段。

1．曝光（Exposure）阶段

曝光阶段是指广告在物理上展示出来的过程，这个阶段的有效程度与广告位的物理属性有着密切的联系。进一步讲就是广告位所处位置的流量几乎完全决定了这个广告最终的实际曝光量，反过来这个广告所获得的实际曝光量是小于等于所处广告位的整体流量的。所以，从广告投放技术的角度讲，在曝光阶段能做的只是把这个广告位的整体流量分配得更合理，而想要突破广告位所处位置的流量限制是比较困难的。另外，在实际广告的投放中，曝光的有效性对最终投放结果的影响远远大于其他技术性的因素，所以广告行业里才会有"位置为王"的共识。而在互联网商业广告中，广告位所处位置对于后续结果的影响就更为明显，尤其是在程序化广告中，每天可用位置及这些可用位置的剩余流量是不确定的，如何从算法的角度有效降低由此带来的点击率预估偏差，是实际广告投放中非常重要的问题。

2．关注（Attention）阶段

关注阶段是指广告受众从物理上接触到广告再到意识上注意到广告的过程。对于广告而言，曝光并不意味着关注。比如，目前最为常见的信息流广告，它往往与内容一起混杂在信息流中，用户在不断滑动页面选择自己感兴趣的内容时广告会得到有效的曝光，但用户并不一定关注到这个广告就已经滑到了下一个页面。所以，如何在内容中突出自己，吸引用户关注是广告最为核心的问题。而原生广告与上下文广告则更愿意将自己伪装成原生内容，靠内容本身来吸引用户关注。吸引用户关注还有两个重要的原则。

- 原则1：尽量不要打断用户当前的任务。这是信息流广告、上下文广告投放的基本原理，也是如今广告内容原生化的起点。
- 原则2：明确传达推送广告的原因。推送给用户的广告符合当前用户的行为需求是吸引用户关注的核心原理，基于这一原理产生了广告投放中的人群定向功能。

3．理解（Comprehension）阶段

用户关注了广告后，并不意味着他就一定能理解广告所传达的信息。从曝光到关注，在设计广告时往往为了获得关注而采用一些刺激性、有吸引力的文字与图片组合，这样的广告能够迅速吸引用户关注，但并不一定能够直观地表达自身含义，过于夸大或过于隐晦都会造成用户关注后无法理解或理解错误广告所传达的信息。所以，在理解阶段同样有两大原则。

- 原则1：广告所展示的内容必须在用户能够理解的范围之内。
- 原则2：要注意设定好与关注程度相匹配的理解门槛。在线上环境中，由于信息

量大且杂乱，用户的注意力会被相对分散，在设计广告时集中强调一个最主要的诉求能够更有效地吸引用户关注并让用户迅速理解。

4. 信息接受（Message Acceptance）阶段

用户理解了广告所传达的信息之后，并不意味着他认可广告带给他的这些信息。用户对于广告信息的认可首先取决于自身认知，其次取决于周围环境对其的影响。用户的自身认知千差万别，我们无法有效进行影响，所以只能从环境方面下手。比如，一家不知名的汽车厂商将其广告投放到汽车之家等主流汽车媒体的首页和投放到某盗版小说网站的弹窗中，用户对于广告信息的接受程度是不一样的。前者的接受程度会远远高于后者，这就是优质媒体的品牌价值，也是广告安全的核心问题。

5. 保持（Retention）阶段

保持指的是广告主并不简单追求短期转化，而是希望广告所传达的信息给用户留下长久的记忆，以影响用户长时间的选择。广告所传达的信息如何长时间有效保持是商业广告最为核心的问题。常见的一句广告语反复念的方式就是以不断重复的方式让广告所传达的信息得以保持，如全国人民至今都会背诵的"今年过节不收礼，收礼只收脑白金"。

6. 决策（Decision）阶段

一个广告成功与否要看最终能否带来用户的转化行为，用户转化也是前面五个阶段努力所要达到的目标。虽然影响用户决策的因素有很多，且并不一定容易量化和监控，尤其是品牌广告的投放对于用户的影响更是潜移默化的，但没有品牌广告对于品牌形象的提前塑造，想要直接带来用户的转化行为会更加困难。

总体而言，在广告信息传播模型中越靠前的阶段，其效果的优化对于广告点击率的贡献越大，而越靠后的阶段对于广告转化率的贡献越大。但这些阶段并不是相互独立的，在实际广告投放中投放策略和优化技术往往会同时针对其中几个阶段而非单一某个阶段，在后续商业广告投放系统的介绍中我们就会看到广告信息传播模型的身影。

3.1.2 商业广告的定义

在对广告、投放广告的根本目的及广告有效性原理有了充分认识之后，我们终于可以进入正题：什么是商业广告？商业广告与公益广告是一组相对的概念，主要区别就在于广告是否以盈利为主要目的。百度百科对于商业广告的定义如下："商业广告是以盈利为目的的广告，主要通过传播媒介所进行的有关商品、劳务、市场、观念等方面的广告传播活动。"在这里我们将其称为**广义商业广告**，而本书重点讨论的是互联网行业中通过**线上媒体**进行投放的广告，这类广告也属于广义商业广告的一部分，我们将其称为**狭义**

商业广告，后续章节中出现的商业广告指的是狭义商业广告。

商业广告的出现不过短短十几年，并且随着互联网行业的快速发展而不断发生变化。从最初的门户网站到搜索引擎，从社交网络到电子商务，从移动互联到短视频浪潮，层出不穷的线上服务不仅丰富了人们的生活，还颠覆了许多原有的产业。然而，更为神奇的是，这些线上服务绝大多数都是由互联网公司免费提供的。在这些免费服务出现的初期，很多用户都会有一个疑问：提供这些免费服务的公司是如何通过这些服务赚钱的？在《计算广告》中就回答了这个问题："事物皆有正反两面，在正面免费服务的背后还隐藏着以商业广告为核心的**后向变现体系**。正面的免费服务是为了获得更多的流量和数据，而背后的变现体系则会将这些流量和数据转变成金钱，这就是互联网行业中通用的变现体系，在这类变现体系中占比最大的也是最为重要的部分就是商业广告。**现如今商业广告已经发展成了以人群为投放目标、以产品为导向的技术型投放模式，在线广告不仅能为广告主带来远超传统广告的精准推送，还能精确计算投入产出效率，更加符合现代企业的管理核算需求**[①]。"

在商业广告中，可衡量的效果及相应的计算优化是在线广告区别于传统广告的主要特点。站在商业广告产品的角度，如何从成千上万的待投放广告素材中筛选出用户最喜欢的广告（或者用户最有可能产生点击行为的广告）将直接影响到产品的变现效率和收入水平。在收入最大化或变现效率最大化的前提下，广大商业广告产品会有不同的策略来应对。

3.1.3 投放商业广告的根本目的

在弄清楚了什么是商业广告之后，下一步要讨论的自然就是投放商业广告的根本目的。上文提到"广告的根本目的是广告主通过媒体达到低成本的用户接触"，然而在商业广告中，由于信息技术的飞速发展，很多在传统广告中无法逾越的限制在互联网中得到了解决，从而使商业广告可以追寻更细致、更精确的目的。在这里我们可以将这个根本目的总结为：

投放商业广告的根本目的是为一系列的用户及用户所处场景找到最适合的广告投放策略，进而优化整个广告活动的利润。

在这句总结中可以看到三个关键点：用户及用户所处场景、最适合的广告投放策略及广告活动的利润优化。而这三个关键点正好对应商业广告的三个核心问题。

---

① 刘鹏，王超. 计算广告　互联网商业变现的市场与技术[M]. 人民邮电出版社，2015.

1. 用户及用户所处场景

广告主在线上投放的商业广告主要面向谁？面向的自然是这家媒体平台的用户，并从这些用户中寻找到自己的潜在用户。随着信息技术的发展，线上的商业广告相比线下的传统广告已经突破了地理位置的限制。也就是说，只要这家媒体平台想要向用户展示广告，理论上用户可以在任何时间、任何情形下浏览到这个广告而不再受到广告牌位置的限制。并且随着对于用户行为研究的进一步深入，同一名用户身处不同环境所愿意看到的广告内容也是明显不同的。试想，我们 19 点下班走在回家的路上，此时平台向我们展示周边一家餐厅优惠活动的广告，在这种情形下我们点击这个广告的可能性就很大；反过来，如果平台在 23 点准备睡觉的时候向我们展示这个广告，我们点击这个广告的可能性就很小。所以，对于用户所处场景的判断会直接影响到广告投放的效果。对于用户及用户所处场景的研究是商业广告的核心问题之一。

这里需要注意的是，对于用户及用户所处场景的研究应该是有一个限度的。目前常规的方式主要通过用户在媒体平台上的浏览记录及用户授权的一些基础信息（如地理位置）来对用户的偏好及所处场景进行判断。但也有一些公司利用手机系统隐私权限设置的不完善毫无底线地挖掘用户隐私，如某知名互联网公司就曾经爆出过后台偷偷同步用户手机相册的丑闻。我的一名同学在某知名互联网公司从事数据挖掘工作时还曾接到过一个探索用户消费能力的项目，结果竟然通过研究用户手机上安装了哪些 App 及这些 App 的使用频次与时长来对用户的消费能力进行判断。以上两种方式看似同步用户手机相册更严重，但实际上只要未经授权就私自获取用户手机上的信息都是违法行为。用户行为研究与盗窃用户隐私是有本质上的不同的，切莫因为过分追求准确性而走上邪路。

2. 最适合的广告投放策略

研究用户及用户所处场景的目的是向用户展示最合适的广告。首先，"最合适"这个词是一个比较模糊的概念，怎样才算这个广告对于这名用户及用户所处场景是最合适的呢？在实际工作中最常见的方式就是通过一些用户的行为指标进行判断，如以用户是否点击了这个广告为判断标准，产生了点击行为就认为这个广告对于该用户在当前场景下是最合适的，反之则不合适。而当这个广告展示给了多名用户时，有的产生了点击行为，有的没有产生点击行为，就可以通过这个广告的点击率（广告点击量/广告曝光量）来评价这个广告整体的"合适"程度。广告的点击率越高，广告"适合"的人群就越多。当然，除点击量、点击率外，曝光量、可见曝光量、转化量都可以作为判断广告是否适合的指标，只要根据广告产品的类型或最终所要达到的目标自行设定就行。

其次，什么是广告投放策略？广告投放策略通常指的是广告主要在哪些地区、什么时间、以多大规模、通过哪些媒介、投放广告给哪些人。在这个定义中包含五个关键词：区域、时间、规模、媒介、人群。下面来逐一进行解释。

1）区域

区域很容易理解，就是广告主想要投放广告的地区。但区域又是一个非常宽泛的概念，往大了说可以是整张世界地图，往小了说也可以是地图上的某个坐标。当然，广告主划定区域的目的从来不是让覆盖的范围更广，而是让覆盖的范围更精准。就好像我们将某个品牌汽车的广告投放到没有配套 4S 店的地区，用户没有地方进行试驾体验，那么其产生购买行为的可能性就变得极低，在这些地区投放广告对于广告主来说是没有太大意义的。

随着在线广告投放技术的迅速发展，目前几乎所有的广告投放平台都支持广告主按自身意愿选择区域进行广告投放，这种功能称为**区域定向**。通常情况下，广告主都会有自己限定的投放区域，而广告投放策略中区域定向策略的体现就是帮助广告主识别哪些区域效果好、应当加大多少投放力度，反之应当缩减多少投放力度。

2）时间

广告主对区域有限定，同样会对时间有限定。广告不可能无时间限制地一直投下去，投放时间往往是根据广告主的整体营销节奏确定的，如在新产品上市前的预热期就会投放大量的品牌宣传广告。商业广告需要支持广告主自由选择自己想要的投放时间，并且在到期时自动结束本次广告投放，这种功能称为**投放周期设定**。虽然广告主会有对于时间的限定，但对于平台本身而言还是要根据自己在广告主限定的投放周期内流量的整体情况及广告的整体售卖率来为广告主的投放周期给出优化建议，这也是广告投放策略的一种体现。

3）规模

规模相对于区域和时间来说就要抽象一些，广告投放的规模通常是通过广告主的预算来衡量的。简单来说就是广告主愿意花多少钱，那么这次广告投放的规模就有多大。当然，不同平台、不同行业对于规模的认定是不同的，如汽车行业的主机厂进行广告投放时花上几百万元会被认为投放规模很小，而一些中小企业客户可能投个十几万元就已经算是大规模的投放了。所以，在实际的商业广告投放中会对不同行业的广告主的预算及客单价（该行业每个广告主平均花费的金额）进行评估，从而对广告主进行分级。另外，广告主的预算也不是拿来一天就花完的，对于有竞价机制的商业广告还需要考虑如何在投放周期内有节奏且高效地花完这笔预算，这种功能称为**预算控制**，这也是广告投放策略的一种体现。

4）媒介

媒介原意是指起介绍或引导作用，使双方发生联系的人或事物。引申到广告行业中指的是进行广告宣传的物质手段和工具，如电视台、报纸杂志、广告牌都是广告媒介的一种。而互联网行业中的媒介则指的是各大互联网媒体平台及第三方代理机构。站在广告主的角度，其每年都会有一定的广告预算用来进行商业广告投放，但这些预算并不会完全投给某一家媒体平台，而是会分散投到各大主要媒体平台，投给哪些媒体平台、每个媒体平台投多少就是广告主广告投放策略的一种体现。

反过来站在媒体平台的角度，想要单独吃掉某个大型广告主的全部广告预算是不现实的，但是通过产品效果升级及出色的营销方案也可以争取到比去年更多的广告预算。比如，去年广告主只进行了搜索广告的投放，那么在新的一年里结合广告主自身的业务目标为广告主提供一个"品牌广告+搜索广告+效果广告"的整合营销方案，这样就能分到更多的广告预算，这种行为称为**整合营销**。在这里整合营销虽然不是一种具体的功能（其实如果公司内部有这方面的需求也是可以进行功能化的，汽车之家内部就有专门帮助销售人员设计整合营销方案的工具——智能提案），但也是媒体平台广告投放策略的一种体现。

5）人群

无论前面设计了多少精巧的广告投放策略，最终广告的投放还是要落到具体的某些人身上，所以究竟投给哪些人是广告投放策略中最重要的部分。与前四项广告主一般都会有自己特殊的要求不同的是，在投给哪些人方面，广告主更依赖于媒体平台对于自身用户的洞察。通常情况下，广告主在人群方面的要求无外乎两种：一种是找到自己的潜在用户，另一种就是挖掘竞品的用户。但其实这两种要求都是很模糊的。什么才算是广告主的潜在用户或可以挖掘的竞品用户？这就需要媒体平台具备挖掘自身用户行为的能力，能够精准地识别用户的潜在意图。

对于广告主的潜在用户及可以挖掘的竞品用户识别得越精准，最终带来的广告投放效果就越好，这种圈定人群的功能称为**人群定向或受众定向**。目前主流的媒体平台都对这部分极其重视，会有专门的平台来对用户的数据进行管理，这个平台称为数据管理平台（Data Management Platform，DMP）。DMP 的数据对于后续的广告投放有着重要的指导作用，整个广告投放策略最终的效果如何有超过一半的影响因素来源于人群定向。另外需要注意的是，站在媒体平台的角度，对于人群定向准确性的追求也需要有个度，过分追求数据精准可能带来覆盖人群量级的大幅缩小，导致广告的投放不起量，广告主的预算无法如期消耗，这对于媒体平台的经济效益是有巨大影响的。同时，会招来广告主的质疑，反而得不偿失。广告投放策略的作用就是在人群定向的准确性、媒体平台的经济效益及投放效果三者之间找到一个平衡点。

从上述对于五个关键词的阐述中不难发现，这五个关键词其实对应着广告投放平台中的具体功能，这也就解释了广告投放平台生成的原因：**广告投放平台是为了有效实现广告投放策略而产生的。**并且广告投放策略中的五个关键词从来都不是独立存在的，它们之间是协同组合的关系。现实工作中一个"最适合"的广告投放策略不但要有效地将这五个关键词组合起来，还要不断地调整、优化这些策略，只有这样才能保证最终有效地达成广告主的投放目标。

3. 广告活动的利润优化

在通过优化广告投放策略找到最适合用户及用户所处场景的广告后，广告投放的动作就算完成了，接下来要讨论的就是整个广告活动的利润优化问题。在这里广告活动的利润优化可以分成两部分：广告主的广告投放活动利润优化和媒体平台的利润优化。

站在广告主的角度，进行商业广告的投放必定要衡量广告投放后带来的效果。衡量投放效果最常用的指标就是 ROI：

$$\text{ROI（广告主）}=（\text{销售所得利润}/\text{广告成本}）\times 100\% \qquad (3\text{-}1)$$

对于广告主来说，只要 ROI 大于 0 就意味着本次广告投放活动带来的是正向的投资回报。

站在媒体平台的角度，同样可以通过 ROI 这个指标来衡量自身的利润水平，只需要将指标中的"销售所得利润"改为"广告收入"即可：

$$\text{ROI（媒体平台）}=（\text{广告收入}/\text{广告成本}）\times 100\% \qquad (3\text{-}2)$$

对于媒体平台来说，只要 ROI 大于 0 就意味着承接广告主这次广告投放所能得到的回报是正向的。另外需要注意的是，以上两个 ROI 的计算公式中虽然都出现了广告成本，但两个公式中的广告成本所指代的含义是不一样的。式（3-1）中的广告成本指的是广告主进行广告投放所产生的费用，与式（3-2）中媒体平台的广告收入几乎是等价的：

$$\text{广告主的广告成本}\approx\text{媒体平台的广告收入} \qquad (3\text{-}3)$$

所以，无论是计算广告主的 ROI 还是计算媒体平台的 ROI，都需要面对一个问题：广告投放的收入如何认定及结算方式是怎样的。

商业广告产生效果的步骤如图 3-2 所示。

首先，用户在媒体平台页面上看到某个品牌投放的广告后就产生了第一种广告行为——曝光。曝光虽然不是完全由用户主动触发的，但也是用户通过浏览行为引发的广告露出,即广告曝光。为了更准确地衡量曝光这种行为,还引申出了可见曝光这一概念。曝光的衡量标准是只要在这个广告位上,广告的任何一个像素在页面上露出就认为广告曝光了,不考虑曝光的时长问题。但实际情况是,用户可能快速滑过了页面根本没有注意到广告的内容。而可见曝光则增加了一些限定条件,如广告有一个像素在页面中心位置露出超过 1~3 秒才认为这个广告被用户注意到了。各大公司对于可见曝光的定义可能存在一定的差异,但从原理上讲都是在时间维度和空间维度上进行一定的限制。

图 3-2 商业广告产生效果的步骤

其次,假设用户在看到这个广告之后产生了兴趣,就会产生第二种广告行为——点击。通常情况下,人类对某样事物产生了兴趣就会产生对这个事物进行进一步探索的行为,在商业广告中这种进一步探索的行为就是点击这个广告。广告点击量与广告曝光量的比值称为**点击率**(Click Through Rate,CTR):

$$CTR = (广告点击量/广告曝光量)×100\% \tag{3-4}$$

接下来,点击行为成功之后用户将从广告展现页跳转到广告主的落地页(Landing Page)上,这种行为就是第三种广告行为——到达。落地页,顾名思义是用来承接用户进一步探索兴趣的页面。通常情况下,页面上会有几大元素:相关产品的进一步介绍、用户留资/购买的功能、相关的优惠活动等。落地页部分的内容将会在下文"落地页设计"中进行详细的阐述,这里不再赘述。落地页成功打开次数与广告点击量的比值称为**到达率**。

最后，假设用户对于落地页上所介绍的产品还想进一步了解，提交了自己的个人信息想要与广告主产生联系，或者直接产生了购买行为，这种行为就是第四种广告行为——转化。转化的次数与落地页成功打开次数的比值称为**转化率**（Conversion Rate，CVR）。

到这里商业广告产生效果的四个步骤就算完成了，不难发现其中的每个步骤都有可以具体量化的指标，每种行为之间都有向下转化的关系用于衡量转化效果。我们可以将这四个步骤总结为一个转化漏斗，如图 3-3 所示。

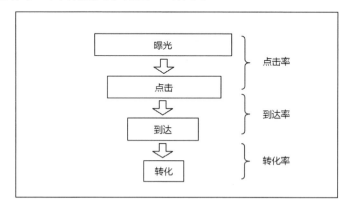

图 3-3　商业广告转化漏斗

我们按照整个转化的步骤对媒体平台的广告收入进行分解，可以将广告收入 R 分解为如下公式：

$$R=CTR \times V \tag{3-5}$$

其中，R 表示广告收入，CTR 表示广告的点击率，V 表示点击价值（Click Value）。在这个公式中，CTR 代表的是用户在媒体平台上发生的行为，V 代表的是用户在广告主落地页上发生的行为，而这两部分的乘积就能定量地表示某次或若干次展示的期望 CPM 值：

$$eCPM=R=CTR \times V \tag{3-6}$$

eCPM 是商业广告中最重要的指标之一，代表的是广告每展示一千次可以带来的收入，收入的多少会受到 CTR 和点击价值的直接影响。点击价值即单次点击为广告产品带来的收益，也就是广告主愿意为这次广告展示所付出的价格。点击价值可以是固定值，也可以是众多广告主竞价所得。CTR 是用来衡量广告对于用户吸引程度的核心指标。商业广告的核心收入认定便是围绕这个公式展开的。在收入最大化或变现效率最大化的前提下，广告投放系统会预估出每个待投广告的 eCPM 并按照降序方式进行排列，eCPM 排序越靠前的广告将被优先展示。

在同样需要对多个候选结果进行召回和排序的系统（搜索、推荐系统）中，是根据 **eCPM** 排序还是根据 **CTR** 排序，是区分商业产品和用户产品的重要策略特征。并且从式（3-6）中可以看出，如果将所有的点击价值等同，那么根据 eCPM 排序的结果与根据 CTR 排序的结果其实是一样的，因此可以认为根据 CTR 排序是根据 eCPM 排序的一种特例，这就为后续章节中将内容与广告进行统一排序提供了理论基础。

继续对收入公式进行拆解，还可以将点击价值 V 拆解为：

$$V=h \times c \times t \tag{3-7}$$

其中，h 表示落地页的到达率，c 表示落地页的转化率，t 表示转化单价，三者的乘积就是点击价值。最终，收入公式可以拆解为：

$$eCPM=R=CTR \times h \times c \times t \tag{3-8}$$

从式（3-8）中可以看出，对于广告收入 R 的认定其实最终就是转化漏斗中每一层的转化率的乘积再乘以转化单价，其中的每个步骤都可以精确地计算与追溯，所以商业广告也称计算广告。这类广告不仅能为广告主带来远超传统广告的精准推送，还能精确计算投入产出效率，更加符合现代企业的管理核算需求。

最后做一点补充，因为 eCPM 经常容易与 CPM、RPM 混淆，在这里我们进行一个梳理。

- eCPM：预估的千次展示收入。
- CPM：千次展示成本。
- RPM：千次展示收入。

由于 CPM 是千次展示的成本，所以 eCPM 值实际上还需要乘以 1000 才能与其他广告的 CPM 进行比较。

在弄清楚了广告投放的收入是如何认定的之后，我们还需要进一步了解商业广告收入的结算方式，也就是俗称的计费模式。对于绝大多数商业广告产品而言，都需要准确地计算出 eCPM 值，广告投放系统才能据此进行决策。但由于广告市场的协作关系复杂，各个广告主的商业诉求不同，并非每种商业广告产品都可以对 CTR 及点击价值进行准确的预估，进而得到准确的 eCPM 值，所以在《计算广告》中对这个问题进行了这样的总结："**根据 eCPM 的分解来决定哪个部分由谁来估计是广告市场各种计费模式产生的根本原因，也是广告市场中商业逻辑与产品结构衔接的关键一环。**"下面我们就对各种主流的计费模式进行阐述。

1）CPT

CPT 指的是广告主在某个特定时间段内买断某些特定广告位的使用权，媒体平台按照该广告主独占这些资源的时间长短进行结算。这种计费模式通常出现在品牌广告产品中，一些大型品牌广告主在特定时间内有大量曝光需求时会采用。CPT 是商业广告最早采用的计费模式。从严格意义上讲，这并不是一种计费模式，而是一种销售模式，因为结算的价格其实双方事先已经约定好，无须后续进行计算。目前在国内的主流门户网站的开屏广告、首页 Banner 等强曝光位置还会采用这种计费模式。

CPT 这种独占的方式虽然能够达到强曝光及带来一些额外的品牌效果、橱窗效应，但其本质并没有什么技术含量，与当下崇尚的精准、高效的广告投放理念背道而驰，所以这种计费模式在广告售卖中所占的比重会呈现不断下降的趋势。另外，还有一种常见的计费模式——CPD，就是按天计费。其本质上是 CPT 中的一种，这里不再赘述。

2）CPM

CPM 指的是按照广告的千次展示进行结算。这种计费模式是广告主与媒体平台约定好，广告每进行 1000 次展示广告主需要支付给媒体平台的费用。这种计费模式追求的是有效的曝光量而非效果。从理论上讲，采用这种计费模式投放出去的广告能够带来的收益是由广告主自行估计并控制其中风险的，这也是品牌广告产品最常见的计费模式。

对于品牌广告而言，由于其目标不仅是进行强曝光，还要考虑未来长时间内的利益，就很难通过短时间内数据指标的变化来反映。比如，CTR 虽然可以反映出用户对于广告的感兴趣程度，但在品牌广告中并不会将 CTR 作为唯一的考核标准。最合理的情况当然是广告主根据自身的市场营销策略与预算来控制流量的单价并最终采用 CPM 模式与媒体平台进行结算。然而，在实际工作中，媒体平台为了拿到更多的预算会向广告主进行相应的提案并且提案中还会涉及投放效果的预估。

品牌广告虽然不会对短期效果进行承诺，但也会尽可能保证投放周期内的效果，否则广告主再次下单的可能性就会大幅下降。目前在品牌广告产品中最常见的采用 CPM 模式的产品就是视频广告。各大视频平台在节目开始前播放的广告绝大多数都采用这种计费模式，所以哪怕用户不点击这些播放的广告，媒体平台也一样能赚到钱。

3）CPC

CPC 指的是按照用户对投放广告的点击量进行结算。这种计费模式与传统的 CPT、CPM 相比，更偏向于为广告投放的效果买单。这种计费模式最早发源于搜索广告产品，之后很快就在效果广告产品中被普遍采用。

采用 CPC 模式最核心的问题就是上文提到的 eCPM 值的计算，其中 CTR 的预估绝大多数情况是由媒体平台来完成的,而点击价值是由广告主或代理商根据自身预算及所得效果估计出来的。这样的分工对于媒体平台和广告主或代理商都有合理性。媒体平台可以通过自身对于用户行为数据的挖掘来更好地预估广告的 CTR,而广告主或代理商可以根据自身对于预算及效果的控制不断调整广告的报价,进而从中实现利益最大化。

目前几乎所有的媒体平台都支持采用 CPC 模式,并且此类产品占据绝对的优势。当然这里需要区分清楚的是,商业广告采用 CPC 模式并不一定都需要参与广告的竞价,也存在着直接按照固定点击价值进行结算的产品,千万不要将 CPC 这种计费模式与广告的竞价混为一谈。

4)CPS/CPL/CPA/ROI

CPS/CPL/CPA/ROI 指的是按照成交订单、销售线索、转化行为数及投入产出比进行结算。这四种计费模式的本质都是按照转化效果来计费,只是相互之间对于转化目标的认定不同。

其实在上文对于广告有效性原理的阐述中就提到过,用户在看到广告之后是有一个从理解到接受再到保持,最后才会进行决策的过程,所以这些直接按照转化效果来计费的模式其实是**有违广告有效性原理的极端方式**。站在广告主的角度,这种计费模式是有很大优势的,广告主只需要为那些在短时间内就产生了转化行为的用户买单,从而最大限度地规避了广告投放后没有效果的风险。而站在媒体平台的角度,技术要求就变得更高。首先,媒体平台除需要预估 CTR 外,还需要对点击价值进行预估,为顺应这一需求还发展出了当下如火如荼的 oCPX 技术。其次,媒体平台还需要对落地页的到达率及转化率进行预估。在传统的广告投放中,落地页一般由广告主自行提供,其中就会遇到两个问题。

- 问题 1:由广告主自行提供的落地页技术水平参差不齐,页面的到达率可能因为各种各样的原因而产生巨大的波动。

- 问题 2:由广告主自行提供的落地页没有统一的埋点,最终的转化效果数据并不容易统计。

为顺应这一需求,媒体平台纷纷推出了自助建站工具。采用自助建站工具生成的落地页的到达率有稳定的保证,几乎可以作为一个定值来处理,而生成页面的转化效果也可以不断通过调整布局及内容来进行优化,有效降低转化率的预估难度。

虽然对于媒体平台的技术要求越来越高,但由于互联网在线广告市场的竞争日趋激烈,在哪家媒体平台投放的风险最小、效果最好,广告主就会将更多的预算投到这个平台上，各大媒体平台也只能继续硬着头皮往更深层次的效果转化上做。但实际上对于转化效果的追求也需要有个度，过分追求其实违背了广告投放的基本原理，而且并非每个行业的广告投放都适应这种计费模式。比如，我最熟悉的汽车行业，与淘宝、京东这类的电商平台不同，买车这件事情始终需要用户到线下试驾、提车，过度追求效果、非要用户在线上完成全部购车流程，对于目前的用户行为习惯来说就是揠苗助长。房地产行业也是这个道理。

最后我们来对四大类计费模式进行一个总结，如图 3-4 所示。

计费模式	优势	劣势	适用场景
CPT	可以充分发挥橱窗效应	无法进行精准、高效的投放	强曝光的品牌广告产品
CPM	可以利用受众定向技术选择目标人群	不保证效果	有受众选择需求的品牌广告产品
CPC	可以非常精细地划分人群，是媒体平台与广告主最平衡的方式	—	搜索广告产品、效果广告产品
CPS/CPL/CPA/ROI	广告主无任何风险	媒体平台运营压力大	效果广告产品

图 3-4　常见的计费模式总结

从历史发展的角度看，这四大类计费模式是根据广告主不断提升的要求而产生的，但到目前为止每种计费模式都还有其适用的场景，并不会出现下一种完全迭代上一种的情况。效果广告固然是发展的大方向，但品牌广告也依然有着存在的意义。我一直在强调切莫过分追求效果而忽视了品牌的作用，"品效合一"这个词如今听来虽然已不再新鲜，但很多时候大家对于这个词的理解是有偏差的。"品效合一"并不只是单纯地让品牌广告做出效果，而是要让广告投放这件事既有品牌效应又有短期效果，只有这样才能实现真正的广告活动利润最大化。

3.1.4　商业广告发展简史

投放广告这种商业行为虽然由来已久，但商业广告是 20 世纪 90 年代才产生的新鲜事物，发展至今也不过 30 年左右的历史。世界上最早的商业广告出现于 1978 年 3 月 3 日，它以邮件的形式通过 ARPANET（阿帕网）发送给了该网络的 400 名用户。ARPA（Advanced Research Projects Agency）即美国国防部高级研究计划管理局，ARPANET 一直被视为互联网的前身，也被称为人类历史上的"第一个互联网"。第一个将广告邮件发送给用户的人名叫加里·苏尔克，当时他是美国东海岸一家著名数字设备公司的市场经理，为了给远在美国西海岸的用户推荐公司的产品便写下了这封著名的电子邮件，他也因此名声大噪，被称为"垃圾邮件之父"。受到当时技术水平的限制，给 400 人发送广告邮件不但会引起大多数用户的抱怨，还会导致用户的电脑崩溃。因此，原美国国防通信局后来禁止了单一电子邮箱向其他邮箱发送广告邮件的行为，这项规定一直持续了 10 年，所以商业广告真正的开端还是 20 世纪 90 年代。

1. 萌芽期：1993—1994 年

商业广告第一次真正意义上的面世是在 1993 年，GNN（Global Network Navigator）公司出售了第一个可点击的广告位，现在我们称其为 Banner 广告。GNN 的网站在当时其实已经具备了后来门户网站的雏形，它将这个广告位出售给了一家法律公司，这就是世界上第一笔商业广告的交易。

1994 年 10 月，Hot Wired 作为历史上第一家商业网络杂志，其团队在讨论如何为作者支付稿费时碰撞出了新灵感，由此开始大规模售卖网站的广告位并将这种类型的广告正式取名为 "Banner Advertising"。这是第一次在网页上开辟特殊区域用于展示广告，开辟广告位这项工作一直延续至今。著名的 AT&T 公司则是 Hot Wired 服务的第一家广告主，它借此机会推广它的新营销活动 "You Will"。这个广告展示 3 个月最终花费了 3 万美元，广告的 CTR 达到了惊人的 44%。

在这个时期，商业广告交易采用的计费模式就是上文提到的 CPT 模式，即采用合同约定的方式确定某个广告位在某段时间里被某个特定的广告主独占。这样的计费模式对于媒体平台的技术要求非常低，只需要将广告主的创意以一个 HTML 的片段插入媒体的页面中即可。

2. 起步期：1995—1998 年

随着商业广告的巨大价值被快速发掘，后来大家耳熟能详的互联网巨头公司也借着这个浪潮开始崭露头角。1995 年，雅虎从一家互联网词典公司转型成为一家搜索网站并推出了第一个基于关键词的广告，这就是后来搜索广告的雏形。同年，Netscape（网景）和 Infoseed 将商业广告的计费模式从之前的 CPT 模式改为 CPM 模式。对不同受众展示不同的广告创意在今天看来是稀松平常的事，但在那个时代，这个想法的诞生具备跨时代的意义。它不但成为商业广告不断发展的核心动力，还为媒体平台找到了一条能够不断提高广告位流量利用率及价值的思路。

1996 年，一个名叫 DoubleClick 的平台横空出世。在此之前所有的商业广告都是孤军奋战，对于媒体平台来说找到一个对自己广告位感兴趣的广告主并不是一件容易的事。而 DoubleClick 采用平台化的思维将各类媒体平台与广告主聚合到平台上并撮合交易，大幅降低了网站的变现难度。大量网站开始凭借在 DoubleClick 上销售广告位而盈利。

1997 年，ChinaByte（比特网）将动画旗帜广告出售给了 IBM 和 Intel，这笔交易标志着中国商业广告的诞生。1998 年，受到 DoubleClick 的启发，"好耶"成了中国第一个 Ad Network，开始为广告主提供购买指定媒体平台流量的广告投放服务，正式拉开了中国互联网广告联盟的序幕。

这个时期的商业广告在技术层面有了两大跨时代的突破。

1）突破 1

媒体平台上的广告由简单的嵌入 HTML 片段变成了实时响应前端的请求，通过人群定向的标签自动决策并返回适合的广告创意，在广告投放技术层面第一次出现了广告投放引擎的概念。

2）突破 2

DoubleClick 创造了一种全新的方式来追踪广告和用户的表现，并且第一次在商业广告领域实现了 ROI 的追踪，这一技术称为动态广告报告与目标定位（Dynamic Advertising Reporting and Targeting，DART）技术。DoubleClick 不但开启了商业广告联盟的时代，也开启了对广告主的数据服务时代。

3. 快速发展期：1999—2003 年

1998 年，Goto.com 的比尔·格拉斯发明了第一个近似于 PPC（按点击付费）的模型——投放付费模型，所以后来 PPC 模型的创建主要归功于比尔·格拉斯。他不但率先将自动化竞价交易的概念引入广告的交易中，还将广告根据广告主的购买意愿进行分级，最后由广告主根据用户点击广告的次数进行结算，这对于商业广告行业又是一次革命性的飞越。

同年，拉里·佩奇和谢尔盖·布林创立了著名的谷歌公司。1999 年，商业广告的产值已经接近 10 亿美元。并且随着 20 世纪 90 年代末网站数量的快速增长，用户对搜索引擎的需求量越来越大，PPC 模型成为这一时期帮助搜索引擎快速盈利的关键。谷歌就在第一次互联网大浪潮的背景下乘势而起。作为目前全球最好的搜索引擎之一，谷歌将与搜索有关的内容变成广告，于 2000 年推出了商业广告界知名的产品——Adwords，之后在 2002 年将 PPC 模型加入其中。

在这个时期，谷歌已经打造出了一套完整的关键词竞价广告体系，其中核心的竞价体系、PPC 的模式及专门为排序发明的质量分都成为业界效仿的典范并沿用至今。

4．成熟发展期：2004 年至今

搜索引擎的蓬勃发展大幅推进了商业广告的发展进程，而社交媒体的出现对于商业广告行业的收入增长的影响同样是颠覆性的。随着互联网的快速发展，用户不再满足于简单的人与网页的交互，开始产生更多社交方面的诉求，以 Facebook、Twitter 为代表的社交媒体就在这样的大背景下诞生。最初用户只是将这些社交媒体作为维持联系的工具，而后更多的广告主看到了社交媒体的巨大威力，开始将其作为一种全新的营销工具。2006 年，微软向 Facebook 注资并组成广告联盟，开始向 Facebook 的用户提供有关联度的广告。2008 年，Facebook 推出了"Facebook 商业广告"，并搭建了自己的广告投放平台。如今这一平台已经成为 Facebook 主要的收入来源，每年的广告收入超过 50 亿美元。

在这个时期，其实商业广告在技术层面并没有太大的创新，技术依然朝着定向、竞价、按效果付费这三个主要的方向发展。真正意义上的模式或技术革新已经比较少，整个行业开始进入成熟发展期。

总结一下，从商业广告发展的四个时期中不难看出，**定向技术与交易模式**的发展是推进整个行业发展的两条主线。从最初的通过合约方式买断固定位置，到逐步引入定向技术开始按照展示量结算，再到加入竞价机制并最终发展成现在的实时竞价交易。这两条主线发展的背后是广告投放技术的不断革新，同时使更多数据源加入广告的决策，为后续不断的效果优化提供支持。

3.2　商业广告投放系统

从商业广告基础部分的内容中我们已经了解到，"投放商业广告的根本目的是为一系列的用户及用户所处场景找到最适合的广告投放策略，进而优化整个广告活动的利润"。其中，广告投放策略可以分成区域、时间、规模、媒介、人群五个部分，每个部分又对应着区域定向、投放周期设定、预算控制、整合营销、人群定向或受众定向功能，最终这些功能经过近 30 年的发展已经形成了一套完整的商业广告投放系统。为帮助大家全面地理解这套最为核心的系统，下面我将着重介绍广告投放系统。

商业广告想要成功实现曝光在用户面前，离不开广告投放系统的支持。从本质上讲，商业广告的产生源于信息技术的发展，而商业广告之所以能迅速发展成今天的规模，其背后是大规模的数据和计算在推动。广告投放系统是一种非常典型的由数据和算法驱动的产品。与很多类似系统一样，其技术架构始终是朝着个性化系统这个方向发展的，即根据用户的历史浏览行为、上下文信息等特征动态决定返回什么内容。

广告投放系统、搜索引擎、推荐系统是目前互联网行业最具代表性的三大系统，这三大系统承担着各大互联网公司最主要业务的运转。这三大系统虽然承担的业务不同，功能也千差万别，但究其本质，在设计系统架构时还是会保留两大核心模块——召回（Recall）和排序（Ranking），区别只是在于各自召回和排序的策略不同。到目前为止，在个性化推荐方面还没有能够超越这两个模块的新方案出现。

广告投放系统与其他两个系统最主要的差别在于对大量用户特征的使用。在实际应用中，需要对每个用户的行为特征进行刻画，这一过程对于数据量及系统的处理速度都有着极高的要求，所以往往需要通过大规模的分布式计算平台，如常见的 Hadoop 等分布式数据解决方案来进行处理。另外，随着个性化系统的发展，为了产生更好的效果，对于系统实时性的要求也越来越高，在传统离线处理的方式上又加入了可以对数据进行实时处理的流计算平台。从目前来看，在行业中通常都是将离线的分布式计算平台与在线的流计算平台有效地结合起来使用，而并非完全以实时计算代替离线计算，毕竟实时计算的成本还是比较高的。最终，分布式计算平台与流计算平台的组合就构成了广告投放系统中常见的架构方案，如图 3-5 所示。

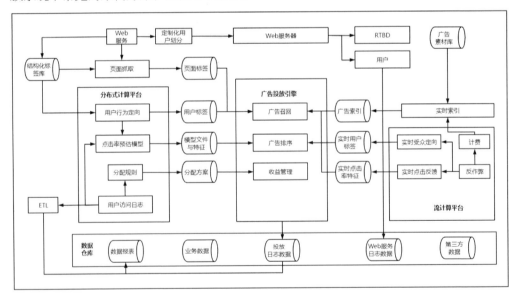

图 3-5　常见的广告投放系统架构

从图 3-5 中可以看到一个真实的广告投放系统多么庞大与复杂。为了方便理解，先将这个系统架构图简化成四部分：广告投放引擎、离线数据处理、在线数据处理及数据仓库。广告投放系统的简化流程图如图 3-6 所示。

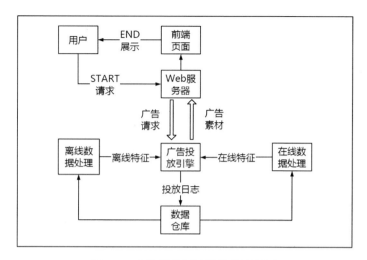

图 3-6　广告投放系统的简化流程图

从图 3-6 中可以看到将一个广告展示给用户的流程是这样的：首先，广告的展示是由用户对于媒体平台的 Web 服务器发出请求开始的，这一行为对应到用户的具体动作上就是打开网页、打开 App；然后，Web 服务器在展示用户请求的相关内容前会向广告投放引擎发出一个广告请求，通常情况下这个请求中不但会包含广告位置的相关信息，还会包含用户的一些基础信息；接下来，广告投放引擎会根据离线/在线数据处理模块提供的特征进行决策，决策的过程包括对所有备选的广告素材进行召回并按照一定的规则进行排序；最终，广告投放引擎会返回 Web 服务器所要展示的广告素材，Web 服务器再将这个广告素材与其他待展示的内容一起展示到前端页面上，这样用户就能在同一时间看到内容和广告了。整个流程看似步骤很多，但实际上只需要零点几秒就能完成。当然，要实现快速、高效，背后需要有强大的系统支撑及相关技术人员的保障。

3.2.1　广告投放引擎

对于广告投放系统来说，无论后台有多么强大的数据存储、处理能力，系统中最重要的部分依然是用来实时响应广告请求并能快速做出决策的广告投放引擎。广告投放引擎就像人类的大脑，不间断地在进行三个动作：信息的接收、信息的决策及信息的输出。广告投放引擎架构图如图 3-7 所示。

从图 3-7 中可以看到，整个广告投放引擎被称为 Ad Server，也就是广告投放最基础的服务，其中包含四个模块：广告请求接口、广告召回、广告排序及收益管理（全局优化）。而整个 Ad Server 的基础服务就是将这四个模块有效地串联起来。

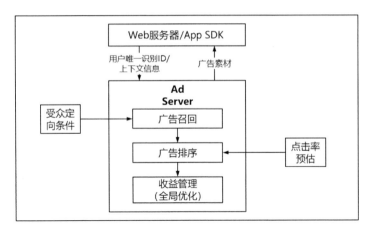

图 3-7　广告投放引擎架构图

1. 广告请求接口

广告请求接口是 Ad Server 与外界沟通的桥梁，其工作原理就是接收 Web 服务器或 App 的 SDK（在这里两者的区别可以简单地理解为用户是在访问网页还是在访问 App）向 Ad Server 发来的广告请求。这个广告请求中至少需要包含用户唯一识别 ID（常见的用户唯一识别 ID 可以是用户的设备号、Cookie 等），像搜索广告这种特殊类型的广告请求中还会包含关键词及上下文信息等。

接下来，在 Ad Server 完成最终决策之后，通过这个接口将要向用户进行展示的广告素材返回请求方。这与平时常见的前后端连接的接口在原理上是一样的，只是中间多了一个广告决策的过程。最后，广告请求接口作为与外界沟通的桥梁，其性能就代表着整个 Ad Server 的性能，对于性能的考量还是采用常见的 QPS（每秒查询数）。一般小型的广告投放系统的 QPS 为 500～1000 次/秒即可，对于那些大型的广告投放系统来说，QPS 过万也是很常见的。另外需要注意的是，这里阐述的都是通用的情况，在包含竞价机制的程序化广告中采用的广告请求接口是有所不同的。

2. 广告召回

决策在管理学中被定义为：人们为了各种事件出主意、做决定的过程。它是一个复杂的思维操作过程，是通过信息收集、加工，最后做出判断的过程。在广告投放过程中就面临着给什么样的用户、在什么场景下、展示什么样的广告的问题，这就是一个典型的需要不断进行决策的问题。这种大规模且不间断进行决策的情况由人脑来处理显然是不可能实现的，所以人们发明了机器来代替自己解决这一问题。机器完成决策的方式其实也是模仿人类决策的方式来实现的，即先从全集中选出符合条件的候选集，再对候选集按照一定条件进行排序，排序最高/低的作为最终的决策结果。将这一决策过程转化成机器可执行的方式，就衍生出了如今的广告召回和广告排序两大核心模块。

广告召回又称广告检索，它可以分成两个步骤。

- 步骤 1：为广告素材库中所有广告建立倒排索引。
- 步骤 2：从索引中查找符合用户画像（标签）的所有广告。

这里需要先解释一下什么是索引。索引是为了加快信息查找速度而预先创建的一种存储结构，其作用就像一本书的目录，通过目录可以快速地查找到要找的内容。而倒排索引（Inverted Index）是一种索引方法，其核心目的是从大量文档中查找出包含某些词的文档集合。我们在日常使用 Word 时经常会用到右上角的查找功能来查找文档中的某个关键词，输入关键词后 Word 会自动搜索出整个文档中所有包含这个关键词的内容并将这个关键词标黄，这个过程就叫作全文检索。但当这个文档非常大时就会发现这个检索的过程变得非常慢，Word 甚至还会出现卡顿的情况，其根本原因就是要处理的数据量太大。然而，很多时候我们并不需要进行全文检索，而只需要检索其中的某一部分，并且使用全文检索时检索的速度与文档的大小是成反比的。为了解决这一问题，人们发明了倒排索引技术。**利用倒排索引可以实现检索的速度与文档的大小基本无关，这一点对于大规模内容的检索来说至关重要。**倒排索引示意图如图 3-8 所示。

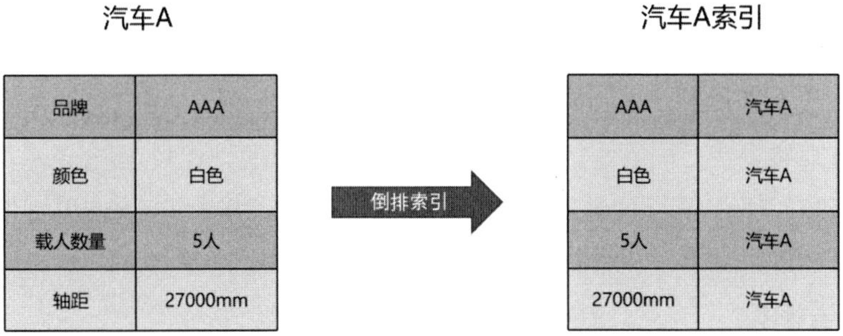

图 3-8　倒排索引示意图

假设系统中只有一个对象——汽车 A，基于汽车 A 的各项属性构建其倒排索引之后，就会产生图 3-8 中右侧的索引结构，这样一来我们检索 "AAA" "白色" "5 人" "27000mm" 等关键词均可以找到汽车 A 这个对象。这样不但加快了检索速度，还扩大了检索范围。接下来举一个广告检索中使用倒排索引的案例。

假设现在有两个广告，并且这两个广告都带有各自的定向条件。

- 广告 1：年龄为 20～30 岁或 40～50 岁、性别男、在广东。
- 广告 2：年龄为 20～30 岁、性别男、在深圳。

现在有一个用户来请求广告，他的用户画像为男、28 岁、深圳，请问哪些广告是与他匹配的？

1）第 1 步：为两个广告建立倒排索引

这里我们用 A 来表示广告，J 表示广告的定向条件，其倒排索引示意图如图 3-9 所示。

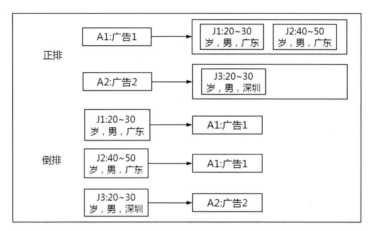

图 3-9　广告检索示例中倒排索引示意图

2）第 2 步：进行检索

请求广告的用户的用户画像为男、28 岁、深圳，直接去倒排索引中进行匹配，索引中一共有三条记录，需要进行三次匹配。J1 符合要求，则 A1 加入候选集；J2 不符合要求不进行操作；J3 符合要求，则 A2 加入候选集。最终通过检索得到的候选集为 A1 和 A2，再对两个广告按照一定规则进行排序即可确定最终向用户展示哪个广告。

3．广告排序

如果说广告召回是为整个广告投放决策提供可能性，那么广告排序为整个广告投放决策提供的就是准确性，即将候选集中最适合用户的广告挑选出来展示给用户。广告排序的核心上文已经讨论过，那就是对于 eCPM 值的计算，其计算公式见式（3-6）。

在非竞价机制的广告投放系统中可以认为点击价值是一个定值，而 eCPM 值的计算则主要依赖于点击率预估。点击率预估一直被认为是广告技术的核心算法之一。在广告投放系统中，点击率预估有两个渠道：一是通过离线计算得到的点击率预估模型和特征，二是通过流计算得到的实时点击率特征。虽然两个渠道受到数据源及算力等各方面因素的影响，最终预估出的点击率会有所不同，但其基本原理都是相通的。关于点击率预估，将会在 3.3 节 "商业广告核心技术" 中进行进一步的阐述。

说完了点击率，我们再回到广告排序中。广告排序分成粗排、精排、重排三种。粗排指的是在广告召回阶段返回的候选集数量还是太多，直接进行精排对于机器性能的要求过高时，会先采用简单模型再做一次过滤以减少候选集的数量。从理论上讲，这是一个可选的环节，但随着商业广告行业的快速发展及业务量的大幅提升，粗排就成了召回与精排之间必不可少的环节。在较大规模的广告投放系统中，召回的规模一般是千万级的，而粗排的规模一般在一万个左右，精排和重排的规模则控制在几百个。粗排存在的意义就是在算力约束的情况下，从上万个候选集中选出满足要求的候选集。所以，与精排相比，粗排有很严格的时间要求，一般需要在 10～20ms 内完成。

粗排技术的发展可分成三个阶段。

1）第一阶段

在第一阶段，粗排是通过计算静态质量分来实现的。方法就是先统计出广告的历史平均点击率，然后计算出质量分，再对质量分进行排序，取其中前 N 个进入精排阶段。这种方式的缺点是只应用广告侧的特征，模型表达能力有限。但优点也很明显，就是计算量小，对于机器性能的要求低。

2）第二阶段

进入第二阶段，粗排技术引入了以逻辑回归（LR）为代表的机器学习模型。模型可以应用更多非广告侧的特征，也具备了一定的个性化表达能力。

3）第三阶段

到了第三阶段，粗排技术引入了基于向量内积的深度模型。此模型一般为双塔结构，两侧分别输入用户特征和广告特征，经过深度网络计算，分别产出用户向量和广告向量，再通过内积计算得到排序分分数。向量内积模型的优点就在于内积计算简单、有效，节约了线上打分的算力。

从这三个阶段中可以看到，粗排作为召回与精排的中间模块，其发展方向就是寻找算力与精确度的平衡点。精排的原理就是上文重点阐述的按照 eCPM 进行排序，方法在这里不再赘述。最后说一说重排。重排是精排的下一步，同样是一个可选环节，其主要面对的场景是精排完成后出于业务逻辑方面的考虑再对精排结果进行处理。处理包括频次控制、类别控制、多样性控制、特定结果提权等，这些处理都是在实际的广告投放中最常用到的情况。比如，为了保证用户体验，几乎所有的媒体平台都会对用户每天看到的广告数量进行一定的限制以防止用户流失，这种对于广告展示频次的控制就是通过重排来完成的。在实际业务场景中，重排会包含各式各样的业务逻辑，是平衡业务诉求与用户体验的重要手段。

4．收益管理（全局优化）

在广告排序完成之后，就轮到收益管理模块进行工作。收益管理模块也称计费模块，其核心功能是管理预算及消耗情况，具体功能包括广告主预算管理、流量主收益管理、实时计费、全局收益。这部分一般需要提前离线计算好分配方案才能进行实时在线决策。

3.2.2　离线数据处理

通过了解广告投放引擎部分我们可以清晰地感受到商业广告与算力和数据的紧密联系，广告投放引擎的每一步决策都依赖于背后的数据处理，而其中最具挑战的算法问题绝大多数都是通过离线数据处理来完成的。离线数据处理有两个主要目标。

- 目标1：处理来自各个渠道的日志数据。一方面将日志数据加工成结构化的数据提供给算法模型使用，另一方面将数据加工成报表提供给相应的决策者使用。
- 目标2：利用机器学习技术进行受众定向、点击率预估、分配策略规划等操作，再将计算结果提供给广告投放引擎进行在线决策。

由于离线数据处理部分要处理的数据量非常大，对于数据的处理会采用分布式，通常会选择 Hadoop 这样的分布式存储和 MapReduce 这样的计算框架，然后基于这些底层的数据处理架构进一步开发出六个模块：日志加工、行为定向、上下文定向、点击率预估模型、分配规则及数据/报表，如图 3-10 所示。

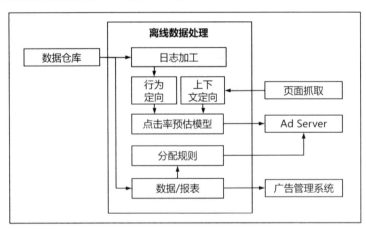

图 3-10　离线数据处理模块

1．日志加工

离线数据处理的第1步是接收从数据仓库传输过来的各渠道的日志并对这些数据进

行加工。这里需要进行加工的数据主要有三种：用户访问日志、广告投放日志及第三方数据。用户访问日志和广告投放日志都是非结构化的文本格式，在使用时需要将这些非结构化的数据统一整理成以用户唯一识别 ID 为主键的结构化的格式进行存储，这样加工的目的是可以让后续数据的使用更为高效。第三方数据一般来说不会以日志的形式传输过来，通常都是按照双方提前约定好的字段，通过接口的方式传输过来。但由于第三方数据在数据质量上可能参差不齐，很多时候需要先进行一遍清洗和加工。

2．行为定向

日志加工完成后就要开始对加工出的数据进行挖掘。根据数据对于用户行为的记录及用户对于广告相关特征的偏好给用户打上 DMP 中的某些结构化的标签，再将这些打标签的结果存储到用户标签的在线缓存中提供给广告投放引擎使用。这里需要注意的是，给用户打上的标签一定是结构化标签库里有的标签，而不是随意生成的新标签。标签库里的标签都是提前计算好且具备一定覆盖率的，个性化的标签覆盖率很低，对于广告投放引擎来说并没有太大的意义。

3．上下文定向

除行为定向外，在类似搜索广告的投放系统中还会有上下文定向。对于搜索广告而言，除搜索的广告关键词外最重要的特征就是上下文信息。将这些抓取回来的上下文信息与用户行为建立映射关系，最终形成上下文页面标签并应用到广告投放引擎中。

4．点击率预估模型

上文提到过广告的排序需要依赖于点击率预估，但对点击率进行预估这个操作并不是在引擎侧完成的，而是在离线数据处理中进行的。点击率预估的模型文件、特征文件及模型的训练都会放到分布式计算平台上，最终将计算出的预估值加载到缓存中提供给排序模块使用。

5．分配规则

这部分的数据处理是为广告投放引擎中的收益管理模块服务的。收益管理模块进行的全局优化并不是实时计算的，而是先通过离线数据处理进行规划，得到适合的方案之后再提供给收益管理模块直接使用。

6．数据/报表

离线数据处理部分除要提供广告投放引擎需要的数据外，另外一个重要用途是给相关的广告运营人员提供数据服务。这类服务通常分成两种：一种是直接提供相应的报表；另一种则是与一些广告管理系统连接，为这些系统上的图表提供底层数据支持。

3.2.3　在线数据处理

在线数据处理其实可以认为是离线数据处理的一个镜像功能，其主要作用是满足广告投放系统对于数据实时性的要求，毕竟离线数据处理对于数据的加工基本都是 T+1 的，也就是引擎侧今天进行决策使用的数据是昨天收集的数据而非今天产生的数据。在线数据处理通常选用流计算平台作为底层架构，并在其上开发出五个模块：在线反作弊、实时受众定向、实时点击率预估、计费、实时索引，如图 3-11 所示。

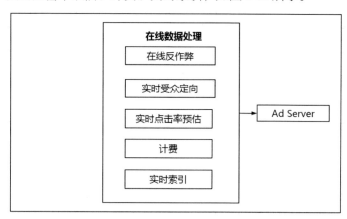

图 3-11　在线数据处理模块

1．在线反作弊

既然花费了大量成本打造出实时的数据流，那么首先要做的就是用它来解决一些离线数据处理无法解决的问题，如反作弊。流量作弊是与互联网相伴相生的产物，它就像互联网的影子，永远存在于阴暗处无法消除。在只有离线数据处理的广告投放引擎中，由于处理加工的都是事后的日志，即使作弊流量被识别出来，也只能通过剔除这部分数据的方式进行处理，但很多媒体平台都是需要广告主进行预充值的，这就导致作弊流量还是会扣费，再进行退费就很麻烦。所以，加入实时判断流量是否是作弊流量，并且将这部分作弊流量从后续的计费中扣除是广告业务中的一项重要功能。

2．实时受众定向

上文提到过受众定向其实就是对用户行为打标签的过程，同理实时受众定向也是将一段时间内发生的用户行为日志进行及时的加工并打上用户行为标签的过程。需要注意的是，这里的实时并非指产生一行日志就处理一次，而是指每过一段较短的时间处理一次。对于一些中、小型广告投放系统来说，做得过于实时并没有必要，每一两个小时处理一次也可以认为是实时的操作。

3．实时点击率预估

与实时受众定向一样，实时点击率预估也是每过一段时间用这段时间里产生的数据对模型进行训练。这样做对于预估效果的提升有着重大的意义，在很多时候加快数据的反馈速度比把模型效果预测做得更准确，效果更加明显。

4．计费

计费同样是广告业务中的一项重要功能。首先需要对每个账户所使用的流量及相应的费用进行实时的统计，并且实时监控那些预算达到阈值或预算耗尽的账户，及时通知引擎侧将这些账户下的广告单元进行下线处理。

5．实时索引

上文提到过广告的召回依赖于倒排索引的构建，在离线数据处理中我们的倒排索引都是提前构建好的，并不会在广告投放引擎中实时构建。但由于广告投放中会有很多业务场景和逻辑需要对召回和排序进行干预，此时在线数据处理部分就会承接实时构建倒排索引并将新的倒排索引推送到广告投放引擎中让其快速生效的功能。

3.2.4　数据仓库

作为整个广告投放系统底层的部分，数据仓库的作用有两个：一是承担各渠道生成日志的接收与存储工作；二是将这些存储的数据准确、快速地传输给分布式计算平台与流计算平台中。数据仓库在这里既作为数据源，也作为数据的运输者承担着将整个广告投放系统串联起来的作用。由于其中涉及更多的是大数据方面的内容，与本书主题无关，这里不再赘述。

3.3　商业广告核心技术

通过对广告投放系统整体架构的了解，我们可以深刻地感受到广告投放系统是一个多么庞大且复杂的系统，其中每拿出一个模块都可以作为一个独立的研究方向去挖掘。作为商业产品经理，虽然不用自己动手解决这些复杂的问题，但对于整个系统的架构及涉及的核心技术原理必须有足够的认知，否则将带来以下两个问题。

1）不懂系统原理，提不出有建设性的需求

在商业产品经理的日常工作中最常遇到的就是产品运营或销售人员提出的优化产品效果的需求。这些需求的特点在于只关心最后的结果，如要提升整体的点击率、转化率等。而商业产品经理在接到这类需求之后需要分析造成效果不理想的原因，并对现有产品在功能层面提出优化需求，以达到最终优化效果的目的。这就需要商业产品经理对于自己的产品也就是广告投放系统有足够的了解，不但能快速定位问题出在哪里，还能对整个系统可以优化的点了如指掌。**作为商业产品经理，最忌讳的就是直接将那些效果优化的需求扔给研发人员**，如："点击率帮我提到××%，转化率帮我提到××%。"如果商业产品经理的工作是这样的，那么这个岗位也就没有存在的必要了，毕竟这种不需要动脑的需求谁还不会提呢？想要提出有建设性的、能真正解决问题的需求就必须对系统、对核心技术原理有足够的认知，这也算是成为商业产品经理的一个门槛。

2）与研发人员无法有效沟通

同样，如果商业产品经理对于系统的架构或这些广告技术的基础实现原理不了解，在与研发人员沟通时就会出现听不懂研发人员在说什么的情况。**无法与研发人员有效沟通也是商业产品经理的大忌之一**。如果研发人员听不懂需求胡乱地做，那肯定达不到我们要的结果，这将非常影响后续工作的开展。

所以，在对系统架构有所了解之后，我们还需要进一步对其中的核心技术进行深入探讨。这个过程中会碰到一些数学公式的推导，大家千万不要因此而产生畏惧心理，我会用最通俗的语言进行阐述。

3.3.1　点击率预估

点击率预估是对每次广告的点击情况做出预测。它可以预判对用户的这次展示，用户是点击还是不点击，也可以给出相应的点击概率。点击率预估与推荐算法的不同点就在于，点击率预估需要给出精准的点击概率，如广告1点击率0.5%，广告2点击率0.4%，然后结合出价计算出两个广告的eCPM值来进行排序。但推荐算法很多时候只需要计算出一个最优的顺序，即A>B>C即可。

点击率预估与搜索引擎的不同点则在于，搜索中有反映用户明确意向的词——搜索词，搜索词与内容的匹配程度是对点击率影响最大的因素。而点击率预估（非搜索广告）由于缺乏明确的用户意向，所以要对用户的兴趣、广告的特征、上下文信息、广告位等一系列的信息进行综合考虑。想要预估出精准的广告点击率，就需要对点击率预估模型进行不断的训练。经过长时间的发展，对于点击率预估模型的训练已经形成了一套完整的体系。在这个体系下，模型每天会在离线/在线环境中使用历史/实时数据来进行训练，训练的结果主要通过对于模型中参数的批量更新得到新的模型来体现。最后对新模型的效果进行离线/在线测试评估，效果达标后才会将新模型输出到广告投放系统中使用。点击率预估模型训练流程如图3-12所示。

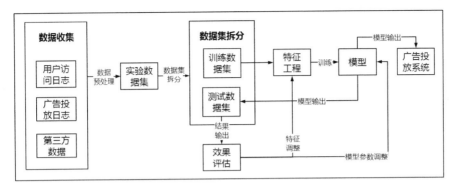

图 3-12　点击率预估模型训练流程

1．数据收集

数据收集是建立点击率预估模型的基础。需要收集的数据主要有以下三类。

- 第一类是在用户访问媒体平台所提供的 Web 服务/App 服务时所记录下的用户访问日志，包括用户唯一识别 ID、用户的基础信息及兴趣爱好等。

- 第二类是广告投放日志，包括广告、广告主的基本信息，以及投放后在广告位发生的所有行为的记录。这也是在实际模型训练中使用最多，可以最为直观地预测投放效果的数据。在一些点击率预估模型建立的初期，为了使模型能够快速投入使用，往往就会只采用广告投放日志所提供的特征来完成模型的训练。

- 第三类是由企业之外的第三方提供的数据。在实际业务中，广告投放系统和广告的可用流量都不是独立、封闭存在的，它们更多会以各种广告联盟、流量联盟的方式存在，相互之间实现资源利用最大化，且在共享资源的同时尽可能地做到相互之间数据的联通。

2．数据预处理

在数据收集完成之后还有一个非常烦琐却又无法回避的步骤——数据预处理。收集到的用户访问日志和广告投放日志一般以日志的形式存放，还需要将这些非结构化的数据进行清洗，转换成结构化的数据之后才能应用到模型训练中。

3．数据集拆分

在数据预处理完成之后，为了方便后续对于模型效果的检验，一般会将数据集按照三七分的方式拆分成训练数据集（70%数据量）和测试数据集（30%数据量）。当然，数据集的拆分并非只有这一种方式，其中还会涉及很多抽样方法，此处不再赘述。

4．特征工程

特征工程是整个过程中最为重要的一步。特征工程是将数据转换成预估模型能够直接用于模型训练的特征的过程。特征可以对数据本身的特性和规律进行有效的刻画，通过这些特征训练出来的模型能有效地学习到其中包含的特性和规律。从统计学的角度来看，特征工程主要对训练数据集中的数据进行进一步的加工，加工主要有两个方向：第一个方向是发现并处理数据集中存在的问题，如处理异常值、缺失值，处理具有相关性的特征以避免多重共线性等；第二个方向是基于数据集中现有的基础特征构造出新的特征用于模型训练。在实际工作中其实很难优化一种模型或提出一种新模型，更多时候点击率预估模型效果的优化比拼的是特征工程的水平，可以说特征工程效果的好坏直接决定了最终模型效果的好坏。

5. 模型训练

在完成特征工程之后，需要先对模型进行选择，根据点击率数据的特点及对结果的要求，最容易想到的就是将其转化成一个分类问题来处理，所以逻辑回归（Logistic Regression，LR）是其中最为常用的模型。在模型选定之后，就可以将之前构建好的特征输入模型进行训练，得到全新的模型参数。这里简单介绍几种常见的预估模型。

1）LR

LR 是点击率预估中使用最为广泛的模型之一，几乎所有的广告投放系统中都有 LR 模型的存在。LR 是一种经典的分类模型，可以用于二分类问题，也可以用于多分类问题。通常情况下，所得结果会落在[0,1]区间内，用于预测特定结果的概率值。与线性回归有所不同的是，线性回归预测的因变量通常是一个连续值，而 LR 预测的因变量可以是离散值。

作为经典的分类算法，二分类的 LR 是应用最为广泛的，其预估的结果正好对应在线点击率预估中的用户点击行为和浏览行为两种（分别标记为 1 和 0），其输出的概率便是用户当前点击广告的概率。LR 是一种比较容易优化的线性模型，训练成本很低，但线性模型相比非线性模型学习能力有限，需要人工进行大量特征工程或引入交叉特征才能有效提升模型的非线性拟合能力。可以说，特征工程效果的好坏直接决定了 LR 模型效果的好坏。

2）LR-SGD

在 LR 模型的训练过程中经常会遇到两个问题：结果的收敛速度慢及陷入局部最优解。这两个问题会导致 LR 模型的训练速度慢且精确度不够，针对这两个问题可以采用 SGD（随机梯度下降）的方法来解决。常规的梯度下降每次都朝着全局最优方向前进，很容易陷入局部最优解，而 SGD 由于有随机性，虽然在训练过程中会有一些曲折，但能降低深陷局部最优解的可能性，并且计算对于机器的消耗也比较小。

3）LR-FTRL（Follow the Regularized Leader）

LR 是应用最广泛的点击率预估模型，但在批量处理超大规模的数据集和在线数据流时就遇到了问题，FTRL 就是谷歌在这样的背景下研发出来的。它在处理非光滑正则化项的凸优化问题上性能非常出色。

4）FM

FM（因子分解机模型）是由 Steffen Rendle 提出的一种基于矩阵分解的机器学习模型。它善于处理高维特征的模型，可以自动挖掘高维特征和项目特征中的低阶隐含因子，非常适合用于挖掘广告点击日志中形成的复杂的高维或交叉特征。

5）集成学习（Ensemble Learning）

由于特征工程对于算法工程师的经验及业务理解有很高的要求，所以在尝试 LR 模型效果不佳时，还会考虑时下非常流行的集成学习模型。集成学习是机器学习领域的一个重要分支，它不是一种具体的算法，而是一种"兄弟同心，其利断金"的思想。集成学习主要分为两种重要的方法：Bagging 和 Boosting。它们都是通过某种策略把多个弱学习器组合起来，形成一个具有很高预测准确率的强学习算法。

6. 效果评估

模型训练完成后，通常会使用此前拆分出来的测试数据集对新模型的效果进行评估。如果测试效果达到预期就可以将新模型输出到广告投放系统中进行使用，而如果不达预期则需要返回特征工程阶段或模型训练阶段对特征或参数进行重新调整。在实际工作中，从特征工程到效果评估将是一个不断循环的过程。

对于点击率预估模型的准确性也有专门的指标进行评价，目前在实际应用中常用的评价指标有精确率、召回率、$F1$ 值、AUC（Area Under the Curve）、对数损失函数。其中，精确率与召回率主要来源于混淆矩阵（Confusion Matrix）。我们可以将实验样本分为正负两类，再根据事前设定的阈值将模型所得结果分成正负两类，而将以下四种情况汇总后就是混淆矩阵（见图 3-13）。

名称	含义
TP	真正（True Positive）
TN	真负（True Negative）
FP	假正（False Positive）
FN	假负（False Negative）

图 3-13　混淆矩阵各项指标的含义

Positive 表示预测结果在实验样本中是正类，Negative 表示预测结果在实验样本中是负类。TP 表示预测结果为正类且与实际匹配的个数，TN 表示预测结果为负类且与实际匹配的个数，FP 表示预测结果为正类且与实际不匹配的个数，FN 表示预测结果为负类且与实际不匹配的个数。通过上述四个指标可以计算出模型的精确率、召回率及 $F1$ 值。

精确率、召回率、$F1$ 值的计算公式见式（3-9）～式（3-11）：

$$P=TP/(TP+FP) \tag{3-9}$$

$$R=TP/(TP+FN) \tag{3-10}$$

$$F1=2/(1/P+1/R)=(2\times P\times R)/(P+R) \tag{3-11}$$

其中，P 代表精确率，R 代表召回率。

AUC 指的是 ROC 曲线下面积，ROC 曲线是指受试者工作特征（Receiver Operating Characteristic）曲线。曲线 X 轴代表假阳率（False Positive Rate，FPR），表示预测结果为正类且与实际样本不匹配数占所有样本中负类数的比例；曲线 Y 轴代表真阳率（True Positive Rate，TPR），表示预测结果为正类且与实际样本匹配数占所有样本中正类数的比例。假阳率与真阳率的计算公式见式（3-12）、式（3-13）：

$$FPR=FP/(FP+TN) \tag{3-12}$$

$$TPR=TP/(TP+FN) \tag{3-13}$$

通过不同阈值的设定可以得到 ROC 曲线，AUC 代表 ROC 曲线下方的面积，是一个数值。一般 AUC 值越大代表模型分类效果越好，AUC 值一般在 0 到 1 之间。AUC 可以通过式（3-14）进行表达：

$$AUC=\frac{\sum_{positive}Rank_i-\dfrac{M(1+M)}{2}}{M\times N} \tag{3-14}$$

其中，M 为样本中正类的个数，N 为样本中负类的个数。AUC 值通过计算频次来逼近近似值，其核心思想是统计样本中预测为正类且实际为正类的概率大于预测为正类但实际为负类的概率的可能性。例如，对于一个二分类样本，从中随机取出一个样本，预测为正类且实际为正类的概率设为 P_1，预测为正类但实际为负类的概率设为 P_0，AUC 就指 $P_1>P_0$ 的概率，如图 3-14 所示。

AUC 是衡量排名质量的一个很好的指标，无须进行校准。从经验上讲，AUC 是衡量我们研究模型相对预测能力的一个非常可靠的指标。AUC 的提升（>1%）体现在 A/B 测试中，预测出的点击率的准确性就会更高。AUC 在模型评估中使用频率很高，这是因为通常机器学习模型对于分类问题的预测结果都是概率，而如果要计算精确率、召回率等都需要先把概率转化为类别，这里就需要手动设置一个阈值，概率高于阈值放入一个类别，低于阈值放入另一个类别。

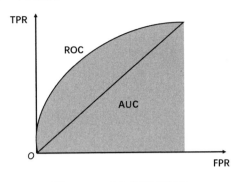

图 3-14　ROC 曲线示意图

　　阈值的设定很大程度上会影响精确率的计算，而使用 AUC 就可以避免这种情况。此外，AUC 对样本不均衡并不敏感，因此像点击率这类正负样本分布不均衡的样本，非常适合使用 AUC 进行评估。

3.3.2　竞价基础知识

　　早在 1998 年，Goto.com 的比尔·格拉斯就率先在广告交易中引入了竞价机制，而从商业广告发展的角度讲，引入竞价机制是历史发展的必然。在商业广告的发展初期，媒体平台与广告主采用的都是合约广告的结算方式，即双方以提前约定好的价格进行交易，后续在广告投放过程中也不需要对流量的使用进行计算。站在媒体平台的角度，这样的结算方式虽然简单，但缺乏收益提升的空间。因为网站不可能无节制地拓展广告位，那样只会导致用户大量流失，同时新开辟的广告位流量也并不一定有多少。另外，在广告位被买断期间，即使有其他广告主愿意出更高的价格购买广告位的使用权，媒体平台也会受限于合约而不能接受这笔更高收益的交易。

　　在这样的大背景下，媒体平台想要提升自身的收益最容易想到的办法就是将广告主聚集到一起，将广告位作为拍品以拍卖的形式拍卖出去。所以，商业广告引入的竞价机制从本质上讲还是一种**拍卖行为**。

　　拍卖这种商业行为由来已久，早在古代就被用来出售各种珍稀的物品，引入商业广告中之后其本质还是不变，只是拍卖的物品由实物变成了媒体平台广告位的使用权，也就是让自己的广告获得优先曝光的权利。所以，在商业广告中广告主参与竞拍的目的就**是获得曝光**。

　　拍卖的形式五花八门，这里介绍四种常见的拍卖形式。

1. 英式拍卖

在各大电影、电视剧中只要有拍卖会，采用的拍卖形式几乎都是英式拍卖。即由拍卖者报出一个起拍价，之后由竞拍者进行出价，竞拍者至少有两名，每次报价都必须高于上次报价，直到只剩下一名竞拍者。

2. 荷式拍卖

荷式拍卖与英式拍卖恰好相反，同样还是由拍卖者报出一个起拍价，但这个起拍价并不是最低的价格而是一个很高的价格。这个价格报出后如果没有竞拍者感兴趣，那么拍卖者会报出第二个价格，第二个价格必定低于起拍价，之后价格不断下降直到有一名竞拍者产生兴趣。荷式拍卖与我们传统印象中的拍卖形式正好相反，其形式更像拍卖者在兜售自己的拍品，这虽然与我们的传统认知不符，但是最适合商业广告的竞价机制之一。

3. 第一价格密封拍卖

第三种拍卖形式是拍卖者不再率先报价，而是让竞拍者以密封的形式提交报价，报价最高者则赢得这次拍卖，然后向拍卖者支付自己的报价即可。这种拍卖形式如今在拍卖场中很少见，但在企业的招投标过程中非常常见。

4. 第二价格密封拍卖

第四种拍卖形式是基于第三种的延伸，同样是竞拍者以密封的形式提交报价，报价最高者赢得拍卖，不同的是竞拍获胜者按照第二高的报价进行支付。

从以上四种拍卖形式中可以发现，拍卖的形式之所以会有所不同，是因为受到**分配规则**与**支付规则**不同的影响。

1）分配规则

分配规则决定拍品如何进行分配。分配规则可以是价高者得，也可以是先到先得，还可以是随机抽取，规则完全由拍卖者自行决定。

2）支付规则

支付规则决定竞拍者如何支付费用。支付规则可以是支付最高报价、第二高的报价，以及由于自己参与给其他竞拍者造成的损失（VCG）等。

在合约广告中，分配规则为广告主先到先得，支付规则为广告主支付与媒体平台提前约定好的价格。在竞价广告中，分配规则为 eCPM 排名最高者得，但支付规则各大媒体平台会有一些出入。目前主流的形式是广义二价，即按照第二高的 eCPM 反推出竞拍获胜者需要支付的费用，当然也有采用广义一价和 VCG 形式的。简单来说，广义一价在特定情况下收益会更高一些，但缺点是波动大；而广义二价相对来说比较稳定；VCG 则属于激励兼容，鼓励广告主讲真话，但对于系统算力的要求会比较高。具体的内容我会在 3.3.3 节 "机制设计" 中详细解释。

除拍卖的形式外，拍品的价值评估对于拍卖者和竞拍者来说也是极其重要的，双方都需要对拍品的价值进行估计。价值可以分成以下三种。

1）私人价值

如果竞拍者能够准确地评估拍品对自己的价值，并且这个价值不会被其他竞拍者知道，也不受其他竞拍者信息（如报价）的影响，那么这个价值称为私人价值。

2）关联价值

如果竞拍者不知道拍品对自己有多少价值，并且这个价值会受其他竞拍者的信息（如报价）的影响，那么这个价值与其他人的估价就存在关联性，则称为关联价值。

3）共同价值

如果拍品的价值对所有人都是一样的，那么这个价值称为共同价值。

无论拍卖的形式如何、竞拍双方对于拍品的价值如何评估，最终想要拍卖能成功举办并且有竞拍者愿意参与，都需要有一个好的机制设计。好的机制设计需要将以上这些环节进行综合考虑，既要尽可能地保证拍卖的效率，又要保障拍卖者的收益最大。

3.3.3　机制设计

拍卖之所以有各种各样的形式，其根本原因还是机制设计者所制定的规则不同。所有对于拍卖的研究都是在给定了具体的规则之后才开始推断竞拍者是否愿意参与及参与时可能采用的策略的，而机制设计要研究的就是如何制定这种规则。在杜塔所著的《策略与博弈——理论及实践》一书中就有这样的阐述："**机制设计的关键点是参与人按照设计好的博弈规则，以自身的兴趣执行策略，达到设计者期望的最好均衡。**"

简单来说，在机制设计中，参与者是已知的，机制设计者需要确定参与者适用的选择和他们选择所产生的结果。很明显，如果设计的机制没有人愿意参与，那么这个机制也没有存在的必要。并且机制要有合理的预期，不合理或不容易理解的预期同样会导致没有参与者。所以，机制设计者与参与者其实是紧密联系在一起的。而只要最终结果能够达到机制设计者的预期，就是最好的机制。

在商业广告中，掌握着大量流量资源的媒体平台就是机制设计者，而广告主是这场博弈的参与者。媒体平台需要设计出对于自身最好的机制，以吸引更多的广告主加入这场博弈游戏中。在很多新手商业产品经理身上都存在一个认识上的短板，他们会认为：商业广告就应该是包含竞价机制的，没有竞价机制的商业广告就很低端、很原始。但被问到为什么要有竞价机制时，他们就说不太清楚了。

实际上，之所以引入竞价机制，是因为在绝大多数情况下，尤其是商业广告上线初期，媒体平台对于自身流量价值、广告位价值或关键词价值的认知不明确，而拍卖就正好是一种价值发现的机制，所以才会在进行机制设计时引入拍卖的规则，最终形成我们今天看到的竞价机制。在现实生活中，不仅是商业广告会涉及机制设计，任何涉及收费的商品和服务都面临机制设计的问题。好的机制设计直接决定一家企业的利益与未来，所以千万不要忽视机制设计的重要性。真正厉害的人绝对不是我们这些天天在干具体工作的人，而是那些设计机制、制定规则的人。

1．机制设计基础

机制设计在本质上属于博弈论的一部分，所以在对商业广告的机制设计进行详细阐述之前，需要先对机制设计中的一些重要概念有所了解。

1）出售机制

出售机制在这里特指以拍卖的形式进行出售，其中包含一个前提假设：竞拍者风险偏好适中，对于拍品的价值估计采用私人价值，竞拍者之间相互独立。此时一个出售机制可以用一个三元组 (B,Q,M) 来表示，其中 B 表示报价空间，Q 表示分配规则，M 表示支付规则。当竞拍者的估价空间为 V 时，如果报价空间 B 与估价空间 V 是完全吻合的，这种机制称为**直接机制**。当竞拍者给出对于拍品的私人估价后，此时机制设计的核心任务就是确定竞拍者是否会真实地给出自己的估价，V 与 B 相等并不意味着竞拍者一定会报出自己的真实估价。如果在一个直接机制中，竞拍者必定会给出自己对于拍品的真实估价，那么这个直接机制就存在一个讲真话的均衡[①]。

2）显示原理

对于任何一个机制，都存在一个讲真话均衡的直接机制使均衡的结果与原来机制的均衡结果一致。也就是说，机制设计者只需要关注直接机制即可。

3）激励兼容

在直接机制中，如果分配规则的函数是单调递增的，就意味着说真话总能使自己的预期收益最大化，那么这个直接机制就是激励兼容的。

4）个体理性

一个直接机制，如果对于所有竞拍者而言收益不是负值，那么这个机制就是个体理性的。

---

① 均衡即博弈均衡，是指使博弈各方实现各自认为的最大效用，即实现各方对博弈结果的满意，使所有参与者都不想改变自己的策略。

5）收益等价原理

如果直接机制(Q,M)是激励兼容的，则对所有竞拍者的真实估价为 v_i，其预期支付只与分配规则相关，支付规则只决定一个常数项。四种基本拍卖形式有着相同的分配规则，即价高者得，因此竞拍者的预期支付将等于拍卖者的预期收益。

2．最优机制

在绝大多数情况下拍卖者就是机制设计者，所以他们总是考虑在满足激励兼容和个体理性的前提下，设计一个预期收益最大化的机制，这种机制称为**最优机制**。这里可以将最优机制分成三部分来讨论：报价策略、分配规则和支付规则。

1）报价策略

荷式拍卖与第一价格密封拍卖存在等价策略，而在私人价值假设下，英式拍卖与第二价格密封拍卖也存在等价策略。因此，我们在分析报价策略时只需要讨论第一价格密封拍卖和第二价格密封拍卖两种形式即可。

在这里我们只考虑一名典型竞拍者的报价策略。竞拍者对于拍品的估价用 v_i 表示，对于拍品给出的报价用 b_i 表示，估价与报价之间的对应关系用报价策略函数 $f(v_i)$ 表示，最终成交价用 B_i 表示。对于一名竞拍者来说，他的目标是寻找一个最优的报价策略函数 b^*，使自己的收益 s_i 最大，其中这个最优的报价策略函数应该是单调递增的函数（估价上升相应给的报价也会存在一定比例的上升）。报价策略函数图像如图 3-15 所示。

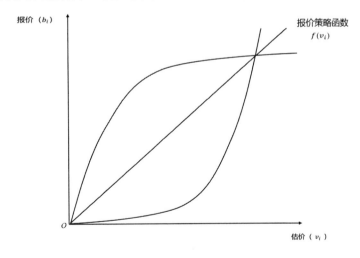

图 3-15　报价策略函数图像

● 第二价格密封拍卖的最优报价策略。

在第二价格密封拍卖中，按照估价进行报价其实是一种弱占优策略，即在不知道其他竞拍者策略的情况下，总有一个策略的优秀程度大于等于其他策略（严格来说必须等于其中一个）。

情况1：$b_i=v_i$（报价=估价）。

如果$B_i>b_i$，竞拍失败，收益$s_i=0$；

如果$B_i<b_i$，竞拍成功，收益$s_i=v_i-B_i$。

情况2：$b_i>v_i$（报价>估价）。

如果$B_i>b_i>v_i$，竞拍失败，收益$s_i=0$；

如果$b_i>B_i>v_i$，竞拍成功，收益$s_i=-(v_i-b_i)$；

如果$b_i>v_i>B_i$，竞拍成功，收益$s_i=-(v_i-b_i)$。

情况3：$b_i<v_i$（报价<估价）。

如果$b_i<v_i<B_i$，竞拍失败，收益$s_i=0$；

如果$b_i<B_i<v_i$，竞拍成功，收益$s_i=0$；

如果$B_i<b_i<v_i$，竞拍成功，收益$s_i=v_i-b_i$。

从以上三种情况中可以发现，无论其他竞拍者出价如何，只有当$b_i=v_i$时，才能保证竞拍者处于最优的情况。另外，在单物品拍卖中，这就是一种让竞拍者说真话的直接机制且考虑了激励兼容，这对于机制设计来说可以省去很多不可控的变量。

- 第一价格密封拍卖的最优报价策略。

第一价格密封拍卖的报价策略比第二价格密封拍卖要复杂得多，具体推导过程在这里不再赘述，直接给结论。在第一价格密封拍卖中：

$$b_i(v_i)=E[Y_1|Y_1<v_i] \qquad (3\text{-}15)$$

其中，Y_1表示第二高的估价，E为估价的期望值。在均衡的时候，每名竞拍者都会隐藏一部分自己的真实估价，随着参与竞拍的人数增加，竞拍者的均衡报价将越来越接近其真实估价。

在分析完四种拍卖形式的报价策略后就面临一个新的问题：四种拍卖形式对拍卖者来说谁的收益更大？神奇的是，这个问题的答案居然是：一样大。

表面上看，第一价格密封拍卖与第二价格密封拍卖的收益应该是不一样的，两者的分配规则是一致的，区别在于支付规则不同，因此采用二价机制很容易遭受损失。但实际上因为支付规则不同，竞拍者的报价策略也会不同。对于第一价格密封拍卖，自己的预期支付依赖于自己的报价，自然会对自己的估价有所隐藏；但对于第二价格密封拍卖，自己的预期支付与自己的报价无关，就会更加积极地报价。最终当两者都达到各自的均衡时就会发现最终收益是一样的，这就是上文提到的收益等价原理。

当然，其中还存在一个漏洞，以上结论都是建立在竞拍者之间相互不知道对方估价的情况下。一旦竞拍者之间相互串通形成一个竞价环，就可以通过不断降低报价来增加环内竞拍者的收益，竞价环的运作不会影响环外竞拍者获得拍品的概率及预期支付，环内增加的收益则完全来自拍卖者的损失，此时拍卖者就需要借助保留价的机制来对抗这种竞价环。

- 保留价：由拍卖者设定的拍下拍品需要支付的最低价格。

设置保留价的目的是对抗竞价环，保证拍卖者不亏本，同时能增强拍卖时竞价的激烈程度，保障拍卖者的利益。当然，设置保留价也会带来相应的影响。设置保留价后，竞拍者的报价可能均低于保留价，导致拍卖无法成交，这就意味着拍卖存在失效的风险。既然设置保留价能够有效保障拍卖者的利益，那么如何设置保留价就成为一个重要的研究课题。

在商业广告体系中，简单的做法是根据广告主的历史竞价情况，取一个不会引起广告填充率明显下降的固定值作为保留价。这种方法实践起来比较简单，能在一定程度上防止广告主无限下探出价，一般在广告投放系统上线初期会采用这种方法。之后，为了进一步提升媒体平台的收益，其就会对这个保留价进行精细化的动态设置，也就是业界经常提到的动态保留价。

动态保留价会根据广告主/关键词的历史数据拟合出广告主/关键词的估价分布函数，根据这个分布函数动态设置保留价。其中可能涉及价格歧视问题，只是广告主不一定能感知到。动态保留价应用非常广泛，除现在已经被禁止了的电商/服务价格"千人千面"外，日常使用的滴滴出行也是设有动态保留价的。

2）分配规则和支付规则

从报价策略的研究中我们就能发现，如果拍卖者知道竞拍者的估价，那么直接将拍品卖给估价最高的竞拍者就可以实现收益和效率的最大化。问题就在于双方是博弈的关系，拍卖者并不知道竞拍者的估价，此时最容易想到的方法就是估计竞拍者的估价。

假设：在一个单品拍卖中，竞拍者 i 对于拍品的估价为 v_i，竞拍者采用私人价值，拍卖者不知道竞拍者的真实估价，但知道竞拍者估价的累计分布函数 $F_i(v)$、连续密度函数 $f_i(v)$，F 相互独立，v 的取值范围为 $[0,w]$，$f_i(v) \geq 0$。

估价 v 的虚拟估价函数 $Y(v)$ 可以表示为：

$$Y(v) = v - [1 - F(v)] / f(v) \tag{3-16}$$

分配规则：拍品分配给虚拟估价最高的竞拍者。

支付规则：支付与虚拟估价最高者的估价相比第二高的估价。

这部分比较抽象，我们举个例子来解释一下。假设有竞拍者 1 和 2 同时参与竞拍，他们的估价 $v_1<v_2$，但因为竞拍者 1 的虚拟估价函数斜率更大，所以 $Y_1(v_1)>Y_2(v_2)$。根据分配规则虚拟估价最高的竞拍者获得拍品，所以竞拍者 1 获胜，并支付 v_0。虚拟估价与估价的关系示意图如图 3-16 所示。

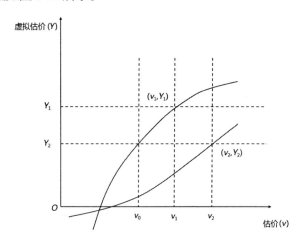

图 3-16　虚拟估价与估价的关系示意图

需要注意的是，竞拍者的估价 v 最高并不意味着拍卖者对他的虚拟估价 Y 就最高，所以在不了解竞拍者估价的情况下将分配规则设定为虚拟估价最高者得对于拍卖者来说是最优的分配规则。同样，在支付时获胜的竞拍者 1 支付的也并不是他的估价 v_1，而是与他估价相比第二高的价格。因为在本案例中 v_1 之后并没有其他竞拍者的估价，所以他的支付价格就是竞拍者 1 的保留价 v_0。在本案例中如果采用一价结算，拍卖者的收益是比二价结算要高的。但如果没有保留价，而两名竞拍者的估价又都极低，拍卖者的收益就会很低。一价结算虽然在一些场景中收益更高，但也非常不稳定，所以在这里我们认为更稳定的二价结算才是我们的最优支付规则。

3. GSP

GSP（Generalized Second Price）即广义二价，其本质就是最优机制在商业广告中的应用。GSP 很早就已经应用在商业广告的竞价机制设计中，如 2005 年谷歌总收入 61.4 亿美元，其中 98% 的收入来自 GSP 拍卖，雅虎也有一半的收入来自 GSP 拍卖。

GSP 最常见于各大搜索引擎所展示的搜索广告中。当用户在搜索引擎中输入一个关键词后，就会跳转到该关键词所对应的搜索结果页上，页面上会返回与关键词有关的搜索结果及相应的广告素材。此时展示哪个广告主的广告素材是由后台的竞价机制决定的。对于一个特定关键词，广告主给出他们对一次点击的出价，广告投放系统根据在后台提前定义好的关键词收益函数计算出该关键词的保留价，广告主的出价必须高于关键词的保留价。然后根据广告主的出价及对点击率的预估计算出 eCPM 值，通过 eCPM 进行降序排列，排名第一的广告素材优先展示，即提供该广告素材的广告主获得这次关键词竞价的胜利。最后根据广义二价的支付规则，系统会通过排名第二的广告素材的 eCPM 值倒算出第二名的出价，如果没有则按照该关键词的保留价进行支付。

通过 GSP 机制在商业广告投放过程中的应用我们可以明显地发现两个关键点。

- 商业广告在应用 GSP 机制时其实并没有完全照搬我们在上文推导出的最优机制。在分配规则上，广告投放系统直接就能知道广告主的出价，所以并不会分配给虚拟估价最高者，出于对广告质量、用户体验等一系列因素的考虑，也不会直接分配给出价最高者，而是要通过 eCPM 值的大小来综合考虑。

- 对于最优机制的应用不但体现为支付规则采用二价结算，而且对于关键词/广告主的虚拟预估以保留价的形式加入 GSP，更为有效地保障了媒体平台的收益。

但从机制角度考虑，GSP 很显然并不是一个鼓励说真话的机制，二价结算也不能保证广告主一开始就报出自己的真实估价，尤其在竞价开始阶段都会有所隐藏。所以，竞价广告的设计者又设计了一种既鼓励说真话又能够激励兼容的机制——VCG。

4. VCG

VCG（Vickrey Clarke Groves）机制是以发明他的三位经济学家的名字首字母命名的。VCG 与 GSP 在分配规则上是一致的，区别在于支付规则不同。在 VCG 机制中，竞拍获胜者支付的是其没有参与竞价时其他竞拍者产生的整体收益减去其参加竞价时其他竞拍者的收益。这个定义非常不好理解，我们可以将其简单地理解为：一名广告主竞价成功，在占有广告位的同时，会导致其他广告主不能占有该广告位，此时获胜的广告主需要支付这部分损失。所以，VCG 的支付规则并非简单考虑获胜者的出价，还参考了其他多个广告主的出价，而 GSP 只参考了第二价格。在 VCG 机制下，广告主说真话就变成一种占优投放策略，这个系统也更容易达到稳定及纳什均衡。

3.3.4　ADX

在弄清楚了竞价基础知识及机制设计之后，我们进一步来看竞价机制在系统中是如何实现的。这里需要引入几个新的概念：

- SSP（供给方平台）

- ADX（广告交易平台）
- DSP（需求方平台）
- RTB（实时竞价）
- RTA（实时 API）

其中，SSP、ADX、DSP 指的是一种平台，而 RTB 和 RTA 指的是包含于整个体系中的两种重要功能。SSP、ADX、DSP 三者的关系如图 3-17 所示。

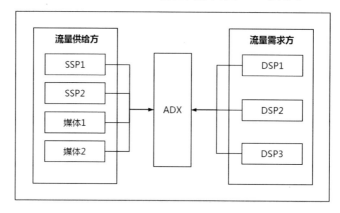

图 3-17　SSP、ADX、DSP 三者的关系

ADX 作为一个撮合商业广告交易的平台，是整个广告交易体系的中心，一方面承接 SSP/媒体等流量供给方的流量变现职责，另一方面承接广告主等流量需求方的广告曝光职责。在整个交易流程中，SSP 作为流量供给方可能包含各种媒体平台及第三方流量平台，SSP 会将对于广告位、素材样式、底价等限制条件、用户信息与广告请求一起提交给 ADX 进行处理。同样，DSP 作为流量需求方会代表各大广告主将需要曝光的广告素材、出价、定向信息等提交给 ADX 进行处理。ADX 根据双方各自提出的条件进行匹配、过滤、比价、分配，最终把某个广告素材分配到某个位置上进行一次展示。所以，**ADX 本质上就是一个交易撮合者，通过比价的方式促成广告交易**。商业广告交易流程图如图 3-18 所示。

广告交易的起点是用户。用户浏览了流量供给侧的 C 端页面，SSP 就将用户的基本信息连同 C 端页面上广告位的信息、素材规范等一系列信息，以约定好的用户唯一识别 ID 为主键向 ADX 发出一个广告请求。ADX 在接收到广告请求之后再向引擎侧发送请求，引擎侧响应后开始对请求进行过滤。这里需要注意的是，图 3-18 中将 ADX 与广告投放引擎（Ad Server）分成了两个独立的部分，主要是为了方便大家与上文提到的广告投放系统对应上。在实际业务中，ADX 与广告投放引擎会合并到一起统称为 ADX 或广告投放引擎。

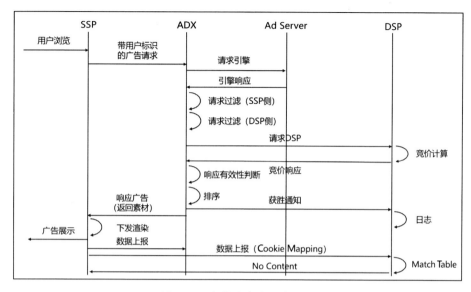

图 3-18 商业广告交易流程图

对于请求的过滤需要分成两部分。第一部分先过滤来自 SSP 侧的不合法的请求。由于对接的流量渠道很多，质量也肯定参差不齐，验证请求的合法性是过滤那些作弊流量的有效手段之一。第二部分是针对 DSP 侧的过滤。由于 ADX 接入的各个 DSP 的流量及 QPS 是不同的，所以在给 DSP 发请求前还需要再进行一次过滤，以防止请求量过大造成 DSP 侧的系统崩溃。

接下来，ADX 会将过滤后的请求发送到多个接入的 DSP 中，DSP 在接收到请求后根据流量的特点确定是否参与竞价。判断的标准主要是自身承接的广告主需求中是否有符合该流量特点的广告素材、定向条件及出价限制，如果有则参与竞价并返回相应的素材和出价，如果没有则放弃本次竞价。ADX 对多个 DSP 返回的广告素材进行识别，在识别的过程中会出现一定程度的折损，如素材解析错误、定向读取失败、广告素材不合法、出价低于广告位底价等情况。

剩余有效的广告素材才会参与竞价，排序的过程如上文所述。之后，ADX 将最终获胜的广告素材返回 SSP，并通知相应的 DSP 竞价成功。SSP 侧对返回的广告素材进行下发、渲染、曝光，最终将从曝光到点击再到转化的用户行为数据上报 ADX 及 DSP 侧。整个流程环节很多、非常复杂，但整个过程一般需要在 100ms 至 200ms 内完成，这才算是一套合格的广告交易体系。

从请求发起到最终转化，每一步都伴随着不同程度的损耗，可以通过漏斗图来描述这一过程。商业竞价广告转化漏斗图如图 3-19 所示。

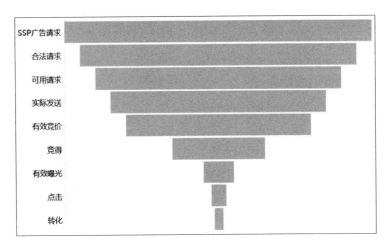

图 3-19　商业竞价广告转化漏斗图

对于商业产品经理而言，这是在日常工作中极其重要的一张漏斗图，漏斗图的每个步骤都对应着具体的功能模块，当遇到问题时通过这个转化关系来快速定位问题是最常见的排查问题方法。比如，某广告主的预算消耗很慢、投放不起量，就可以沿着整个转化路径一步一步地倒查回去，看每一步的数量级是否正常及步与步之间的转化率是否正常，这样就能快速定位问题。问题可能是定向条件过于复杂导致受众人群太小，也可能是出价太低导致竞价成功率不高，等等。**总而言之，问题分析的思路完全基于对整个广告交易体系的理解，在商业产品经理的招聘简介中经常要求应聘者了解归因分析，指的就是这部分内容。**

3.3.5　DSP

在 DSP 出现之前，如果广告主想要在多个媒体平台投放广告是一件非常烦琐的事情，因为每个媒体平台都有自己的投放后台及各式各样的操作规则，需要有专人不断地操作这些后台。但随着 DSP 的出现，众多媒体平台的资源被聚合到了一起，免去了操作多个后台的麻烦，同时将更多的广告主聚集起来，形成了更为庞大的广告交易体系，更有利于商业广告的快速发展。

DSP 的系统运行流程如图 3-20 所示。

首先进行的是注册流程。一家新的广告主/代理商要入驻 DSP 进行投放需要先进行账户的注册，在账户注册成功后在线下提供行业资质的相关材料，待资质审核通过后才能登录系统进行广告投放。其中需要注意的是，广告主/代理商的资质审核也是非常重要的一个环节。基本上所有大型的媒体平台为了维护自身企业形象都会对广告主/代理商的行业资质进行严格的审核。比如，汽车之家就不接受非汽车行业的广告投放，所以要到汽车之家进行投放的广告主必须提供汽车行业的相关资质。另外，其他综合类的媒体平台虽然不会具体限制某个行业，但也会严令禁止"黑五类"广告主的投放需求。账户创建后需要在创建的账户下创建相应的广告主/代理商，一般情况下一个账户下支持创建多个广告主/代理商。

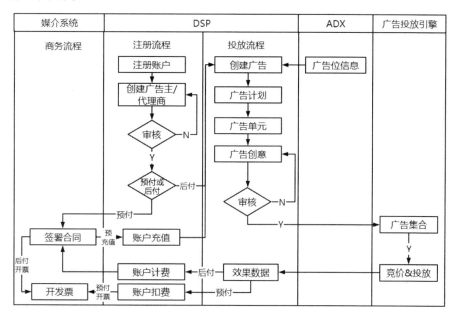

图 3-20　DSP 的系统运行流程

接下来进入预付流程。在绝大多数情况下，通过 DSP 进行广告投放都需要预付一笔广告费用。具体步骤是双方先签订网络协议，然后由广告主/代理商向此前创建的账户进行预充值，充值完成后即可进行广告投放。

广告的投放流程包括创建广告计划—广告单元—广告创意，基本上所有的广告投放流程都是按照计划—单元—创意三级来进行广告创建的。广告创意上传后会先对广告创意进行一轮审核，审核通过后才会推送到广告投放引擎中参与竞价。

竞价成功后，广告创意正常展示，整个投放过程中产生的所有数据都会被记录下来，根据预设的支付规则对账户余额进行扣费。当账户余额花费完毕或达到单日预算上限后，广告自动下线。

另外，除了预付流程也会存在后付流程。后付与预付的区别在于，后付是按照广告投放后的效果进行计费，然后生成相应合同并进行审核，待收入确认后再走后续开发票的流程。

在整个 DSP 的系统运行流程中至少包含以下六个功能模块，如图 3-21 所示。

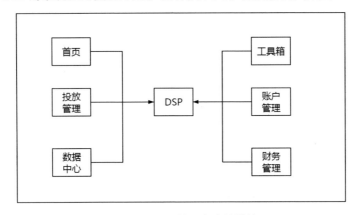

图 3-21　DSP 的六大功能模块

1．首页

作为一个对外开放的后台，哪怕功能再简化也会有一个首页来供广告主/代理商访问。首页包含的功能主要有两个：产品介绍和用户登录。

2．投放管理

投放管理是整个 DSP 中最核心的部分，其主要结构包括三层：广告计划、广告单元和广告创意。

- 广告计划：每个账户下可支持多个广告计划，可独立设置广告计划的参数，包括预算、投放周期、计费类型。
- 广告单元：每个广告计划下可支持多个广告单元，可独立设置广告单元的参数，包括投放设备、人群定向等。
- 广告创意：每个广告单元下可支持多个广告创意。

投放管理账户结构如图 3-22 所示。

这里需要先解释一下，为什么几乎所有的广告投放后台都采用类似计划—单元—创意这样的三级账户结构。首先，绝大多数媒体平台为了保障用户体验都会有各式各样的广告频控规则，如针对一名用户在 12 小时内同一个广告只能曝光一次，此时如果只创建了一个广告创意那么曝光的机会就会被限制，所以创建多个广告创意既承接了广告主广告多样性的需求，也适应了媒体平台的广告频控规则。当然，广告账户的结构并不是越多、越复杂越好，太多、太复杂运营人员是操作不过来的，所以账户的搭建需要遵循 MECE 原理。MECE 的基本原则是**不重合**和**不遗漏**，具体应用的方式有三点。

- 不同类型的广告创建不同的广告计划。
- 在同一个广告计划下按照不同的定向要求创建不同的广告单元。
- 广告素材择优创建广告创意。

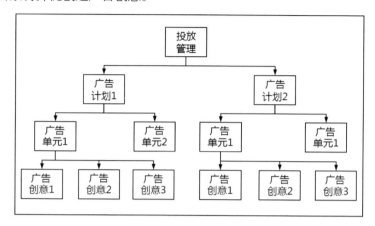

图 3-22 投放管理账户结构

其次,三级账户结构拥有足够大的灵活性,可以在不同层级实现不同策略的配置。DSP 各层级账户与各细分功能模块的对应关系如图 3-23 所示。

属性	账户	广告计划	广告单元	广告创意
账户余额	Y	Y	-	-
总预算	-	Y	-	-
每日预算	-	-	Y	-
计费方式(CPC、CPM)	-	Y	-	-
人群定向(投放设备、投放时段、投放地域、年龄、性别、级别、品牌车系、价格定向)	-	-	Y	-
出价设置	-	-	Y	-
创意类型	-	-	-	Y
尺寸	-	-	-	Y
暂停、启用、已删除	-	Y	Y	Y

图 3-23 DSP 各层级账户与各细分功能模块的对应关系

从图 3-23 中可以看到预算主要在账户和广告计划层级进行控制,只有每日预算会放到广告单元层级进行控制。而人群定向与出价设置则主要在广告单元层级进行控制,创意类型、尺寸则都在广告创意层级进行控制。每个层级都有其主要负责的功能,只有这样整个 DSP 系统才能运转起来。

3. 数据中心

DSP 系统中的数据中心与广告投放系统中的数据仓库及离线、在线数据处理是完全不同的功能模块，但数据源仍由广告投放系统提供。数据中心的核心功能是为 DSP 的使用者，也就是广告主/代理商提供相应的数据报表服务，简单来说就是一个查看数据报表的模块。

需要注意的是，在数据中心里，数据提供的维度与 ADX 中提到的转化漏斗的逻辑是不一样的。毕竟转化漏斗是完整的数据分析逻辑，是只有媒体平台内部员工才能看到的数据维度，而数据中心所要展示的数据是对外提供给广告主/代理商的。所以，数据中心的数据统计逻辑是按照广告主/代理商创建的账户结构得出的。DSP 数据统计维度汇总如表 3-1 所示。

表 3-1　DSP 数据统计维度汇总

列　　表	字　　段
时间控件	包含今天、昨天、最近 7 天、上周、本月、上月、自定义。 首次使用默认值：最近 7 天。再次使用默认值：上一次选择的结果
广告计划报告	是指统计数据的汇总维度，需要到广告计划层级。 列表项包含广告计划名称、数据指标；列表中包含汇总数据和细分计划的细分数据。 点击广告计划名称可以下钻到该广告计划下的广告单元效果数据。 比如，账户中一共有 3 个广告计划。查看今天的广告计划报告，显示 4 行数据，每个广告计划 1 行数据，还有 1 行汇总数据。 支持自定义列：可选项、默认项。 可选项：展现量、点击量、点击率、转化量、转化率、点击均价、千次展示成本、消费、今日消费。 首次使用默认项：展现量、点击量、点击率、消费、今日消费。再次使用默认项：上一次选择的数据项
广告单元报告	是指统计数据的汇总维度，需要到广告单元层级。 列表项包含广告单元名称、广告计划名称、数据指标。 点击广告单元名称可以下钻到该广告单元下的广告创意效果数据。 比如，账户中一共有 3 个广告计划，每个广告计划下有 5 个广告单元，一共 15 个广告单元。查看今天的广告单元报告，显示 16 行数据，每个广告单元 1 行数据，还有 1 行汇总数据。 支持自定义列：可选项、默认项。 可选项：展现量、点击量、点击率、转化量、转化率、点击均价、千次展示成本、消费、今日消费。 首次使用默认项：展现量、点击量、点击率、消费、今日消费。再次使用默认项：上一次选择的数据项

列　　表	字　　段		
广告创意报告	是指统计数据的汇总维度，需要到广告创意层级。 列表中包含广告创意 ID（对比对象趋势图时使用）、广告创意预览图、广告单元名称、广告计划名称、创意类型、尺寸、点击 URL、数据指标。 比如，账户中一共有 3 个广告计划，每个广告计划下有 5 个广告单元，每个广告单元下有 10 个广告创意，一共 150 个广告创意。查看今天的广告创意报告，显示 151 行数据，每个广告创意 1 行数据，还有 1 行汇总数据。 支持自定义列：可选项、默认项。 可选项：创意类型、尺寸、点击 URL、展现量、点击量、点击率、转化量、转化率、点击均价、千次展示成本、消费、今日消费。 首次使用默认项：展现量、点击量、点击率、消费、今日消费。再次使用默认项：上一次选择的数据项		
定向	是指统计数据的汇总维度，需要到定向层级。 比如，广告计划（3 个）在投放设备 PC、M、App 上展示过的广告，显示 9 行。 定向包含投放终端、城市、性别、年龄、月收入、受教育程度、身份职业、关键人生阶段、访客转化重定向		
数据指标	展现量（默认项）、点击量、点击率、转化量、转化率、点击均价、千次展示成本、消费		
	展现量	当前广告创意在所选时段的展现量，若无为 "—"	按时间段汇总的统计数据
	点击量	当前广告创意在所选时段的点击量，若无为 "—"	按时间段汇总的统计数据
	点击率	当前广告创意在所选时段的点击量/曝光量×100%，以 "数字+小数点后 2 位+%" 的形式显示；若无为 "—"	按时间段汇总的统计数据
	转化量	当前广告创意在所选时段的转化量，若无为 "—"	按时间段汇总的统计数据
	转化率	当前广告创意在所选时段的转化量/点击量×100%，以 "数字+小数点后 2 位+%" 的形式显示；若无为 "—"	按时间段汇总的统计数据
	点击均价	当前广告创意在所选时段的消费/点击量，以 "¥+数字+小数点后 2 位" 的形式显示；若无为 "¥0.00"	按时间段汇总的统计数据
	千次展示成本	当前广告创意在所选时段的消费/曝光量×1000，以 "¥+数字+小数点后 2 位" 的形式显示；若无为 "¥0.00"	按时间段汇总的统计数据

列　　表	字　　段		
数据指标	消费	当前广告创意在所选时段的总消费，以"¥+数字+小数点后 2 位"的形式显示；若无为"¥0.00"。CPC 计费方式的消费：CPC×点击数；CPM 计费方式的消费：CPM×展现量×1000	按时间段汇总的统计数据

4．工具箱

工具箱是一个经常被忽略但在实际投放工作中使用频率很高的模块。它主要包括以下几种功能：代码生成工具、SDK、创意生成工具、建站工具、自定义人群工具、截图工具、消息通知设置、操作日志。

1）代码生成工具

在整个商业广告体系中，数据几乎无处不在，从广告创建到完成投放，所有由媒体平台侧提供的功能都会有相应的埋点用来收集数据。但其中也有例外，那就是当广告跳转的落地页是由广告主自行提供时，页面可能因为没有统一的埋点，而出现页面转化数据无法统计的情况。如果缺少这部分数据，整个转化漏斗就缺少了最后转化量的数据。为了解决这个问题，可在 DSP 上增加一个代码生成工具，广告主将生成的 JS 代码按照要求添加到自己的落地页中即可完成数据的回传。回传的数据主要包括：当前访客的 Cookie、当前访问 URL、当前访问来源 URL、浏览器信息等。代码生成工具如图 3-24 所示。

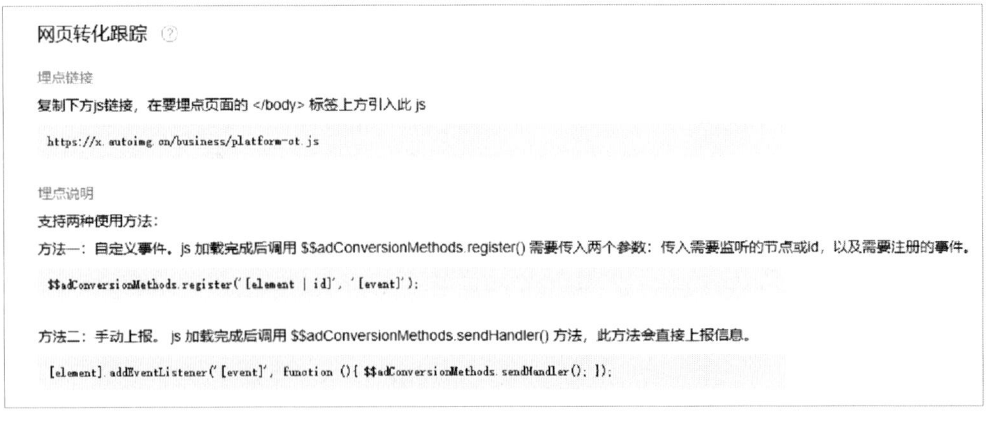

图 3-24　代码生成工具

2）SDK

在广告主的落地页中增加 JS 代码是针对网页端（PC、M）的解决方案，而如果广告主跳转的是 App 里的原生页面，那么还需要提供针对 App 端的解决方案，就是在广告主的 App 安装包里埋入一个 SDK。需要注意的是，iOS 端与 Android 端需要分别处理。

3）创意生成工具

创意生成工具主要是针对那些没有办法按照平台要求的素材规范批量提供广告创意的中小广告主而开发的，主要包含两种功能：素材尺寸的自动化裁剪和程序化创意生成。素材尺寸的自动化裁剪解决的是广告主提供的素材尺寸与某些广告位要求不符的问题。此时可将素材上传到这个自动化裁剪工具中即可完成任意尺寸的素材生成，这里不但涉及图片的裁剪，也需要考虑图片如何拉伸、扩展的问题。而程序化创意生成解决的是广告主无法提供广告创意的问题。此时可由媒体平台通过算法直接为其生成创意。具体的逻辑和功能将会在第 4 章"商业广告辅助工具"部分进行详细的阐述。

4）建站工具

有创意生成工具自然就有落地页生成工具，只是落地页生成工具通常被称为建站工具。广告主可以通过上传图片并通过拖拽组合的方式快速生成一个落地页，不但免去了落地页的单独开发，也解决了数据回传的问题。

5）自定义人群工具

自定人群工具主要是针对有特殊定向需求的广告主设计的。工具会与用户画像平台打通，广告主可以根据自身用户的特点通过标签筛选的方式生成特定的人群包，将人群包作为定向的条件加入广告投放中。更精准的人群定向是商业广告发展的大趋势。

6）截图工具

截图工具主要是提供给广告主用于广告投放验证的工具。很多时候广告的投放因为复杂的定向条件而不容易被刷到，此时广告主有可能质疑广告是否被真实投出。为了证明广告被真实投出，可将当时投放进行展示的页面以截图的形式保存下来。当然，如果所有广告展示都截图保存则成本极大，所以这种功能往往需要广告主主动触发才会截取一小部分的投放截图作为真实投出的证据。

7）消息通知设置

消息通知设置本质上属于一个提高平台用户体验的功能，即广告主可以在其中设置需要给自己发送哪些提示消息。通常情况下提示消息可以分成以下几类（见表 3-2）。

表 3-2　DSP 消息通知汇总

提示消息类型	类 型 描 述
消息类型	账户余额阈值/账户预算为零
账户名称	显示设置的账户名称
余额阈值	读取当前账户余额设置的余额阈值
提醒类型	提醒类型信息
提醒时间段	提醒时间信息

8）操作日志

操作日志也属于一个提高平台用户体验的功能。它可将广告主在平台上的所有关键性操作都记录下来，并按照时间维度展示出来。当广告主记不清楚做过哪些操作时就可以通过操作日志查看过去的所有操作。

5. 账户管理

账户管理模块主要包含两大功能：用户管理和权限管理。用户管理指的是对整个 DSP 的使用者进行分类，不同的角色有不同的职能及不同的权限范围。常见的角色分类有以下四种。

1）系统管理员

系统管理员是整个平台的管理者，拥有所有功能模块的权限，并且可以设置其他角色的权限。

2）媒介执行

媒介执行的主要工作是处理 DSP 系统中的商务流程，如在媒介系统中创建合同、创建广告账户等。

3）广告执行

广告执行的主要工作是按照广告主的需求为广告主在 DSP 上创建相应的广告计划、广告单元、广告创意等并不断进行相应的优化调整。

4）客户账号

客户账号指的是能让广告主自己来进行广告投放操作的账号类型。

通常情况下，DSP 各角色的账号权限如图 3-25 所示。

6. 财务管理

财务管理是提供广告主/代理商消费记录、分配资金及资金管理的模块，主要功能有两个：账户余额同步和实时扣费。

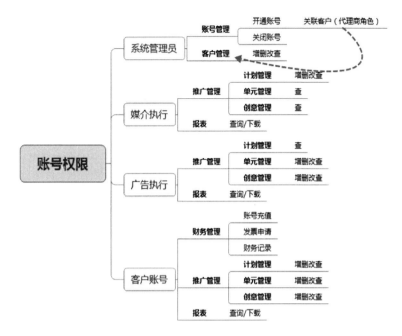

图 3-25　DSP 各角色的账号权限

1）账户余额同步

在媒介系统中创建付费合同和订单后，会将合同的金额同步到 DSP 中，同步过来的合同金额就作为可消耗的虚拟金额充值到相应的账户中。

2）实时扣费

根据实时竞价返回的结果，在账户余额中扣除相应的费用，并更新账户显示金额。

财务管理模块涉及金钱的计算与往来，其实是一个很复杂也很重要的模块，其功能出现问题可能带来严重的后果。但因为它不是商业广告部分的核心功能，所以这里不再赘述。

最后总结一下，DSP 作为广告主需求的聚合平台已经成为广告交易体系中的重要环节，同时大大提升了广告交易的效率。但随着商业广告市场的快速发展，几乎每家大型的互联网公司都搭建了自己的 DSP，这样一来广告主还是面临需要操作多个 DSP 的尴尬局面，于是又产生了聚合多个 DSP 的采购交易平台（Trading Desk，TD）。这就像媒体平台太多所以产生了 SSP 一样，TD 作为一个新生事物开始在市场上占据一定的位置。TD 又分成 ATD 和 iTD。ATD 其实就是代理商将所有的资源集合到自己搭建的平台上；而 iTD 则要先进一些，它是深度整合了程序化购买产业链中 DSP、DMP、DCO（动态创意优化）的一站式智能管理平台。

3.3.6　RTB

商业广告在发展出 SSP—ADX—DSP 这套广告交易体系之后，整个体系的架构已经成形，下一步就是朝着如何更好地满足广告主需求、优化整体效果的方向发展。具体来看，在功能上除允许广告主按照自定义的用户群体进行流量采买外，还要进一步提升广告主自行选择流量渠道及在每次展示上独立出价的功能。而越是精细化的竞价策略对于技术的要求就越高，为了满足广告主这样的需求，就产生了 RTB（实时竞价）技术。

从本质上讲，RTB 并不是一个独立的系统，而是 DSP 投放管理模块下的一项核心功能。在这里我们可以将广告交易中的整个竞价环节简化成以下四个步骤：请求、询价、出价、竞价。而 RTB 要做的就是在极短的时间内（毫秒级）完成这些步骤。

因为是系统间的通信，又对时效性有极高的要求，所以需要通过特定的接口来实现。解决 RTB 问题主流的接口基本都是参照 OpenRTB 的各个版本协议来实现的。在这部分内容中，商业产品经理只需要了解清楚请求（输入）了哪些字段、返回（输出）了哪些字段即可。

1．Request（请求）

这里的请求指的就是 ADX 接收到的来自媒体平台/SSP 的广告请求，即有用户访问了相关页面并向 ADX 发出的广告请求。请求中常见的必填字段如下。

1）imp

imp 主要代表的是广告位的相关信息，包括广告位 ID、广告位所处位置、计费方式、底价、允许返回的素材数量、素材尺寸规范、过滤要求、支持的交易方式等。不同媒体平台上的不同类型、不同位置的广告位的条件都是不一样的，信息会非常繁杂，需要绝对准确，否则要么广告投不出来，要么影响媒体平台的用户体验。

2）媒体网站/App

媒体网站/App 主要代表的是广告位所属媒体的信息。网站主要包括流量渠道的名称、网址、频道分类、标签关键词等；App 主要包括应用名称、所属系统、分类等。

3）设备

设备指的是用户的基础设备信息，主要包括 IP 地址、系统版本、设备号、屏幕尺寸等。

4）地理位置

地理位置主要包括经纬度、国家、省份、城市等。

请求需要带上这些字段的主要原因有两个：一是接收媒体平台侧对于广告的要求，只有符合要求的广告才能被展示出来；二是在包含这些信息的广告请求中可以明确地识别出流量特征，流量特征需要与广告主的定向条件相匹配，只有这样 DSP 才会参与竞价。

2. Response（返回）

DSP 在接收到来自 ADX 的请求之后，需要根据请求中所带的信息识别出用户，然后通过 DMP 得出用户的具体画像，并结合其他请求信息与广告的定向条件相匹配，过滤不满足要求的创意。对满足要求的创意则按照各自的出价策略给出相应的出价并返回创意。这里的创意是广告素材、落地页的统称。

在整个返回的信息中最重要的自然就是出价。当出价很高时，广告主的竞价能力自然强，获得流量的概率就大，但相应的广告主的预算消耗过快，导致投放任务提前下线而无法覆盖全天流量，可能招来用户投诉；反过来，当出价很低时，广告主的竞价能力弱，获得流量的概率就小，竞价不成功无论是对于媒体平台还是对于广告主的收益都是 0。所以，这里就需要制定一个有效的出价策略来保证一定的竞价成功率及合理的预算消耗速度。

3.3.7　oCPX

在广告交易中，RTB 技术的引入满足了广告主自行选择流量渠道及在每次展示上独立出价的需求，但带来了出价策略如何制定的问题。此时，对于广告主而言有三大困难。

- 靠人工来不断优化出价是不可能做到实时优化的。
- 广告主对于每个流量的价值缺乏认知，无法给出合理的出价。
- 投放成本与流量不可兼得，转化成本控制不住。

基于这三个问题，媒体平台设计出了一种智能出价工具——oCPX（Optimization Cost Per X）。其中，o 表示优化，CPX 指的就是上文提到的商业广告的计费模式，常见的有 CPM、CPC、CPA 等。各种计费模式与"o"结合到一起就形成了**一种以转化目标为优化目标、根据算法模型自动出价的智能出价优化策略**。所以，oCPX 从本质上讲还是一种广告交易过程中的出价策略，只不过这种出价策略是由算法模型自动完成的，即可以根据不同的转化目标来设置不同的优化策略，又有算法实时出价在投放成本与流量中找到一个平衡点，并且每个转化的成本都可以控制，完美解决了广告主的三大难题。现如今几乎所有的商业广告投放平台都支持各式各样的 oCPX 功能，在与广告有关的商业产品经理的招聘简介中也会要求应聘者对于 **oCPX** 有深入了解。oCPX 产品逻辑如

图 3-26 所示。

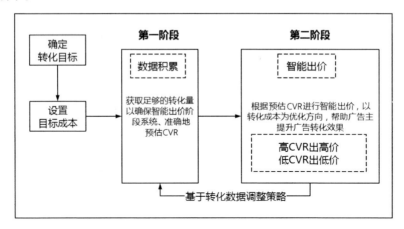

图 3-26　oCPX 产品逻辑

首先广告主需要确定本次广告投放的转化目标，即广告投放的目的是在投放周期内获取大量曝光，还是获取有效点击或销售线索。一般来说，如果是需要获取大量曝光则直接购买品牌广告即可，需要用到智能出价功能的多半是效果类的目标：销售线索、激活量等。确定转化目标后就要设置目标成本。在 oCPX 中转化成本之所以可控，就是因为转化成本可以预先设置好。当然，转化成本不能不切实际地往低设置，设置得太低同样拿不到流量。

接下来进入 oCPX 的功能环节，需要分成两个阶段。

第一阶段是数据积累阶段。算法模型形成智能出价之前需要先用有效的转化数据对模型进行训练，通常情况下需要收集至少 20 个正样本（20 个转化）才能训练出可以使用的转化率预估模型。转化率预估模型与点击率预估模型比较相似，都是考虑广告、用户、媒体三个方面的影响因素，最终给出一个预测值。

第二阶段为智能出价阶段。DSP 系统会以转化成本为优化方向，根据算法模型预测出的 CVR 进行智能出价，最终达到帮助广告主提升广告转化效果的目的。这里以最常见的 oCPC 为例来解释一下，oCPC 竞价原理如图 3-27 所示。

从图 3-27 中可以看到，第一阶段参与竞价的方式与传统的 CPC 广告是完全一致的，排序规则还是按照预估 CTR 和点击出价（点击价值）计算出的 eCPM 值来制定。第二阶段则在原有 eCPM 值计算的基础上加入了预估 CVR 这项指标后再进行排序，最终的计费方式是按照排名第二的 eCPM 倒推出需要支付的金额。oCPC 竞价示例如图 3-28 所示。

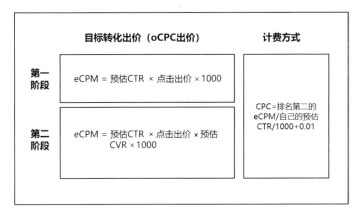

图 3-27　oCPC 竞价原理

广告	计费方式	出价过程				竞价排序		扣费
		出价 (第一阶段)	出价 (第二阶段)	预估CTR	预估CVR	eCPM	排名	实际扣费
A	CPC	0.7	——	1.20%	——	8.4	2	0.61
B	oCPC (第一阶段)	0.8	5	0.90%	3%	7.2	3	底价+0.01
C	oCPC (第二阶段)	0.5	25	1%	5%	12.5	1	0.85

图 3-28　oCPC 竞价示例

（注：具体单位可能是金豆、积分等，视具体情况而定。）

广告 A：eCPM=1.20%×0.7×1000=8.4

广告 B：eCPM=0.90%×0.8×1000=7.2

广告 C：eCPM=1%×25×5%×1000=12.5

按照 eCPM 进行排序：广告 C>广告 A>广告 B。所以广告 C 竞价成功，广告 C 的实际扣费为：

广告 C 的实际扣费=8.4/1%/1000+0.01=0.85

这里需要注意的是，在计算实际扣费金额时使用的是广告 A 的 eCPM 值除以广告 C 的预估 CTR，而不是广告 A 的预估 CTR。

我参考了很多大厂关于 oCPC 的产品介绍，基本上写到这里就算结束了，但实际上如果站在广告主的角度以上内容其实还有两个明显的问题。

- 第一、第二阶段的出价是怎么计算出来的？

- 为什么第二阶段的出价比第一阶段高这么多？这样的方式凭什么保证成本不超？

这两个问题其实都是对于 oCPC 的出价策略及流量分区不明导致的。这里需要先明确的是，广告的出价与转化成本、CVR 都是正相关的，所以 oCPC 的出价计算公式为：

$$oCPC 出价 = 广告预估 CVR \times 转化成本 \times 矫正系数 \qquad (3\text{-}17)$$

从式（3-17）中可以看到，在广告开始投放前需要广告主设定的目标成本其实就是应用到了出价上，最终由这个矫正系数来保证广告主的成本不超。矫正系数可以通过再建一个成本控制模型来计算，也可以不通过模型和算法，直接采用目标（转化）成本与实际转化成本的差值作为反馈控制成本。关于成本控制模型的内容，将会在下文中详细介绍。

计算出了出价后就可以考虑制定出价策略的问题。最简单也是最有效的出价策略自然是向高价值流量出高价，那么就涉及流量区分的问题，如何判定这是一个高价值流量？高价值流量判定如图 3-29 所示。

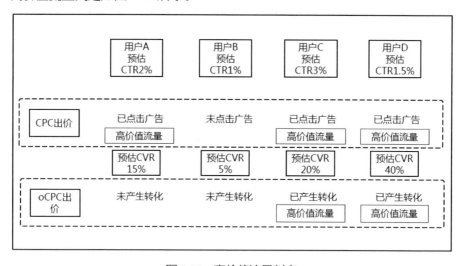

图 3-29　高价值流量判定

从图 3-29 中可以看到，传统 CPC 出价在不考虑转化的情况下会将用户 A 判定为高价值流量，但其实用户 A 并不会产生转化行为；而 oCPC 将转化情况纳入出价的计算中，不会将 A 这类用户识别为高价值流量，这样就能让投放变得更加精准。

1. 成本控制

oCPC 的成本控制是一个很复杂的问题，与 CTR、CVR 预估一样是各大平台经久不衰的研究课题。这里详细解释一下成本控制的方法。假设广告主的目标成本为 C，媒体平台的出价为 P，广告投放使广告的实际转化成本 R 等于 C。我们需要通过调整 P 来控

制 R，两者之间呈正相关性，即 P 越大 R 就越大，公式如下：

$$P=\text{CVR}\times C\times k \tag{3-18}$$

其中，k 为上文提到的矫正系数，k 越大 P 就越大，C 也越大，又因为 $C=R$，所以 R 也越大。接下来要考虑的就是 k 值如何进行计算的问题。这里需要引入误差信号这一概念。控制系统是通过接收反馈来进行控制的，而接收的反馈就被称为误差信号。常见的误差信号有三种：

$$\text{Delta}=C-R \tag{3-19}$$

$$\text{Ratio}=C/R \tag{3-20}$$

$$\text{Ratio\_Delta}=C/R-1 \tag{3-21}$$

上文提到的不建模方法其实就是误差信号中的 Delta 方法，这也是最常见且可行的方法。Ratio 方法是最容易想到的，"bigheadyushan" 在其创作的《oCPC 实践录》中证明了这种方法是有问题的，并且提供了另一种逆系统控制的解决方法。这里就不再进行推导，直接借用 "bigheadyushan" "大神" 的结论：

$$k=1/(P_1\times P_2) \tag{3-22}$$

其中，P_1 为平均点击消费与平均点击出价之比，P_2 为预估 CVR 与真实 CVR 之比。这种控制策略从业务上比较容易理解，只需要统计过去一段时间的 P_1 和 P_2 就可以完成成本控制，并且当两个参数计算的时效性提高后，成本控制效果会更好。对于成本控制更加详细的讨论，大家可以关注 "大神" 的公众号 "广告与算法" 继续学习，我在这里就不班门弄斧了。

除这种逆系统控制法，在工业界还广泛应用着一种叫作 PID 的反馈控制算法。这种算法具有原理简单、易于实现、适用面广的特点。PID 反馈控制环如图 3-30 所示。

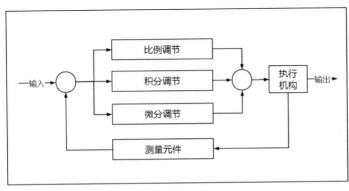

图 3-30　PID 反馈控制环

PID 算法包含比例调节、积分调节、微分调节三个环节。其原理是根据被控对象实际输出与目标值的偏差，按照三个环节进行运算，最终达到稳定系统的目的，具体公式如下：

$$U(t) = K_P \left(\mathrm{err}(t) + \frac{1}{T_i} \int \mathrm{err}(t)\, \mathrm{d}t + T_d \frac{\mathrm{derr}(t)}{\mathrm{d}t} \right) \tag{3-23}$$

其中，K_P 表示比例增益，T_i 表示积分时间常数，T_d 表示微分时间常数，err 表示误差项。这个公式看上去很抽象，下面来具体解释每部分的意义。

1）比例项

比例项的输入为 $\mathrm{err}(t)$，输出为 $U(t)$，输入与输出的关系成正比，能够直接反映出当前出价与目标成本的误差信号，误差一旦产生立即从反方向成比例地减小误差。因为是两者间存在比例关系，所以反应会非常迅速，能快速减小误差，但不能消除稳态误差。稳态误差指的是在比例控制过程中，经过一段时间后稳定在一个定值时的误差。简单来说，比例项是根据误差的变动来调控的，当误差稳定在某个值时，误差并没有消失，只是在某个值不变，但比例项的控制作用已经消失了，这种情况有点像在模型训练过程中限于局部最优解出不来的时候。另外，比例项还会受到比例系数的影响。比例系数越小，敏感度也越小，那么控制的响应速度就越慢；反过来，比例系数越大，控制的响应速度就越快，控制作用也会越强，但同时会带来较大的超调及系统的大幅波动，导致整个系统不稳定。

2）积分项

纳入积分项的目的很简单，就是用它来消除稳态误差。积分项的控制作用与误差 $\mathrm{err}(t)$ 存在时间关系，只要系统中存在误差，积分项就会不断起作用。在积分时间足够的情况下，可以完全消除稳态误差，并且积分项的控制作用还将继续保持不变。但积分时间常数过大会使积分项的控制作用太大，从而造成系统超调甚至震荡。

3）微分项

为了防止积分项的控制作用太大对系统造成震荡，又引入了微分项。微分项的作用是反映误差信号的变化趋势，并能在误差信号变得太大之前在系统中引入一个有效的早期修正信号，从而加快系统的响应速度，减少调节时间。在误差刚出现或变化的瞬间，微分项不仅能根据误差量做出及时反应，还可以根据误差的变化速度提前给出较大的控制，将误差消灭在萌芽状态。微分项有助于减小系统的超调和震荡，还能加快系统的响应速度，减少调节时间，从而改善系统的动态性能。当然，如果微分时间常数过大还是会使系统出现不稳定。

所以，在实际对 PID 算法进行应用时，我们将广告主设定的目标成本作为输入，再根据具体情况将 PID 算法的三个环节有效地连接起来，最终通过广告投放系统完成出价。当然，在整个算法的使用过程中仍需要一定量的数据来对模型进行训练，以确保参数在一个合理的范围内。PID 算法在广告投放系统中的应用如图 3-31 所示。

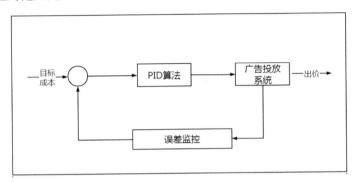

图 3-31　PID 算法在广告投放系统中的应用

2．数据回传

无论是 CVR 的预估还是成本的控制，都需要建立在广告主能够快速、准确地回传转化数据的前提下。如果无法快速、准确地获取转化数据，就意味着模型训练无法获得正样本，模型所得结果是不可能有效的。

数据回传有几种常见的方式，针对网页端会提供 JS 的监控代码、针对移动端会提供 SDK。广告主只需要将 JS 或 SDK 添加到自己的网站页面或 App 安装包中就能完成数据的回传。当然，也会存在一些订单、人群的数据，需要有专门的 API 进行传输。

埋码这件事本身没有多少技术含量，却是一个体力活。尤其在遇到落地页种类多、转化流程复杂的时候，埋码是很容易出错的，有一个环节出错都可能导致整个转化链路的数据失效，需要小心谨慎。

最后对于无法自行提供广告创意及落地页的中小广告主，会提供建站工具来帮助他们快速生成广告创意和落地页。建站工具生成的广告创意和落地页默认都是埋好码的数据回传，相对比较稳定。

3．常见问题

最后，作为商业产品经理，在推广自己的 oCPC 产品时还需要准备好自己的 Q&A 文档。在这里我梳理了一些常见的情况及优化的思路供大家参考。

- Q1：转化成本合理、转化量少，如何优化?

如果这种情况出现在第一阶段，首先还是要以观察为主，毕竟模型还处在训练的过程中，效果不好是很正常的。如果出现在第二阶段，优化的思路就是图 3-32 中的"适当提高转化成本—逐步放宽定向—增加预算"这三招。而如果转化量突然减少，则很有可能是数据回传出了问题。

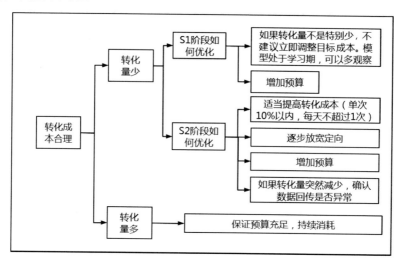

图 3-32　转化成本合理、转化量少的优化思路

- Q2：转化成本高，如何优化？

转化成本高是最常遇到的情况，也是广告主投诉最多的情况，优化思路还是分成两部分（见图 3-33）。当遇到的是转化成本高、转化量少的情况时，第一阶段的优化思路就是检查问题，如设置的目标成本是否合理。原则上应当不低于人工投放成本的 80%，毕竟 oCPC 不是万能的。另外，素材的质量、落地页的埋码等一系列在传统 CPC 投放过程中会出现的问题，在 oCPC 中同样会出现。第二阶段的优化思路以检查数据回传和创意 CTR 变化为主，在无法做出有效优化时切莫强投，暂停或转移预算都是可以的。

当遇到的是转化成本高、转化量多的情况时，第一阶段除非转化成本特别高，不然不要轻易调整目标出价，等模型训练完成再观察转化成本。进入第二阶段模型比较稳定之后再考虑适当调低转化成本，单次 10%以内，每天不超过 1 次，突然有一两天成本有小幅波动属于正常模型调整。

- Q3：转化成本低、转化量少，如何优化？

转化成本低、转化量少也是很常见的情况。第一阶段如果转化量不是特别少，不建议调整目标成本，可以适当放宽定向并检查是不是预算耗尽了。第二阶段就可以用优化"三板斧""增加预算—放宽定向—提高转化成本"来起量，当然还要注意数据回传是否异常（见图 3-34）。

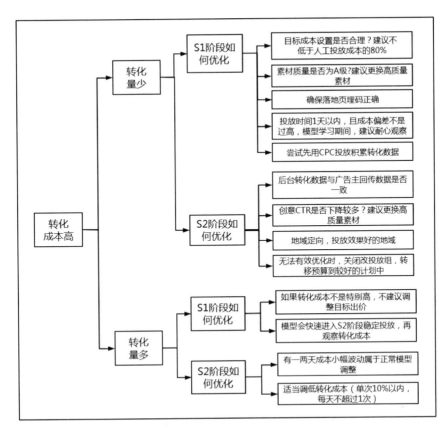

图 3-33 转化成本高的优化思路

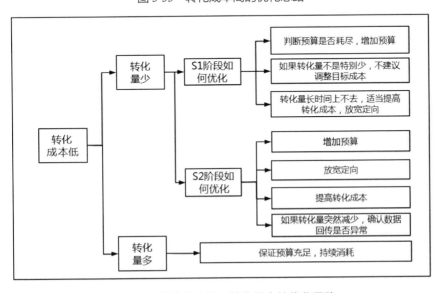

图 3-34 转化成本低、转化量少的优化思路

3.3.8 定向技术

在整个商业广告体系中，除竞价、出价、CTR预估等核心技术外，还有一项最常见也是最为重要的技术——商业广告的定向技术。在上文"商业广告发展简史"中就提到过，想要提高商业广告的效果，筛选更高质量的流量、更精准的人群调整定向条件是最简单、最直接，也是效果最显著的方向。虽然商业广告的定向技术与其他核心技术相比并不是最难实现的，但确实是商业广告的核心驱动力之一。

商业广告中常见的定向功能有以下四类。

1）人群属性定向

人群属性定向主要指的是基于用户的基本属性进行定向，其中包括用户的年龄、性别等基础信息。这类定向的应用很广泛，如将汽车广告投放给中青年的男性，而将美妆广告投放给年轻的女性。

2）行为定向

行为定向主要指的是基于用户的历史行为数据挖掘出用户的兴趣点，再根据这些兴趣点进行定向的广告投放。比如，给更注重汽车安全性的用户投放沃尔沃新款车型的广告。

3）地理位置定向

地理位置定向主要指的是基于移动设备记录的用户地理位置向其投放广告。比如，向正处在三里屯的用户投放三里屯某餐厅的广告。

4）相似用户的定向

相似用户的定向主要指的是利用已经找出规律的种子用户，寻找与之相似的用户进行定向。

这四种常见的定向功能基本上在所有的广告投放平台上都会提供，并且既可以单独使用也可以交叉使用。但随着广告主对于精准投放效果的要求越来越高，只是简单地在广告投放平台上勾选这些常规的定向标签已经不能满足广告主的需求，广告主需要的是按照自身的诉求自定义标签。基于这样的需求，在广告投放系统中又引入了用户画像平台。广告主不但可以在用户画像平台上看到自己用户的特征，还能基于某些特征寻找与之相似的用户，最终以人群包或标签的形式回传到广告投放系统中作为定向条件进行投放。

整个过程看似"高大上"，又是用户画像、又是自定义标签，但在很多媒体平台上都存在这样一个通病：标签不准或标签太基础没有发挥出自身的特点。比如，汽车类广告主来投放，看到自己的购车意向人群是 30～45 岁的中年男性，这样的结论毫无意义，甚至换一个汽车类广告主来看到的也是一样的结论。这样的结果其实已经背离了进行定向的初衷，所以在定向技术方面除了要尽可能地把标签做得准确，还要考虑如何把标签做得更深，只有这样才能让自己的平台有更强的竞争力。

对于垂直类媒体而言，在数据量级上势必比不过综合类媒体，但其也不是完全没有优势。垂直类媒体的用户意向更高，并且对于用户行为的刻画也会更深入、更精准。以我所在的汽车之家为例。首先，每天愿意主动打开汽车之家的用户其实就意味着该用户对于汽车是感兴趣的，至少并不排斥；其次，汽车之家的所有页面都是埋有车系 ID 的，即所有的内容都能与某个具体的车系进行关联；最后，所有的内容和功能都有严格的分类与层级划分，通过用户对于不同栏目、内容的浏览及功能的使用，能够清晰地判断出用户对于某个车系的关注程度、兴趣点（如喜欢的是车头的大灯还是内饰的座椅）及用户目前所处的购车阶段。单就偏好、兴趣点、购车阶段这三个字段已经价值千金，甚至还有广告主想要直接花钱买这方面的数据用于下一代改款时进行参考，后来我们还借此推出了一套 UVN-BI 用户分群模型。

最后总结一下，在定向技术中技术实现并不是最大的难点，最大的难点在于标签的准确性和深度。用户画像谁都可以做，但怎么做出深度、发挥出平台的数据优势，才是定向技术中最需要思考的。

3.3.9　RTA

如果说定向技术挖掘的是媒体平台的数据能力，那么 RTA 技术就是在媒体平台与广告主之间搭建了一座桥梁，将广告主的数据能力一并纳入。RTA 是 Real-Time API 的缩写，从最后 API 这个词中就可以看出其本质上还是一个接口，一个支持实时数据查询的接口。这个接口是由广告投放系统中的定向模块开放出来的，用于实时查询外部数据。其作用就是帮助广告主在广告投放时不仅能使用媒体平台方的自有数据，还能使用其他方的数据，特别是广告主自己的数据。

RTA 的出现是商业广告发展的必然。站在广告主的角度，过去在多家媒体平台、第三方平台进行大量广告投放，虽然都会有一定的效果，但自身在数据方面没有什么积累。每个平台的用户不一样，用户行为特征也不一样，相互还无法打通，数据准不准、对不对完全由对方说了算。但随着广告主数据意识的觉醒及对于自身数据资产的积累加大，广告主不但要将自身积累的数据应用到广告投放中，还要将投放后的数据结果进行回收，形成一套完整的数据闭环。

另外，从广告主与媒体平台的对接方式上看，传统的对接方式需要广告主将数据加密后打包成人群包传到广告投放平台上，然后将这些自定义的人群包设置为定向条件进行投放。这样的对接方式不仅费时费力，还存在巨大的安全隐患，转换成以接口的形式进行对接至少在数据的实时性、安全性上有了大幅的提升。

站在媒体平台的角度，其对于 RTA 同样有着巨大的需求。对于媒体平台来说，自有数据是有很多局限性的，如无法追溯到用户在广告主页面上的转化行为及用户在其他平台的历史转化行为等。如果能获得这些关键数据，那么对于 CTR、CVR 的预估都将有巨大的帮助。一个很常见的情况，我们在淘宝搜索扫帚并完成了购买，之后淘宝将不会再向我们展示扫帚的广告，而会向我们展示抹布或拖把等相关物品的广告。但当我们到别的网站/App 时会发现它们还在向我们展示扫帚的广告，这就是缺乏后转化链路的数据导致的广告投放不准确。在不断强化转化效果的大背景下，媒体平台迫切地需要实时拿到这些重要的转化数据用于广告投放决策，因此 RTA 这样的功能势在必行。基于这样的需求背景，各大媒体平台纷纷推出了自己的 RTA 产品。

在这里抛开 RTA 非常高的技术和成本门槛不谈，在进行商业包装时如果只是简单地以实时传输数据为核心卖点，那么绝大多数广告主对此都不会太感兴趣。所以，RTA 通常还会和 Marketing API 结合到一起共同组成架设在媒体平台与广告主之间的一座数据桥梁。这座桥梁不仅能实时传输各类数据，还能据此帮助广告主构建自身的投放能力，积累自己的数字资产，并以此作为核心卖点，只有这样才有机会打动广告主的心。

Marketing API（包含 RTA 版本）通常会提供以下六种接口。

1）账号管理接口

账号管理接口提供的是实时账号资料管理能力，具体包括实现推广账号的资料查询和修改、账号余额及今日实时消耗查询、账号资金流水查询等功能。

2）营销资产接口

营销资产接口提供的是营销资产管理能力，具体包括推广目标、落地页、视频、图片、商品库等功能。

3）广告管理接口

广告管理接口提供的是对广告投放计划的管理能力，具体包括对于投放计划、单元、创意的增/删/改等功能。

4）数据洞察接口

数据洞察接口提供的是多维展示人群特征及投放效果的能力。

5）数据接入接口

数据接入接口提供的是各项行为数据、转化数据的上报能力。

6）人群管理接口

人群管理接口提供的是广告主传输人群信息、标签、属性的能力。

广告主可以从这些接口中获取自己想要的数据，对整个广告投放过程进行实时管理；同时，媒体平台还会将这些数据与投放数据相结合，并且最终在 DMP 上展示出来给广告主使用。

最后说一说 RTA 与 RTB 的区别。RTB 是媒体平台将流量和数据开放给各大 DSP，由 DSP 结合广告主的需求及自身的算法能力来决定是否参与竞价及出价多少。在这个过程中，媒体平台只作为流量和数据提供方，业务简单但丧失了对于广告主预算的控制权。所以，随着商业广告行业的竞争日益激烈，各大媒体平台为了追求更高的变现效率、锁定更多的广告主预算，纷纷开始自建广告投放平台，即去中介化。而通过 RTA 的方式与广告主构建起完整的数据闭环，就在无形中建立起了足够高的数据壁垒。从 RTB 到 RTA 的转变中可以看到，整个商业广告市场从多头竞争的大开放格局正在走向寡头垄断的半封闭格局。

到这里商业广告的主要核心技术就算讲完了，内容很多也很复杂，其中还涉及大量的技术专业名词及公式推导。对于新手商业产品经理来说可能有一定的阅读难度，但千万不要畏惧这些技术专业名词及公式。通过阅读这部分内容**最重要的是明白各项核心技术的基础实现原理，而不只是简单地知道输入什么字段、输出什么字段，对于中间过程一概不知。最后还是那句老话：在一个以技术为驱动力的产品体系中，不懂得基础实现原理的商业产品经理永远提不出有建设性的需求！**

3.4　商业广告分类

商业广告的分类问题与产品经理的分类问题非常相似，都是种类五花八门、新的类型层出不穷。这里尝试按照四种不同的维度对商业广告进行分类，分别是按照结算方式、按照广告位、按照投放目标和按照广告形式进行分类，如图 3-35 所示。

按照结算方式进行分类是我们已经非常熟悉的分类方式，上文已经逐一介绍过，这里就不再重复。下面重点介绍另外三种维度的分类。

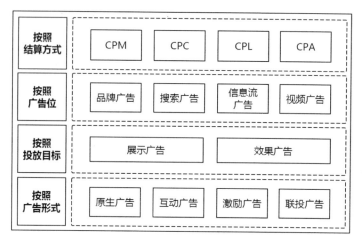

图 3-35　商业广告分类

1. 按照广告位进行分类

按照广告位进行分类其实是最常见的分类方式。在一个网站/App 上不同的页面有不同的功能及不同的作用。网站/App 的首页最核心的作用是展示/曝光，最核心的功能是流量分发，所以通常会在开屏和页头处开设广告位，用户只要一打开就会立即看到。在这种带有强曝光属性的广告位上进行广告投放主要达到的是品牌强曝光的目的，所以将这类广告称为品牌广告。通常情况下，品牌广告会采用 CPM/CPT 的方式进行结算。

首页除了这些强曝光的位置，还承担着流量分发的重要作用。目前最高效的流量分发形式就是搜索和信息流，几乎所有的 App 都依靠这两大功能进行流量分发。

搜索作为一种流量分发的功能很容易理解，它承接的是用户主动寻找信息的需求，通过关键词的方式能够很明确地表达出当前用户的诉求。媒体平台利用这一点在返回的搜索结果页上展示与用户搜索的关键词相关的广告，这些在搜索中间页、搜索结果页上的广告就称为搜索广告。

同理，信息流作为另外一种重要的流量分发功能，承接的是用户意图不明确时的信息浏览需求。虽然用户的意图没有那么明确，但用户与用户之间是存在明显的偏好差异的。在信息流中开辟广告位，为用户提供符合其偏好的广告，就称为信息流广告。

最后，视频作为一种新的媒体形式正在快速抢走用户的时间。在长视频里有前后贴片、弹窗、角标等形式的广告位，在短视频的推荐流中也会按照用户偏好插入相关的短视频广告。这类以视频为载体的广告就称为视频广告。

2．按照投放目标进行分类

按照投放目标这个维度对广告进行分类，可以将广告分为展示广告和效果广告。展示广告，顾名思义就是广告主投放广告的目的是获取大量的曝光机会。展示广告在新品上市、品牌形象树立阶段是非常有必要的。效果广告，顾名思义就是广告主投放广告的目的是得到效果。这里对于效果的定义各有不同，有需要销售线索的，有需要 App 下载激活的，还有需要销售订单的，可以完全根据广告主的需求来设定转化目标。

3．按照广告形式进行分类

除了按照广告位、投放目标进行分类，还可以按照广告形式进行分类。由于广告形式千变万化，这里重点介绍一下目前比较流行的四种广告形式：原生广告、互动广告、激励广告和联投广告。

原生广告其实从严格意义上讲并不是一种广告形式，而是一种营销理念。**其本质是一种从网站/App 用户体验出发的盈利模式，由广告内容所驱动，让广告成为内容的一部分。**原生广告的出现也有其历史的必然性。由于商业广告行业的竞争加剧，在各大媒体平台疯狂追求利润增长的情况下，大量的广告伤害到的是自身用户的体验，而一旦用户因为广告太多而放弃对于媒体平台的使用，对于媒体平台来说将是最致命的打击。所以，在大肆商业化的同时需要平衡用户的体验，将广告融合成内容的一部分就是一种很好的解决方式。原生广告可以是图文、视频、音频等任何媒体形式，就连时下非常流行的"内容营销"本质上也属于原生广告的一种。

互动广告同样是广告在用户体验方向上的一种创新形式。在互动广告下，用户与广告间的关系不再只是简单地停留在展示和点击上，而是可以更多地融入广告的情景中进行点赞、评论等各式各样的操作。我们每天在微信朋友圈里刷到的广告就是典型的互动广告。

激励广告从严格意义上讲是互动广告的一种，其本质是通过激励受众的方式进行广告的展示，在很多游戏、工具类的 App 中都有这类功能。用户只要主动看完 30s 的广告就能获得平台的奖励，广告内容质量高时其转化效果会比传统的图文广告好得多。

联投广告其实并不是一种广告形式，而是一种广告投放频次控制的功能。联投广告主要解决的是广告主在多平台重复投放的问题，通过跨平台的数据打通，只针对统一的一套用户 ID 进行投放，能够有效降低投放成本，提升 ROI。

本章小结

本章对商业广告进行了全面的阐述，主要分成四大部分：商业广告基础、商业广告投放系统、商业广告核心技术及商业广告分类。

在商业广告基础部分需要重点掌握的是：

- 什么是广告？广告是由已确定的出资人通过各种媒介进行的有关产品（商品、服务和观点）的，通常是有偿的、有组织的、综合的、劝服性的非人员的信息传播活动。

- （投放）广告的根本目的是广告主通过媒体达到低成本的用户接触。

- 广告有效性原理：可以将广告信息的传播过程分解为选择（Select）、解释（Interpretation）和态度（Attitude）三大阶段，并将三大阶段进一步分解为曝光（Exposure）、关注（Attention）、理解（Comprehension）、信息接受（Message Acceptance）、保持（Retention）、决策（Decision）六个子阶段。

- 狭义商业广告：互联网行业中通过线上媒体进行投放的广告。

- 投放商业广告的根本目的是为一系列的用户及用户所处场景找到最适合的广告投放策略，进而优化整个广告活动的利润。

- 商业广告的核心问题：用户及用户所处场景、最适合的广告投放策略、广告活动的利润优化。

- 商业广告的主要计费模式：CPT/CPM/CPC/CPS/CPL/CPA/ROI。

在商业广告投放系统部分需要重点掌握的是：

- 常见的广告投放系统架构。

- 广告投放系统的简化流程图。

- 广告投放引擎的基础构成与原理。

- 广告召回和广告排序。

在商业广告核心技术部分需要重点掌握的是：

- 点击率预估。

- 竞价基础知识。

- SSP—ADX—DSP。

- RTB 与 RTA。

- oCPC 原理及成本控制方法。

（这部分中的每块都是重点内容，都有可能在面试中被问到，商业产品经理体现自身专业水平就靠对于这些核心技术的理解了。）

在商业广告分类部分需要重点掌握的是：

- 分类方法。

- 各类广告的特点。

总结一下，整个商业广告是一个极其庞大的体系，其中每个部分都能单独拿出来作为一本书进行阐述，所以在这部分内容中主要还是以讲解整个体系的基础架构及核心技术为主。希望大家能从宏观入微观，脑中有架构，懂得最基本的原理，只有这样才能在后续的工作中以不变应万变。

第 4 章

商业广告辅助工具

在商业广告部分,我们主要围绕商业广告投放系统及其中包含的核心技术进行阐述,从中能感受到整个商业广告是一个极其庞大的体系,并且这个体系还在不断完善之中。在完善的过程中,除原有的追求变现效率、追求效果外,各大媒体平台还开始在广告主的投放体验上下功夫,提供一系列的辅助工具来帮助广告主快速进行广告投放及后续的数据监控、分析。在整个投放流程中,几乎每个环节都有各式各样的辅助工具来支持。用现在互联网圈时髦的话说,这叫作:商业广告的后服务链路升级。

在整个体系中,每款重点的辅助工具都可以作为一款独立的产品,并且会有专职的商业产品经理进行维护和迭代。在日常商业产品部门的分工里,并非所有的商业产品经理都在做广告投放系统、广告投放策略,其实有更多的商业产品经理从事的是某款辅助工具的设计与迭代,所以在本章中我们就来聊一聊这些商业广告的辅助工具。

4.1 DMP

数据管理平台(Data Management Platform,DMP),仅从名称上看感觉这个工具和整个广告投放系统没有太大关系。网上有很多关于 DMP 的复杂定义,如:"DMP 是一个全面的数据收集、加工、整合平台,吸收各种数据源的数据,以用户为基本单位,清洗、整理形成结构化的数据表,并进行用户标签的计算,以期能够精准地描述各种用户行为。"这样的定义其实有很强的误导性,会让不了解 DMP 的人认为 DMP 是一个进行数据收集、加工、整合的平台,类似前些年很流行的 BI(商业智能)或专门进行 ETL(数据抽取、转换、装载,统称为数据清洗)的平台。这种定义故意描述得很复杂,想让产品显得"高大上",其中过分强调了背后数据收集、加工、整合的环节,可以说是本末倒置。从本质上讲,**DMP 是一个帮助广告主实现自身数据增值**的重要工具。

"数据增值"这个词听上去可能有点虚,但这就是实际工作中遇到的问题。很多广告主在投放广告的过程中获得了很多数据，但对于数据的利用还停留在看看关键指标是否达标的阶段。如何通过这些数据进行老客户的再营销、如何通过这些用户的行为特征找到有相同特征的新用户，这些操作都还没有实现。当然，数据增值可拓展的方向远不止这些，但这才是 DMP 产生的意义。

4.1.1　DMP 分类

DMP 是一个必备的辅助工具，几乎所有的媒体平台、第三方机构，甚至广告主都会搭建自己的 DMP。市场上常见的 DMP 可以分成以下四类。

1. 媒体平台自建 DMP

长期以来，DMP 都会作为各大媒体平台的广告投放配套服务出现，并且很早就有一些市场标杆级的产品出现，如腾讯广点通的 DMP、阿里妈妈的达摩盘、百度的 DMP 智选等。这些媒体平台有着绝对的流量优势及长期的数据积累，在数据的准确性、下钻的深度和应用上都有着巨大的优势；但数据相对封闭，主要针对的还是自己的业务场景，在通用性上会有一些欠缺。

2. 独立第三方 DMP

随着人们数据意识的快速觉醒，企业对于数据服务的需求越来越多，因此出现了一些专门为企业客户提供第三方数据服务的机构，这类机构提供的数据服务平台称为独立第三方 DMP。独立第三方 DMP 想要在市场上站稳脚跟，只做好数据的展示、分析是不行的，还得有一些自己独有的数据源，因为数据源在数据产品的价值中永远占大头。

3. 广告交易平台 DMP

第三种 DMP 来自我们此前提到过的广告交易平台。这些广告交易平台在接入多方媒体资源及 DSP 后，为了提升自身的服务水平也会自建 DMP。这类 DMP 不用太担心数据源并且能够融合各方的数据，从理论上看具备很大的潜力，但随着各大媒体平台数据的日益封闭，这类 DMP 未来的发展也遇到了明显的瓶颈。

4. 广告主自建 DMP

最后一类就是广告主自建 DMP，这类 DMP 的产生对应的是数据意识比较强的广告主。其实很多企业里都有看数据的平台，只是这些企业内部的平台并不叫作 DMP，也不与外界进行数据打通。当广告主愿意将自己的业务数据与对外投放的数据进行打通时，借助媒体平台的算法能力能够显著提升投放效果，并且当这些数据回流到广告主自建的 DMP 上时也能形成有效的数据积累。广告主自建 DMP 并通过 RTA 的方式与媒体平台进行数据打通是未来商业广告的大趋势。

4.1.2 DMP 的整体架构

按照惯例，了解一款新产品需要从它的整体架构入手。由于之前的广告投放系统的原理和功能都大同小异，所以各大媒体平台的整体架构大多一致；但到了 DMP，则因为各家的数据存储情况不同、使用的技术不同及应用的方向不同，导致每家 DMP 的整体架构都是不同的。这里基于一种常见的架构进行讲解，常见的 DMP 架构图如图 4-1 所示。

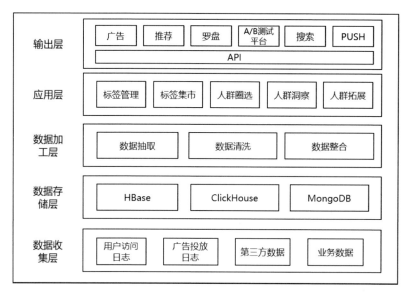

图 4-1 常见的 DMP 架构图

常见的 DMP 自下而上共分成五层。

1. 数据收集层

数据收集层主要负责整个 DMP 数据的收集工作，收集的数据可以分成四类。第一类是用户访问日志。系统会给每个访问网站/App 的用户分配一个唯一识别 ID，并将用户在线上的所有操作行为记录下来，如浏览了哪些栏目下的哪些内容、浏览了多长时间、发表了什么评论等。另外，像汽车之家这样的垂直类媒体在网站/App 上还会提供各式各样的关于买车、看车、用车的功能，如不同车型的参数对比、七步选车、车主价格查询等。记录下用户对于这些功能的使用情况将对后期用户行为洞察有着巨大的帮助。第二类是广告投放日志。日志主要记录的是用户与广告间的交互行为，这部分内容在商业广告部分已介绍过，这里不再赘述。第三类是第三方数据。第三方数据的种类各式各样，主要以用户的基础信息补全和行为特征补全为主。如果媒体平台与第三方提供的数据有约定好的字段进行关联，那么这些数据产生的效果就会比较理想，如果没有就只能直接将用户唯一识别 ID 进行一一比对。我曾经遇到过双方只有 7%～8%的人群能够对得上的尴尬情况。第四类是业务数据。业务数据一般已经是加工好的表，记录的是登录用户在网站/App 上的核心转化行为，如下单、预付订金等。

2. 数据存储层

由于数据来源渠道各有不同，通常情况下为了后续使用方便，收集来的数据都会自己再存一份，所以就有了数据存储层。数据存储层包含 HBase、ClickHouse 和 MongoDB 三部分。第一部分 HBase 主要满足高并发场景下的查询需求；第二部分 ClickHouse 是一种 OLAP 引擎，主要做 SQL 形式的人群圈选；第三部分 MongoDB 则主要与业务系统对接，满足业务系统的查询需求。关于这里，商业产品经理至少需要了解其中使用了什么技术，否则在评审技术实现方案时会完全听不懂，那就只能是研发人员说什么就是什么了。

3. 数据加工层

数据加工是一个非常重要但极其枯燥的环节，需要对存储的数据进行清洗，然后加工成一些便于后续使用的宽表。比如，针对用户会有用户行为宽表。用户行为宽表以用户唯一识别 ID 为主键，将所有记录到的用户行为信息以不同的字段记录到宽表中。通常情况下，不建议将用户的基础信息与行为信息放到一张宽表中，因为字段太多不管怎么优化，查询速度都会很慢。除了用户行为宽表，一般还有内容宽表。内容宽表以"内容分类+内容 ID"为主键，将一篇内容的标题、文字、图片、曝光量、点击量、转化量、点赞数、评论数等汇集到一张宽表中。数据加工层设计得好，后续不管给什么业务做支持在速度上都会有明显的优势。

4. 应用层

应用层所包含的内容就是 DMP 中具体的功能模块，具体如下。

1）标签管理

上文提到过，商业广告如今的发展趋势中一个重要的方向就是支持广告主自定义标签，而标签的创建、保存与管理就是由 DMP 的标签管理模块来完成的。

2）标签集市

标签集市是一个比较新的概念，其目的是让各大广告主知道平台现在又增加了哪些标签、这些标签的准确度如何。标签集市本质上属于一个广告主投放体验提升的需求，能够帮助广告主快速构建自己的标签体系，采用"抄作业"的方式来降低自定义标签功能的使用门槛。

3）人群圈选

广告主完成了自己标签的定义后，在实际进行投放时还需要用这些标签圈选人群，生成投放使用的人群包，这个过程是由 DMP 的人群圈选模块来完成的。这里需要注意的是，DMP 上的人群圈选与广告投放系统上的定向功能并不冲突，"自定义标签+人群圈选"可以认为是定向功能的升级版，而之所以不将其整合到广告投放系统中有两个原因。第一，现如今人群的圈选多采用可视化的拖拽交互形式，支持自由组合标签来圈选用户，这样的功能整合到广告投放系统中会显得太重，有点本末倒置的意思。第二，人群圈选后会生成可以用于投放的人群包，再将人群包同步到广告投放平台中在定向功能中生效。这一过程并不是实时的，而是需要一段时间才能完成，所以将这个功能提出来作为一个独立的模块也是提高广告主整体投放体验的一种设计。

4）人群洞察

广告主在圈选完人群、生成人群包后，可以通过人群洞察来查看人群的构成及这些人的基本属性，如地域分布、年龄分布等。人群洞察中还有几个重要的指标：人群包的量级、人群包的日活。通过观察这两个指标来判断所圈选的用户数量是否合理，过分地追求精准可能导致人群圈选得太小，在实际投放中不起量。另外，由于通过人群包进行人群定向投放这种机制并不是实时的，就会出现圈选的人并不一定在这个时间段内访问网站/App 的情况，所以一个人群包日活与量级的占比也是在投放前需要考虑的，一般低于 60%就应当重新圈选人群。

5）人群拓展

人群拓展现在已经是几乎所有媒体平台都有的核心功能，主要解决的是广告主拓展新用户的需求。人群拓展功能根据广告主提供的种子用户的特征，通过 Lookalike（后面会详细介绍）的方法帮助广告主找到有类似特征的用户。如果广告主在人群洞察中发现目标人群量级太小，就可以通过人群拓展功能来快速实现目标人群量级提升的目的。

5. 输出层

DMP 的最后一层是输出层。DMP 绝对不是一个封闭的数据展示系统，而应该是一个数据管理应用的平台，应用中就包括加工后数据的输出。DMP 通常会具备一套完整的进行对外输出的 API，将平台上的数据输出到各个业务系统中。举个通常不被注意的应用案例：为了保证对外数据展示的一致性，在 DSP 的管理后台上各计划、单元上方展示的展现量、点击量、点击率、点击均价、消费等指标，都会选择使用 DMP 提供的数据而不会自行加工统计。

4.1.3　DMP 核心功能详解

在对 DMP 的整体架构有一定了解之后，接下来对 DMP 中应用层的核心功能进行详细的阐述。

1．人群圈选功能设计

在设计人群圈选这个功能时需要考虑以下几点。

- 平台需要提供标准化的不同类型的人群包。
- 在标准化的不同类型的人群包的基础上支持广告主调整基础标签。
- 支持广告主自定义人群包类型及自动获取广告主自定义的标签。
- 人群包的预估试算。

首先需要明确的是，并非所有的广告主都有人群自定义圈选的需求，也并非所有的广告主都非常清楚自己所要投放广告的目标人群是哪些。所以，在设计人群圈选功能时一定要有平台按照标准化标签规则生成的人群包提供给广告主作为基础选择。比如，根据汽车行业的特点，我们会为广告主提供三种标准化的人群包：精准包、竞品包和上市包。人群圈选页面设计如图 4-2 所示。

1）精准包

由于我们的所有页面都能与某个具体车系进行关联，所以全站用户都能与一个或多个车系建立映射关系。广告主只需要选择自己所要投放的车系，平台就能自动为其生成由该车系关注用户组成的精准包。从理论上讲，精准包对于全站用户的覆盖率超过 90%。并且根据广告主的需要不同又将精准包分成三类：深度关注用户、适度关注用户及全部关注用户。深度关注用户指的是 30 天内浏览该车系内容超过 5 次且每次浏览时长大于 10 秒的用户；适度关注用户则将时间限制延长到 60 天；全部关注用户就是 90 天内所有浏览过该车系内容的用户，不限频次、不限浏览时长。通过这三种分类就能满足广告主对于不同量级人群包的需求。

2）竞品包

由于汽车行业的广告主对于市场上的竞品都非常敏感，打击竞品的需求层出不穷，所以我们还会提供专门针对竞品用户进行投放的竞品包。竞品包同样以车系为维度进行考虑，平台会默认计算出广告主要投放车系在市场上的主要竞品车系，并支持广告主修改这些竞品，竞品确定后就能根据选定的竞品车系生成相应的竞品包。在这里竞品包默认的圈选逻辑会以 30 天内本品车系与竞品车系的共同关注用户为主，再按照人群包量级补充一定比例的竞品车系的深度关注用户。每个竞品车系都会生成一个独立的人群包。

图 4-2　人群圈选页面设计

3）上市包

上市包主要针对的是新车发布、改款上市这样的特殊场景。新车发布与改款上市在其他行业看来可能比较特殊，但在汽车行业中是非常常见的行为，各大主流车系几乎都有"年代款"，每年发布一次，针对这样的高频场景我们设计了上市包。由于新车上市往往需要大量曝光，所以上市包在圈选时支持跨车系，完全按照人群标签进行选择。上市包最大支持圈选最近一个季度内的所有活跃用户，还可以按照 UVN-BI 用户分群模型产生的标签自行勾选。支持的标签分类包括城市级别、代际、财富等级、偏好价格、偏好级别、偏好国别、偏好能源等，其中偏好价格段及偏好级别都是支持广告主自定义的标签。

最后，在人群圈选完成后会提供一个人群包预估试算的功能。这个功能的设计初衷很简单，因为大量级人群包的生成往往需要 5～6 小时，如果每次广告主都需要等人群包生成完毕之后才能查看人群包的量级及日活等信息，一旦发现不合适需要调整，中间就会耽误很多时间，广告主的体验相当不好。解决这个问题的方式有两种：一是提高机器的算力，使其能够快速完成人群包的生成，这样显然成本非常高；二是先提供一个预估值给广告主进行参考，如果与预期相差较大就可以提前调整。预估值对于算力的消耗比较小，通常在 15 秒至 30 秒内就能完成计算，性价比非常高。人群包预估试算结果如图 4-3 所示（此图中不含上市包的预估试算结果）。

预估试算结果	预估值与实际值误差在15%以内		下载预估结果文件
计算完成时间	· · · · · ·		
分端量级	人群包量级	人群包昨日日活	人群包昨日推荐日活
总体	37554000	3144676	2676454
App 端	25436331	2428779	2326179
M端	7015588	337934	62752
PC端	5102081	377963	287523
分包量级	人群包量级	人群包昨日日活	人群包昨日推荐日活
总体	37554000	3144676	2676454
精准包	4862701	1247273	1010671
▮▮▮▮	1236	372	344
▮▮▮	9603	2870	2640
竞品包	8834	833	571

图 4-3　人群包预估试算结果

2. 人群洞察功能设计

人群洞察功能设计本质上比拼的是商业产品经理的数据可视化能力。那些常见的页面展示布局在这里不再赘述，重点来讲一讲我们基于 UVN-BI 用户分群模型设计的 3D人群洞察页面。人群洞察页面设计如图 4-4 所示。

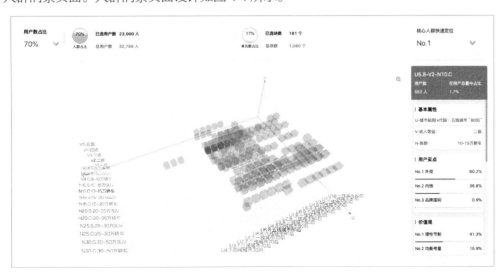

图 4-4　人群洞察页面设计

人群洞察页面的设计思路借鉴了著名的 RFM 模型。RFM 模型以最近一次消费（Recency）、消费频率（Frequency）、消费金额（Monetary）三个指标为维度建立坐标系，最多可以将用户分成 125 类。受 RFM 模型的启发，我们将这种方式带入汽车类的用户分群中，以 U（城市级别×代际）、V（收入等级）、N（族群）三个指标为维度建立坐标系，最多可以将一个车系的关注用户分成 1738 类。通常情况下，一个车系的关注用户会主要集中在 160~210 个分类中。

整个立体坐标系可以 360°任意旋转，其中每个小分类都可以单独点击，页面右侧会展示该分类的具体信息。除 UVN 这三个指标外，还会给每个小分类挂上其对应的 B 和 I，也就是购车阶段及买点偏好。这种展示方式的特点在于比较新颖，也有一定的分析深度，算是脱离了只会直接展示指标的初级阶段；但也存在一些问题，如因为分类很多，坐标系上的值有一种密密麻麻的堆积感。但整体来看也算是一种产品设计层面的微创新吧！

3．人群拓展 Lookalike

Lookalike 是商业产品经理在介绍自己的产品时经常提到的术语，但在介绍中总会出现一个错误，说：我们的人群拓展采用了一种叫作 Lookalike 的算法，该算法能够帮助广告主快速、精准地找到潜在用户。但其实 Lookalike 并不是一种算法，而是一类方法的统称，主要用来拓展人群。

Lookalike 原理上可以分成显式定位和隐式定位两种。

- 显式定位：根据规则或标签来进行人群拓展。
- 隐式定位：通过机器学习、深度学习的方法，对种子用户进行建模，然后用模型识别用户。

显式定位中基于标签选择的方法称为 Rule-based。采用这种方法首先需要有一套完整的标签体系及打标签的功能，然后开始获取种子用户。种子用户的获取并不局限于广告主自己收集的号码包，系统一般会自动为广告主识别一批种子用户。接下来，系统会根据这批种子用户的标签与整个标签体系进行匹配，从上百万个维度中对种子用户进行分析，从中筛选出最具代表性的共有特征，根据这些特征再从全量活跃用户中筛选出另一批与种子用户最相似的用户。从这段描述中可以发现，这种基于标签选择的方法并没有什么算法可以言，完全就是分类统计然后进行匹配的方法。

这种方法的优点自然是简单、高效，但缺点也非常明显，那就是错误率高，还无法手动进行调优，按照单一标签进行匹配，人群数量可能相当庞大且抹杀了一些标签之间的相关性。

由于隐式定位通过机器学习、深度学习的方法识别用户，所以可以采用的算法就很多，常见的有以下四种。

1）基于相似度模型

这主要是基于用户之间的某种距离来衡量用户之间的相似度。主流的相似度计算方法包括针对连续值的余弦相似度（Cosine Similarity）及针对离散值的 Jaccard 相似系数（Jaccard Similarity）：

$$\text{sim}(A,B) = \cos\theta = \frac{A \cdot B}{\|A\|\|B\|} \qquad (4\text{-}1)$$

$$\text{sim}(A,B) = \frac{\sum \min(A \cdot B)}{\sum \max(A \cdot B)} \qquad (4\text{-}2)$$

这种方法的优点在于计算方法简单，但只适用于小范围的计算，毕竟每个用户都去计算与种子用户的距离，当数据量大时，计算量会呈现指数级增长。

2）基于协同过滤

协同过滤也是常用的算法之一，一般会分成两种：基于用户的协同过滤推荐算法和基于项目的协同过滤推荐算法。基于用户的协同过滤推荐算法会根据用户对项目的评分来构建一个矩阵，再计算出用户之间的相似度，找出目标用户的最邻近集合，最后对最邻近集合进行加权，从而产生目标用户的推荐集。基于项目的协同过滤推荐算法则根据对用户的已评分项目来对相似项目的评分进行预测，从某种程度上降低了评分矩阵稀疏性和冷启动问题对推荐质量的影响。

3）基于分类模型

在这里人群拓展也可以当作一个分类问题来讨论，这样就有很多分类模型可以使用，如之前在点击率预估中介绍过的 LR。将种子用户作为正例，将随机用户进行降采样后作为负例，为每个种子用户训练一个 LR 模型。用这个模型在全部用户上预测，然后判断其他用户是否为目标人群。

4）基于 Attention 深度模型

这是腾讯最近提出的一种基于深度学习的 Lookalike，全名叫作 Real-time Attention Based Lookalike Model，现在主要在微信上的"看一看"中应用。它会通过 User Representation Learning 来识别用户的高阶行为，最终得到 User Embedding，通过 Lookalike Learning 学习种子用户与目标用户的关系，从而实现实时且高效的人群拓展。

最后总结一下，DMP 作为目前各大媒体平台重点发力的方向，可以看成商业广告辅助工具中最重要的产品，也是未来各大媒体平台构建自身数据壁垒的核心产品。DMP 产品的发展方向也比较明确，即数据源拓展、可视化优化、投放支持优化。数据源拓展很容易理解，就是除自有数据外会尽可能地接入更多的外部数据源，尤其是与来自广告主的数据打通。有了更多的数据源、更多交叉分析的维度，自然就有了更多数据可视化展示的需求。最后还要注意的是，千万不要将 DMP 做成单纯的数据产品，仅考虑可视化的酷炫程度，支持精准投放、真正把数据用起来才是 DMP 的核心价值。

4.2 创意中心

除了 DMP，常见的商业广告辅助工具中还有另一个大类——创意中心。创意中心，顾名思义就是所有的创意汇集的平台。这里所说的创意是一个广义的概念，并不仅指广告图文创意，而是泛指广告投放过程中所有面向 C 端用户展示的物料。这些物料按照属性可以分成图片、文案、视频和落地页四大类。创意中心就是用来管理这些创意的。

创意中心的前身叫作建站工具，其主要目的是帮助那些无法自行提供广告图片、落地页的中小广告主快速生成这些物料并进行投放。在这类产品发展的初期，主打的特色就是一个字"快"，创意生成速度快、落地页配置速度快，所以生成的创意和落地页都比较粗糙，一眼就能看出是用建站工具生成的。绝大多数对广告创意要求比较高的广告主都不愿意使用由建站工具生成的物料。基于这些问题，建站工具开始不再以"快"为主要特色，而是走上了为广告主提供整体创意服务的道路。

整体创意服务听上去是一个比较笼统的概念，但详细拆解开来就会发现这种说法非常准确。整体创意服务主要包括创意参考服务、创意教学服务、创意工具箱、创意集市及素材库五个方向。

4.2.1 创意参考服务

创意参考服务是进入创意中心时代才出现的全新服务方向。在日常商业广告的投放运营中收到的广告主反馈里经常会有以下问题。

- 为什么我的广告 CTR 这么低？
- 我的创意应该怎么做？弄点别人的创意来给我看看。

广告行业一直以比拼创意为先，虽然影响广告 CTR 的因素有很多，但广告创意的质量绝对是最重要的影响因素之一。在相同的投放条件（出价、定向等）下，比拼的就是谁的创意质量更好，所以不断优化创意是广告投放运营中一项非常重要的工作。如果在面对以上这些问题时只是简单地回答广告的创意不行，建议优化创意，又说不出具体的优化点，这样不但没有解决广告主的问题，还可能导致广告主对在媒体平台上进行广告投放失去信心。所以，向广告主提供一定的创意参考服务能有效地帮助广告主进行创意优化。

常见的创意参考服务会围绕以下三个角度提供参考：创意排行榜、行业创意精选及实时热点。

1. 创意排行榜

创意排行榜几乎是所有的创意中心产品都有的功能。它从产品逻辑上讲非常简单，就是将各大广告主投放的广告创意的效果按照不同的维度进行排序。分类的维度可以分成以下几种。

- 按照创意类型分类：图片、视频、文字链（现在已经很少有文字链广告了）。
- 按照投放位置分类：各广告位。
- 按照所属行业分类：汽车、电商、教育等。

每个创意展示的字段：曝光量、点击量、CTR 和 CVR。这里需要注意的是，投放的具体数据属于广告主的隐私，是不能随便对外进行展示的。在创意排行榜中展示的数据都是经过处理的模糊值，如该广告的实际曝光量为 8 583 498 次，那么展示的应该是 "800W+"，只要把数据的量级展示出来即可。另外，需要注意创意的排序逻辑，排序逻辑支持按照曝光量、点击量、CTR、CVR 进行排序，但千万不要没事搞一些综合排序逻辑。如果遇到一些比较较真的广告主，可能会挑战你的综合排序逻辑，所以完全没有必要做得这么复杂。最后，参与排序的创意投放的时间段应当选择离当前比较近的，一般选 15 天内的创意比较合适。

2. 行业创意精选

与创意排行榜相比，行业创意精选所能提供的参考支持就要更加系统一些了。每个行业的创意都有其特点，在不断的投放过程中就会总结出各式各样的经验，将这些经验汇总起来也能有效帮助广告主进行创意生成。

创意精选的展示方式见仁见智，可以完全按照媒体平台积累的经验来展示。比如，按照考核指标来分类展示，可以设计成高曝光创意精选、高点击创意精选、高转化创意精选等。再深入一点的话，可以对这些创意之所以能够获得好的效果进行文字上的分析，如采用了前后对比的方法、在第 4 秒抛出利益点转化率最高等，将经验总结成指导性的文字也非常有利于广告主吸收。最后，还可以展示一些对比实验的结果，如我就曾经做过创意图片上车身摆放角度对于创意 CTR 的影响研究，如图 4-5 所示。

图 4-5　车身摆放角度对于创意 CTR 的影响研究

最终的结论是，在标题位置不变的情况下，车头右 45°与左 45°的 CTR 是最高的。这个结论符合我们常规的认知逻辑，毕竟无论是从左 45°还是右 45°都能展示出全车最多的细节，对于车系的辨识度也高。当然还有一个反常规认知逻辑的结论，在标题不显示车系名称的前提下，车头左右 180°的 CTR 反而是最高的。分析发现，车头左右 180°时很容易看不出这是什么车，标题又不告知用户，反而会激起用户的好奇心，使他点进去看看到底是什么车。当然这种做法有故意骗取用户点击的嫌疑，后续转化的效果势必不佳，但也算是一个研究结论，可以在 CPC 广告需要冲量时用来短期救火。总而言之，行业创意精选要做的就是更加深入地研究各种创意生成的经验及各类实验的结论，以帮助广告主提升创意质量。

3. 实时热点

实时热点这类功能其实脱胎于微博的热搜功能，用户对于当前的热门消息有着很多好奇与关注需求，所以在各类内容创作平台上其实都有这类查看实时热点及预估未来可能成为热点话题的功能。在创意设计方面，同样可以引入这种实时热点功能来帮助广告主进行创作。比如，之前"打工人"这个词突然就在微信朋友圈刷屏了，那么我们完全可以跟上节奏，将"打工人"这个热词植入创意中，来个"互联网打工人专属座驾"，这样紧跟热点的创意也能获得很好的效果。

当然，其中也存在一些问题。追热点不仅是个技术活，也是个体力活，哪些热点该跟、哪些不该跟需要广告主自行判断，创意中心能提供的仅是告诉广告主现在什么是热点。另外，想要追上热点，创意的生成也得跟得上，一般靠设计人员手工做是很难快速追上的，但靠程序化生成又不见得能很贴合，所以追热点这条路还有很多问题要解决，要走的路还很长。

4.2.2　创意教学服务

除了创意参考服务，对广告主进行创意培训也是帮助广告主提升创意质量的一种重要方式。从产品功能的角度讲，创意教学服务非常简单，就是在创意中心开辟一个能够播放视频或下载 PDF 的页面，广告主通过观看视频或 PDF 来进行学习。此功能成功与否的关键还是在于所提供教学内容的质量高低。创意教学内容通常分成两部分：创意方法论和创意设计实战经验。在本节最后，我还将介绍落地页设计的相关内容，以帮助大家更好地理解这部分内容。

1. 创意方法论

提到方法论，大家的第一反应就是务虚、无法落地，但实际上方法论对于一件事情的指导作用是相当大的。掌握一件事情的方法论，其本质就是在我们的脑海中构建出对于这件事情的一个思维体系，在这个思维体系中进行结构化、系统化的思考不但效率高，还能防止我们产生方向性的错误。**没有方法论支撑的实战经验都是无根之木，就像碎片化的知识很快就会被遗忘，也很难大规模地泛化应用，只有基于方法论衍生出来的实战经验才是体系化、结构化的。**所以，有很多大厂在面试产品经理时都喜欢问："通过之前的这些工作经历你沉淀出了什么方法论？"这并不是一个务虚的问题，而是在考验产品经理思考的深度。同样，在创意设计方面也存在各式各样的方法论。下面介绍一种来自腾讯广告的创意方法论，再添加一些我自己对于这套方法论的理解，大家可以在腾讯广告的创意中心里看到这门课程。

1）什么是创意

创意是生成作品的能力，这些作品既**新颖**（具备原创性、不可预料），又**适当**（符合用户预期，适合目标所给予的限制）。在这个定义里包含两个关键点：新颖和适当。新颖很容易理解，创意之所以被称为创意而不是被叫作复制，就是因为它是原创的、与众不同的。在实践中为什么别人的创意能成为爆款而你的模仿就不行？其实问题就出在创意的新颖程度上，用户已经看到过类似的创意，再看到你的创意时自然就不会被吸引了。

另外，导致用户不感兴趣的点还可能是不适当。试想一款 SUV 的广告创意是主打车的安全性，创意本身没有任何问题，但对于"90 后"的年轻购车者来说，这不是他们优先关注的点，这个创意对于他们的吸引力就很小。所以，创意不但要新颖，还得站在产品受众的角度考虑是否适当。在实践中经常会遇到以下情况：广告主觉得自己提供的创意特别棒，但投放效果就是不好，往往问题就出在创意不适当上。

2）广告创意的三要素

在原始课程中讲的是广告的三要素，即核心信息、广告创意、执行方式，这里稍做调整，引申为广告创意的三要素，即核心信息、创意点、执行方式。核心信息指的是希望受众接收到的信息。这类核心信息可以是产品的特点、促销的信息、品牌的主张等，但要尽可能保证传递的这些信息是你自己独有的，只有这样才能让受众在接触到类似信息时就想到你。创意点指的是信息的趣味表达方式，通常以"非直接性"的说法，如幽默、夸张、感人、震撼、新奇等方式打动受众，帮助他们理解和记住核心信息。执行方式是经常被忽略的点，指的是选择什么样的素材、以什么样的具体方式呈现，才能把故事说得清楚、有趣。创意点和执行方式共同决定了广告的效果。

广告创意的三要素之间的相互关系其实就是一套在创意设计时的思考流程。首先，广告要传递的核心信息是什么？其次，用什么样的方式来传递这些信息？同样是表达这些信息，还可以有哪些不同的角度？接下来，受众喜欢或不喜欢这个创意是因为创意点不好，还是执行方式不好？最后，如果我是受众，我会被这个创意所打动吗？最终的数据验证结果与我的预判一致吗？经过这一连串的提问就能对整个创意的生成有足够的把控。

3）广告创意的生产流程

广告大师詹姆斯·韦伯·扬认为："广告创意的生产过程与福特汽车的生产过程颇为相似，也是通过流水线来完成的。在生产过程中，创意作为一种可以被学习和掌握的**操作技巧**，它的有效应用与其他任何工具的有效应用一样，都是一件与技巧有联系的事情。"

在这段对于广告创意的叙述中有两个关键点：流水线和操作技巧。通过这两个关键点可以知道，其实广告创意的产生并不像某些故事里说得那样玄乎其玄，而是有固定的生产流程的，并且只要学习和掌握了广告创意生产的操作技巧，每个人都能顺利地生产出广告创意。广告创意的生产流程如图4-6所示。

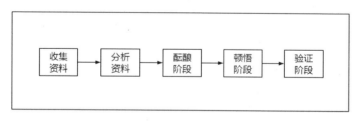

图4-6 广告创意的生产流程

（1）收集资料

广告创意生产的第一步是系统地收集资料，而不是在那里凭空乱想。所要收集的资料可以分成两种：特定资料和一般资料。特定资料指的是与该广告创意密切相关的产品或服务、消费者及竞品等各方面的资料。这些资料将成为我们生产广告创意的主要依据。而一般资料指的是一切令你感兴趣的知识，俗称日常积累。这类资料想要临时收集并不容易。

（2）分析资料

分析资料的本质还是一个信息消化的过程，即对收集来的资料进行分析、归纳、整理。操作方式是：首先找出需要构建广告创意的产品或服务中最具特色的地方，即上文提到的广告创意需要传达的核心信息；然后进一步找出最能吸引受众的地方，即受众的买点；最后需要找出核心信息与买点之间的相关性或共性，从这些关联处寻找创意点，并尝试进行各种新的组合。

（3）酝酿阶段

这个阶段的重点是对归纳好的资料进行思考。这个阶段的特点是需要深思熟虑，通常都会遇到卡壳的情况，这个时候不用强迫自己去想，而是要顺其自然，抛开所有的思考让潜意识来工作。总之，每个广告创意者在这个阶段都有自己的方式，找到自己喜欢的方式即可。

（4）顿悟阶段

这个阶段是实际产生广告创意的阶段，最终产出的就是三要素中的创意点。这个阶段追求的是灵感的闪现和顿悟。很多时候这个阶段都被描绘得玄乎其玄，或被过度放大，但实际上没有前三个阶段作为铺垫是很难直接在这个阶段产生顿悟的。很多时候我们在生产广告创意时认为的思路卡壳就是跳过了酝酿阶段直接想要顿悟，这会加大顿悟的难度。

（5）验证阶段

到了验证阶段，要做的就是对顿悟出来的创意点进行进一步的推敲，经过反复修改才能达到实际应用的要求。这个阶段不同于前几个阶段需要感性、需要灵感，验证阶段需要以理性的思维和逻辑来对广告创意进行完善。最终通过理性的判断，我们在多个创意点中选出最能表现出产品特点、最适合受众的表现形式。在这个决策过程中，很容易忽略三要素中的最后一个要素——执行方式，再好的广告创意如果与执行方式"不适当"都会无法发挥效力。

总结一下，将广告创意生产这个过程拆分成以上五个阶段，其本质目的就是打破广告创意生产的神秘感，认清其流水线的本质。并且，想要生产出好的广告创意不应该仅依靠自然赋予的灵感，而是应该不断地训练自己的心智，只有这样才能拥有迅速判断相关性的能力及在这些相关性节点上迸发出创意点。

4）广告创意者的基础能力

其实在这里谈广告创意者的基础能力并不是特别合适，毕竟与真正专门从事广告创意生产的 4A 公司里的"大拿"相比，基于一名商业产品经理对于广告创意的认知水平，我是完全没资格对此进行评价的。不过为了把这套创意方法论尽可能做得完善，我还是斗胆对广告创意者的基础能力进行一定的评价。

洞察力：多方面观察、理解事物，从多个问题中把握核心的能力。这种能力能够帮助广告创意者抓住问题的本质，而不是被表象所迷惑，提炼出最重要的核心信息。

组合力：广告创意的精髓在于事物之间的连接，不同事物的不同连接方式可以创造出新颖的广告创意。这种能力就像数学中可以快速计算排列组合的方式，而到了广告创意领域就是能够快速地创造各式各样的广告创意组合。

专注力：放下经验、习惯和主观偏好带来的预设，专注于事物当前的本质，深入了解事物间的因果关系或相关性。

表达力：好的创意点还需要有好的表达方式才能为受众所接受。无法将自己的好创意进行有效的表达，才是广告创意者最大的痛苦。

执行力：将稿纸上的或宏伟或精巧的设计变为现实的能力。任何一项广告创意生产工作其实都要面对来自时间和预算的双重压力，这需要有强大的脑力、毅力、魄力，较高的纪律性、专业性，以及必要的运气。

2．创意设计实战经验

只讲方法论肯定会让广告主觉得空泛，所以后续还要配合一定的实战经验。实战经验有很多种，这里可以对其进行归类，按照物料类型分成创意文案如何写、创意图片如何设计、创意视频如何拍摄三大类。

1）创意文案如何写

无论是图文创意还是视频创意，都绕不开文案的问题，而想要学会如何写文案先得学会如何看文案。课程中介绍的"文案 X 光"就是一种非常实用的教广告创意者如何看文案的方法。在"文案 X 光"中将文案分成时间、地点、事物、痛点、买点、卖点六个核心要素，通过识别文案中这六个核心要素就能快速解读文案。

示例 1：场景（时间、事物）+卖点。

春【丰】袭人，焕然一【新】——3 月 24 日至 4 月 19 日丰田春季购车节，巨惠来袭！

解析：时间是 3 月 24 日至 4 月 19 日，事物是丰田，卖点是春季购车节优惠。

示例 2：事物+卖点+买点。

全新凯美瑞双擎，全球 2000 万名车主信赖之选。

解析：事物是凯美瑞，卖点是双擎，买点是全球 2000 万名车主信赖之选。

虽然不是每个文案都完整地具备六个核心要素，但每个文案都是由六个核心要素中的几个组合而成的，这就让相同的核心信息生产出多种文案成为可能。下面就来看看常见的 10 种创作文案的招式。

第 1 招：引发好奇。

示例：想知道同事下班后都干点啥？让全新凯美瑞带你去看看吧！

第 2 招：创造向往。

示例：最好的状态就是在奋斗中不断向前，全新凯美瑞致最好的我们！

第 3 招：直击痛点。

示例：相亲总是被嫌弃？你的座驾行不行？

第 4 招：对号入座。

示例："90 后"，在北京，追梦人——你的座驾在这里！

第 5 招：解决方案。

示例：倒车老磕碰，停车被嫌弃——小鹏 P7 自动泊车来帮你！

第 6 招：突出优势。

示例：蔚来 ET7 续航突破 1000 公里。

第 7 招：对比激励。

示例：隔壁老王都换新车了，你还在原地踏步？

第 8 招：利益诱惑。

示例：现在预约试驾，最高优惠 2 万元。

第 9 招：降低门槛。

示例：全新 BMW3 系，悦享 48 期 0 首付。

第 10 招：营销稀缺。

示例：到店领 3000 元现金红包，手慢无。

招式与招式之间还可以打出一套组合拳，比如：

组合拳 1：创造向往+降低门槛。

示例：别让未来止步于昨天，×××，悦享 48 期 0 首付。

组合拳 2：直击痛点+降低门槛。

示例：相亲总是被嫌弃，×××，48 期 0 首付帮助你。

总而言之，文案的创作方法有很多，只要清晰地掌握要传达的核心信息及要达成的目标，就能依据这些招式创作出千变万化的高质量广告文案。

2）创意图片如何设计

相比创意文案的千变万化，创意图片的设计思路就显得固定一些，其中主要包含三个核心要素：产品图、主标题、副标题，如图 4-7 所示。

图 4-7　创意图片的核心要素

从图 4-7 的示例中可以发现，创意图片基本上就是产品图与主副标题的组合。做好创意图片要考虑的是如何在一张图片上将这三个核心要素摆放好看。"好看"一词说起来简单，但要让广告受众都觉得好看并产生点击的欲望并不是一件容易的事，其中涉及主视觉颜色的选择、摆放角度、场景、是否需要实景人物等，非常考验设计师的功力及对产品本身的理解。

3）创意视频如何拍摄

除了传统的图文创意，视频创意也是一种主流的创意形式。在开始阐述如何拍摄创意视频之前，我们先来看一看创意形式是如何演进的。创意形式的演进如图 4-8 所示。

图 4-8　创意形式的演进

从图 4-8 中可以看到，创意其实是跟着互联网的大潮不断发展的，当视频成为最主要的媒体形式时，视频创意将在各类创意形式中占据核心地位。要生产视频创意就要涉及视频的拍摄，而拍摄离不开脚本的编写。视频脚本的编写需要包含六个核心要素：时间、地点、人物（神态、动作、情绪）、起因、经过、结果。这就好像我们在上学的时候老师要求写的记叙文一样，在编写脚本时需要将每个核心要素交代清楚。抖音、快手等短视频社区里流传着很多如何写脚本及设计分镜的方法，感兴趣的朋友可以自行查找。视频拍摄管理表如图 4-9 所示。

视频提交时间	投放渠道	市场	横版/竖版	规格参数
年/月/日				
演员-角色	基本信息/照片	视频小样	出场造型参考	
A				
B				
C				
分镜头	内容	字幕/旁白	场地	备注
1				
2				
3				

图 4-9　视频拍摄管理表

这里介绍一种视频拍摄过程中常用的标准叙事结构，如图 4-10 所示。

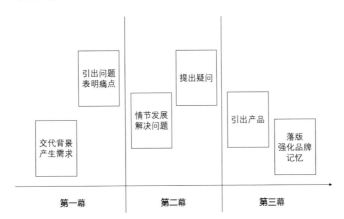

图 4-10　标准叙事结构

总结一下，创意设计实战介绍的是生产创意的一些经验与方法，看似与商业产品经理的工作没什么关系，主要还是作用于广告主或代理商。但实际上，当商业产品碰到需要设计程序化创意产品、智能文案产品时，商业产品经理就要对这些理论及实战经验有足够的认知，将其中的方案提炼出来融入产品设计中。只有这样算法和研发人员才能帮你开发出实际能用的产品。

3. 落地页设计

与创意相比，落地页设计是经常被忽略的一块，毕竟过去的商业广告多半采用 CPC 模式，媒体平台只要关心创意的点击量即可，反正落地页是由广告主提供的，转化率不行也是广告主的问题。但随着效果广告的比重越来越大及落地页逐渐需要由媒体平台来提供，落地页的高转化率设计成了一个重要的研究课题。

关于落地页设计的研究远不如创意那么多，能够适用的方法论就更少了，这里介绍一种由史蒂芬·温德尔在《随心所欲：为改变用户行为而设计》一书中提出的 CREATE 模型，如图 4-11 所示。

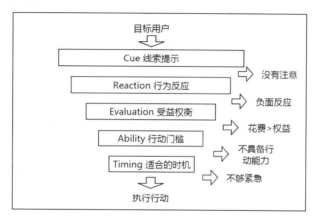

图 4-11　CREATE 模型

CREATE 模型是用户行为分析中经常被用到的模型之一，史蒂芬·温德尔在对大量行为学理论进行研究后总结出了这样一个模型。该模型认为用户行为最终是否发生受到五个先决条件的影响，分别是 Cue（线索提示）、Reaction（行为反应）、Evaluation（受益权衡）、Ability（行动门槛）、Timing（适合的时机）。

1）Cue（线索提示）

用户的注意力始终是分散的，如果想要分走用户的一部分注意力，就需要不断地提醒用户："我在这里""我是什么"。最典型的场景就是我们的手机每天收到的各类推送通知。其实从用户习惯上看我们每天不一定会想到打开某款 App，但当我们接收到该 App 推送的某条我们感兴趣的信息时，我们就会主动点开这条推送通知，这就是通过线索提示成功地分走了用户的一部分注意力。这里我们先不考虑线索提示的质量好坏及是否能够促使用户进行下一步的行为，但可以肯定的是在这一步中能够先给用户留下一个印象。反过来，如果线索提示无效或没有进行线索提示，后果自然就是用户注意不到进而失去分走用户注意力的机会。

将这种思想应用到落地页设计中，对应的其实就是落地页页头部分的设计。下面我们先来看一看三种常见的页头设计。

- 示例 1：标题+Banner。
- 示例 2：车图+相关信息。
- 示例 3：视频。

大家可以先猜一猜哪个示例更符合线索提示的原则、哪个示例的转化效果更好。页头设计示例如图 4-12 所示。

图 4-12　页头设计示例

从页面的视觉美观程度来看肯定是示例 1 最好，所以"标题+Banner"或页头直接就是一张 Banner 的落地页是最多的，但很明显这种设计方式并没有达到线索提示的目的。用户在进入这个页面时第一眼无法知道这个页面到底是干什么的，又找不到想要找的信息，所以这样的设计其实页头部分就被浪费了。示例 3 也是一样的问题，落地页设计的目的是转化不是品牌宣传，在落地页的页头放视频的行为其实属于多此一举。用户的注意力都被视频吸引了或看着看着不想看了直接把页面关了，这样页面的转化率可想而知。

另外，在落地页设计中还有一个经常被忽略的指标：页面打开速度。如果页头要加载的内容太多，就会导致页面的打开速度下降，页面加载不出来，用户也就会退出，更别提后续转化了。所以，千万不要在页面放视频，这样有百害而无一利。但很遗憾的是，我每天依然能够见到很多知名的主机厂提供的落地页是以视频开头的。因此，示例 2 才是反映线索提示原则的设计方案，在用户打开页面之后明确提示用户这是一个可以获取某车系底价的页面。先不考虑这样的设计能否吸引用户转化，但至少达到了在用户心里留下一个印象的目的。经过多轮的对比实验，示例 2 的转化率明显高于另外两个示例。

2）Reaction（行为反应）

行为反应指的是用户接收到线索提示后的反应。这里我们需要先了解一下人的大脑在感知事物时的两种模式：一种是通过直觉来判断，另一种是通过理性思维来判断。第一种直觉是直接通过对感知物以往的体验和感受进行判断，无论以往的感受是有趣还是无聊，这些感受都会对用户是否继续采取行动产生影响。第二种理性思维则是把感知物带入系统思考的体系中，通过不断训练出的理性思维及相关的决策方法进行判断。用户在接收到线索提示后有可能通过直觉进行判断，也有可能通过理性思维进行判断，但在日常生活中显然先通过直觉进行判断的次数要更多一些。所以，用户过往的体验越好，获得用户正向反应的可能性就越高。但要注意的是，行动的可能性提高和真正实际行动还是有一定差距的。

应用到落地页设计中，同样还是对应页头部分的设计，这里要考虑的是提示信息的有效性问题，还是以上文中的三个示例为例。示例 1 有提示信息但信息量有限，用户通过提示信息只能知道这是某个品牌下某个车的页面，并不知道具体有什么作用，这个页面也没有吸引用户继续浏览的点。示例 2 有标准的线索提示，对于页面作用、主题都有明确的交代，下方还增加了一条活动信息但没有直接领取按钮，通过这种方式来吸引用户继续浏览。示例 3 则属于有提示信息但信息很模糊，虽然增加了一个侧滑的导航条，但侧滑的选项都是立即下单、在线客服这类的信息，用户在没有任何铺垫的情况下看到这些信息再加上直觉判断，很有可能做出负向的行为。真正好的提示信息是让用户通过直觉判断出的结论是有可能占到便宜、捡到宝，那么用户产生正向反应的可能性就会很高。所以，我们经常见到一些公众号文章里写着文末有优惠之类的话，其本质上就是应用了这种原理。

3）Evaluation（受益权衡）

受益权衡指的是如果用户根据线索提示产生了使用产品的想法，而且这些想法没有被直觉反应排除，那么接下来用户就会进入理性分析的环节，考虑做这件事情的投入产出比，即自己需要花费多大的代价、投入多少成本后才能获得收益。

应用到落地页设计中，主要解决的就是用户对于页头部分所提示的信息有一定兴趣，但是还没有产生进一步行动的问题，需要有更多的信息来促使用户进行进一步的行动。这里将这类帮助用户进行受益权衡的信息称为促转化信息。促转化模块示例如图 4-13 所示。

图 4-13 促转化模块示例

图 4-13 是三种促转化信息的示例。示例 1 借鉴的是原生广告的思路，在用户了解到页面的信息及作用之后，再进一步设计一些用户感兴趣的点"钩住"用户，如经销商最低报价、买这款车的必要花费、商业保险的花费等。示例 2 走的是活动促销的路线，将该车在该城市优惠力度最大的活动展示出来。示例 3 考虑的是通过给用户提供一种功能来促进用户决策，这里提供的功能必须与页面主题息息相关，如砍价小助手、口碑查询等。如果只是增加一些不相关的功能（如小游戏），则很容易转移用户的注意力，反而不利于后续的转化。所以，增加促转化信息就好像在原本平衡的天平上加码，尽可能地让用户倒向我们更愿意看到的那一侧。

4）Ability（行动门槛）

用户经过理性思维的利弊权衡之后，终于到该行动的时候了。但任何行动都是有门槛的，用户想要完成行动需要具备行动发生的所有条件。这里的条件主要包括用户需要大致了解行动的核心步骤、行动得以实现需要的基本资源、采取行动过程中对用户基本技能的要求，以及用户是否有信心完成行动。即使用户的动机很强烈，但其不具备行动能力，后续的行动也不会真正发生。

应用到落地页设计中，要做的就是尽可能降低用户的行动门槛，帮助用户快速满足行动发生的所有条件。对应到页面设计上指的就是表单模块的设计。如果表单上需要用户输入的项目太多，自然导致行动门槛提高、行动的可能性下降。表单模块示例如图 4-14 所示。

图 4-14　表单模块示例

图 4-14 是五种表达的示例。示例 1 是最常规的版本，需要用户填写姓名和手机号，行动门槛算是中等。示例 2 和示例 3 走的都是尽可能简化表单的路线，只需要用户输入手机号即可，行动门槛较低。示例 4 来源于微信朋友圈广告跳转的落地页，基于微信授权的优势，不需要用户填写任何信息，直接一键即可完成"留资"，行动门槛最低。示例 5 则反其道而行之，不但增加了城市信息，还在表单下方增加了一些辅助功能供用户主动勾选，行动门槛最高。大家可以再猜一猜，哪种转化率是最高的？哪种是最低的？

按照逻辑应该是行动门槛越低的转化率越高，但在实际投放实验中，示例 2、示例 3 与示例 1 的转化率基本持平，并没有出现预想中的优化提升。分析原因发现，一味地降低行动门槛反而会让用户丧失对于行动条件的认知。比如，当用户在页面上看到一个表单需要他填写姓名和手机号时，他明确地知道这是一种"留资"行为。反过来，如果只需要填写手机号或甚至不用填写手机号，用户对于行动条件的整体认知可能不足，这样可能造成两种结果：一是反而激起用户的警觉，导致用户迟迟不行动；二是虽然用户完成了行动但对于自己做了什么并不清楚，电话回访时无意愿表达，线索反而被定义为无效线索。所以，设置必要的行动门槛其实是在帮助用户了解行动发生的所有条件，只有在用户完全清晰地了解了这些条件之后产生的行动才是符合我们要求的意向行为。这里需要提醒大家的是，切莫为了追求高转化率而走上诱导用户点击的邪路。

5）Timing（适合的时机）

最后一个影响因素是时间，用户是否在当前采取行动取决于事物是否具有紧迫感。没有时间上的紧迫感，用户就更容易进行理性思考或决定暂时不采取行动，先观察一下。

一旦用户产生稍后再用的想法，其实我们的产品就已经失去分走用户注意力的机会了。

应用到落地页设计中其实就是想办法增强用户的紧迫感，常见的手段是在页面上增加活动的倒计时、优惠券的剩余数量等。这些手段在电商页面中出现得最多，大家已经非常熟悉了。

最后总结一下，CREATE 模型反映的是用户产生行动的五个影响因素，我们可以一一将其应用到落地页设计中，这样就解决了在页面设计时到底要放哪些模块、模块之间按照什么顺序进行排列的问题。通过这套方法论设计出来的页面不但充分理解了用户的行为逻辑，还能获得更高的转化率，比那些按照定式（页头大图+介绍+表单）设计出来的页面要高级得多。

4.2.3　创意工具箱

相比创意参考服务和创意教学服务，创意工具箱才是创意中心能力的核心体现。创意工具箱脱胎于早期的建站工具，核心功能是帮助广告主快速、智能生成高质量的创意、文案、视频及落地页。创意工具箱与传统建站工具最大的不同就在于"智能"二字。虽然现如今互联网行业已经将"智能"二字用烂了，但这并不妨碍一些真正将算法应用到产品中，并且能够成功解决过去一些"老大难"问题的优秀产品诞生。接下来我就介绍一下创意工具箱里的常见功能。

1. 智能创意工具

之所以设计智能创意工具，原因在于广告主经常会碰到以下问题。

- 自身或代理商做的创意太单调，想做一些好看的创意但又无从下手。
- 制作的创意规格不符合各平台各式各样广告位的要求，只能靠设计人员手工一张一张地修改。
- 创意产量比较低，老创意都已经投放到衰退期了，新创意还没制作出来。

将以上问题总结一下：创意设计难、修改难和量产难。针对这三大难点，智能创意工具设计出了三种功能：智能抠图、智能制图和一键裁剪。智能创意工具创意生成流程如图 4-15 所示。

首先使用智能创意工具来生成创意，广告主需要向创意中心提供商品（产品）的透明图。在过去，这类透明图只能依靠设计人员手工从原始物料里把商品抠出来，特别费时费力；但现如今，通过算法实现的智能抠图能快速处理这一烦琐的工作。广告主只需要上传一张商品的实拍图，选择相应的尺寸，再点击"智能生成"按钮就能得到一张精细的透明图。智能抠图如图 4-16 所示。

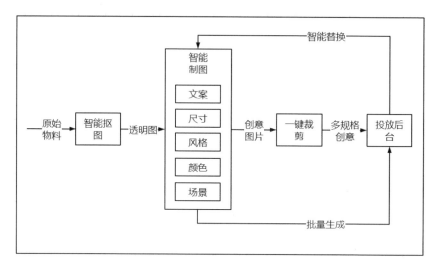

图 4-15　智能创意工具创意生成流程

图 4-16　智能抠图

接下来生成的透明图无须导出，直接在智能制图模块中选择即可。在智能制图模块中选择抠好的商品图，输入文案并选择尺寸、风格、颜色，点击"智能生成"按钮即可生成多种样式的创意。智能制图及其示例如图 4-17、图 4-18 所示。

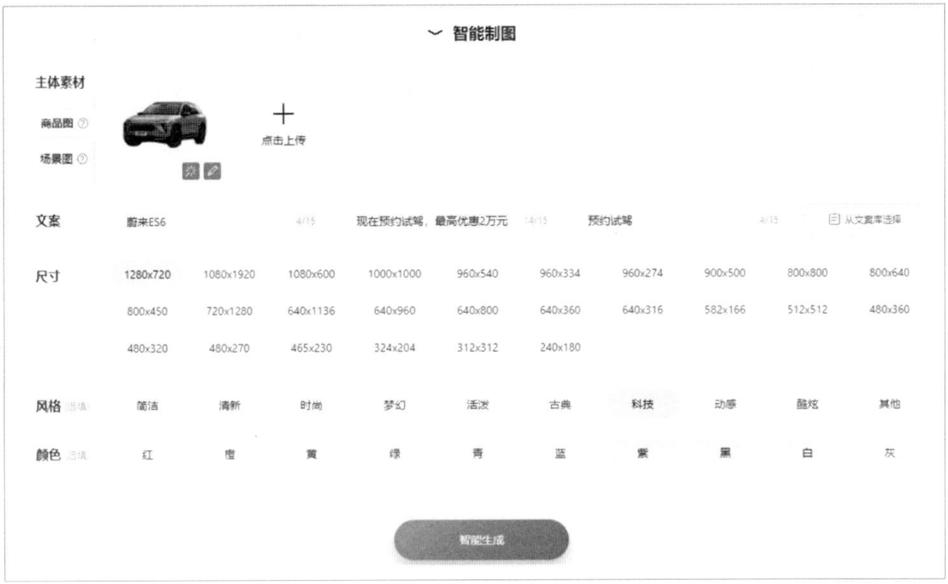

图 4-17　智能制图

图 4-18　智能制图示例

　　最后如果广告主已经有了好的创意，但创意的规格不符合广告位的要求，可以到一键裁剪模块中选择要生成的规格并点击"一键裁剪"按钮，即可得到各种规格的创意。所有生成的创意都可以直接同步到投放后台的具体投放计划中，避免了重复下载、上传的烦琐工序。绝大部分的智能创意工具做到这一步就已经结束了，但实际上考虑到广告主的体验及投放的智能化需求，整套创意生成流程还有进一步优化的空间。

　　针对我所在的汽车行业，其实并不需要广告主提供车系的原始素材，所有车系的透明图我们都可以提前生成好，广告主只需要直接选择车系即可进行智能制图，免去了前期抠图的流程。另外，生成的创意会全部同步到广告主的素材库中，并每天监控各个创意的投放效果。既支持手工下线效果不好的创意，也可以完全依靠系统自动下线效果不好的创意。系统自动下线一批创意后又会向智能制图模块发出请求，生成一批新的创意并自动上线投放，周而复始，不断循环优化、沉淀。

2. 创意文案工具

在创意生成过程中，文案是避不开的环节，广告主时常会面对创意枯竭、想不出文案的问题，所以创意工具箱中就有了第二种工具——创意文案工具。广告主只需要选择自己所属的行业，并输入自己想要加入的关键词，即可自动生成大量的文案，生成的这些文案可以直接同步到智能制图模块中进行使用。创意文案工具如图 4-19 所示。

图 4-19　创意文案工具

现阶段创意文案工具的实现其实并没有外界想象得那么智能，最常用的方法还是先积累文案模板。每个行业对于文案的需求及话术都是不一样的，所以在积累文案模板时也需要分行业，甚至还会进一步细分二级行业。这里需要注意的是，完全没有必要寻找全行业通用的模板，因为其效果很难与有行业侧重点的文案相比。完成文案模板积累之后，再将文案模板中的关键词挖空进行我们最熟悉的"完形填空"即可。

模板：【车系】最新优惠来了，【城市】地区速查！

示例：奥迪 A3 最新优惠来了，北京地区速查！

这在技术实现上几乎没有任何难度,效果完全依靠文案模板的丰富程度。行业运营的人员越资深,文案模板就越丰富,整个工具的效果就越好。当然,按照创意图片优选的思路,也可以在创意文案中加入效果指标的优选,形成一个优选闭环。

3. 智能视频工具

当前,随着视频广告成为主流,创意视频的制作必然成为新的议题。相比创意图片,创意视频的制作成本明显要高得多,并且在创意产量上也非常有限,所以寻求能够快速制作创意视频的工具成为广告主新的刚需。

创意视频的制作之所以成本高,在于前期的拍摄环节和后期的剪辑环节都有很高的门槛,尤其是需要真人出镜的创意视频,所以设计智能视频工具的出发点就是降低拍摄和剪辑两大环节的门槛。

1)创意视频模板

平台虽然没有办法直接帮助广告主进行视频拍摄,但是可以按照创意图片模板的思路为广告主提供创意视频模板。广告主只需要按照各类模板的要求上传相应的图片素材或文案,即可快速生成一段创意视频,无须进行剪辑。这种方式的优点是成功避开了拍摄、剪辑两大难点,但缺陷也非常明显,毕竟创意视频模板的更新速度不可能很快,且通用模板也无法很好地将自身特色展示出来。创意视频模板如图 4-20 所示。

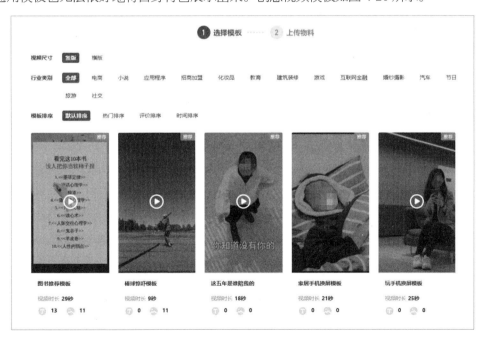

图 4-20　创意视频模板

2）智能剪辑

第二种智能视频工具解决的是广告主在视频剪辑方面的问题。那些觉得套用模板无法突出自身特色的广告主还有另一个选择，那就是通过智能剪辑工具（如视频生成工具）将手上的图片素材以 PPT 的形式配上背景音乐和字幕生成一个介绍视频。视频生成工具如图 4-21 所示。

图 4-21　视频生成工具

这类视频在电商类广告中用得比较多，在淘宝和京东各类商品的详情页上都会有类似的视频来进行商品介绍。

目前，市面上从智能视频工具中生成的视频还比较粗糙，远远无法与人工拍摄的短视频的质量相提并论。反过来，这就给了一些专业拍摄视频广告的代理公司机会，无论是在创意集市上出售各类创意视频模板，还是直接承接定制化拍摄订单，都有不错的发展机会。

4.2.4　创意集市

创意集市属于创意中心对外开放服务的一项重要业务，核心功能就是撮合广告主与广告创意者的交易。广告创意者可以在创意集市上售卖自己拍摄的创意视频模板，也可以承接广告主的定制化拍摄订单。创意集市算是为广告创意者提供了一个变现的渠道。

对于创意中心而言，创意集市其实是个不赚钱的业务，但站在平台发展的角度，如果能够吸引大量的广告创意者入驻平台，就能构建起自己独有的内容生态，也能吸引更多的广告主前来使用。

4.2.5　素材库

创意中心的最后一项功能是素材库，既然有了生成创意的各类工具，自然就要有存储和管理这些素材的地方。素材库能将广告主所有生成或上传的素材进行统一管理，一键同步到创建的投放计划中。上传、下载、一键同步这些功能很常见，但我觉得既然是对素材的管理就不能少了对投放数据的展示。这同样不是什么复杂的功能，但能让广告主快速对各类创意的投放效果有清晰的认知，帮助广告主快速做出决策，如哪些创意可以继续投放、哪些创意应该下线。并且，通过素材库自动管理素材上下线也是进行投放流程自动化改造的一个重要环节，这部分在上文中提到过，这里不再赘述。

最后总结一下，创意中心由五个核心功能组成：创意参考服务、创意教学服务、创意工具箱、创意集市及素材库。其中，技术含量最高的自然是创意工具箱，这类功能的背后不但需要有强大的研发团队作为支撑，还需要设计团队的持续产出和积累。**但创意中心绝对不是出力不讨好的产品，如果说未来行业中数据是最核心的壁垒，那么创意服务的水平也会成为壁垒之一。**

本章小结

本章作为商业广告章节的补充，重点介绍了商业广告体系下两个最为重要的辅助工具：DMP 和创意中心。

DMP 部分需要重点掌握的是：

- DMP 指的是数据管理平台（Data Management Platform）。
- 从本质上讲，DMP 是一个帮助广告主实现自身数据增值的重要工具。
- DMP 分类：媒体平台自建 DMP、独立第三方 DMP、广告交易平台 DMP、广告主自建 DMP。
- DMP 的整体架构包括：数据收集层、数据存储层、数据加工层、应用层、输出层。
- 千万不要将 DMP 做成单纯的数据产品，仅考虑可视化的酷炫程度，支持精准投放、真正把数据用起来才是 DMP 的核心价值。

创意中心部分需要重点掌握的是：

- 创意中心的核心功能：创意参考服务、创意教学服务、创意工具箱、创意集市及素材库。

- 创意方法论：没有方法论支撑的实战经验都是无根之木，就像碎片化的知识很快就会被遗忘，也很难大规模地泛化应用，只有基于方法论衍生出来的实战经验才是体系化、结构化的。

- 广告创意的三要素：核心信息、创意点、执行方式。

- 广告创意的生产流程：收集资料、分析资料、酝酿阶段、顿悟阶段、验证阶段。

- 广告创意者的基础能力：洞察力、组合力、专注力、表达力、执行力。

- CREATE 模型：Cue（线索提示）、Reaction（行为反应）、Evaluation（受益权衡）、Ability（行动门槛）、Timing（适合的时机）。

总结一下，其实商业广告的辅助工具还有很多，如广告验证平台、第三方效果监控平台等。商业广告是一个极其庞大的体系，为了促进这个体系快速发展，各类辅助工具肯定会层出不穷。作为一名商业产品经理，其实没有必要过分执着于广告投放系统和广告投放策略，在这个庞大的体系下有着很多选择，找到一个自己感兴趣的细分领域并深耕其中，相信未来你能据此叩开任何一家大厂的大门。

第 5 章

从内容营销到内容战略

在商业产品经理长期的工作中，经常会受到来自三类人群的指责。

1）第一类指责：广告主

指责商业产品经理最多的人莫过于到媒体平台上进行广告投放的广告主。他们除指责广告投放过程中出现的各类问题外，还会吐槽我们的产品形式太单一、为其制作的创意太单调或营销属性太强等，并且在逐年缩减着广告预算。

2）第二类指责：公司内部的用户产品团队

第二类指责来自公司内部的用户产品团队。用户产品团队以用户体验为先，而商业产品团队不断增加各式各样的广告位势必带来用户体验的下降，并且投放的广告创意的质量也会直接影响到用户体验，这些都是用户产品团队所不能忍受的。

3）第三类指责：公司老板

第三类指责来自公司老板，指责通常是这样的："每年就只知道折腾这点广告，整个产品被你们搞得乌烟瘴气，一打开全是广告，让用户怎么用？你们就不能多搞点原生的新东西吗？"

除了这三类指责，商业产品经理还要面对来自团队内部的抱怨："收入 KPI 年年涨，流量又不涨，已经满负荷运转了还是完不成 KPI，这活没法干了！"

相信除那些完全不缺流量的超级大平台外，其余各大垂直类、中小媒体平台的商业产品经理或多或少都遇到过这些指责和抱怨，那么造成这些问题的原因究竟出在哪里？

答案其实很简单，就是这个时代变了！

那么时代究竟变成了什么样？上文提到过，商业广告的未来发展趋势是朝着**原生化**的方向发展。因为经过多年互联网各类产品的"教育"，用户对于营销属性强的广告越来越抵触，不但能够精准地避免点击各类广告，甚至广告一多就马上把这款产品卸载，毫无商量的余地。基于这样的变化，很早就有人喊出了口号："我们要去广告化，我们要做内容营销！"

内容营销在今天其实已经不是什么新鲜词了，但我发现如果继续往下问什么是内容营销，鲜有人能准确回答。通常答案会分成两种：一种认为日常看到的软文就是内容营销；另一种则直接从字面上理解，认为内容营销就是用图片、文字、视频等内容来做营销。

对于内容营销的理解之所以如此片面，是因为我们对于"内容"二字的理解过于简单。如果我们把文字、图片、视频等一系列媒体形式都叫作内容，而把运用这些媒体形式进行的营销就叫作内容营销，那么内容营销其实就成了媒体形式及配套营销方案的全集，我们单独将其拿出来讨论没有任何意义。那么，什么才是真正的内容营销？

内容营销本质上是指导如何做营销的一种思维方式，是一种战略指导思想。内容营销要求企业能生产和利用内外部有价值的内容来吸引特定受众"主动关注"。其中最重要的点在于"特定受众'主动关注'"，也就是说我们的内容要自带吸引力，让目标受众主动来找我们，而不仅是简单地通过媒介曝光。很多时候，我们只是将内容当成广告之外的另一种营销工具来看待，但实际上两者并非相互独立，也并非相互包含，而是一种互有交集的状态。试想如果我们只是简单地将一篇文章或一段视频借用广告位在信息流或其他位置展示出来，从用户体验的角度看倒确实没广告了，但其本质上还是通过广告投放系统来投放广告，只是把原先广告跳转的落地页换成了文章页、视频页而已。这样的转化效果自然是比不过落地页的，因为在应该引导用户转化的时候，我们还在模糊不清地让其看内容，转化率能高才奇怪了。我想很多企业的内容营销之所以做不成应该就是卡在了这里。

在如今这个时代，内容不仅是一种营销工具，其实已经变成了一种消费品，它涵盖了与用户相关的所有产品和服务。对企业而言，内容是企业除产品和服务外的"第三种沟通的要素"，是企业与用户实现深度沟通和共鸣的关键。在产品和服务层面，企业早就形成了买方市场的思维模式，但在内容生产、分发时还是典型的卖方市场思维，习惯了以企业为中心创造传播内容。但实际上，如今早已是用户自己掌控着信息的选择权，不再被媒体平台所"劫持"，因此继续创造以企业为中心的内容是无法持续、有效吸引用户的。只有主动创造以用户为中心的内容，才能吸引用户关注，在用户做出决策时进行必要的线索提示，这才是通过内容实现转化的关键。

基于这样的时代背景，很多头部企业已经不再提"内容营销"这种不再新鲜且充满歧义的概念，而是将其升级为企业的"内容战略"。内容战略就是把内容提到和产品一样高的地位，通过内容的生产、分发、应用，筑起壁垒，全面引领企业的发展。站在媒体平台的角度，不但要适应这样的时代变化，还要拿出能够承接这类需求的产品才行。在设计一款能够承接企业内容战略的产品时，可以从以下三个方向寻找切入点。

- 如果媒体平台的内容生产能力强，则与企业共创内容并承接后续的分发、传播、转化工作。
- 如果媒体平台的资源、技术实力强，则直接承接企业内容战略的全盘执行工作。
- 主动帮助企业进行内容战略规划，并承接后续一系列的服务工作。

这三个方向分别有着各自的侧重点。第一个方向适合那些能够自产爆款内容的大平台。爆款内容本身对于用户就有着巨大的吸引力。过去的方式只是将各类企业的广告进行粗暴的植入就算完成了，完全无法衡量后期的转化效果。但如今的新模式是与企业共创爆款内容，企业的价值观、产品、服务都会与爆款内容自然地结合在一起，并加入更多后续引导转化的活动来为企业带来实质性的收益。

第二个方向则建立在企业自身构建了内容战略的基础上，由媒体平台来帮助企业执行这些内容战略，承接这些需求的产品主要集中在分发与转化环节。第三个方向相比第二个方向就要主动得多，毕竟目前在市面上喊着要做内容营销的企业很多，但真正有内容战略的企业还很少。站在媒体平台的角度，就可以借此机会主动出击，帮助企业搭建自己的内容战略，最终以年框的方式制定一套当年的内容战略服务方案，配合企业整体的营销节奏，不断共创内容、分发内容、促进内容转化。只有这样才能真正将用户碎片化的注意力串联起来，在整条链路上寻找到各式各样的商业触点，进而形成一个个精准、持续的转化行为。

接下来就按照什么是内容战略、如何帮助企业进行内容战略规划及如何设计一款能够承接内容战略的商业产品为主线，对内容战略这一命题进行详细的探讨。

5.1　内容战略

在过去，一提到"战略"这个词就会让一线商业产品经理感觉"假、大、空"。然而神奇的是，"战略"这个词虽然深受一线商业产品经理的鄙夷，但这个词经久不衰，甚至还有应用得越来越广泛的趋势。其实，"战略"这个词本身没什么问题，之所以让大家觉得"假、大、空"，是因为使用者的不当及大家对这个词本身的不理解。

5.1.1　什么是内容战略

战略，是一种从全局考虑、谋划实现全局目标的**规划**。在西方，"Strategy"一词源于希腊语"Strategos"，意为军事将领、地方行政长官。后来演变成军事术语，指军事将领指挥军队作战的谋略。在我国，"战略"一词最早可以追溯到春秋时期，"战"指战争，"略"指谋略。孙武所著的《孙子兵法》被认为是中国最早对战争进行全局统筹的著作。所以，"战略"本身并不是"假、大、空"的一句话或一个口号，而是需要有具体产出物的，即全局目标和全局规划。

全局目标很好理解，就是企业发起这项战略最终要实现的目标是什么，如：营收达到××××元，净利润达到××××元。当然，目标也要和战略本身相匹配。如果内容战略的目标是完成当年的营收，那么这个内容战略就可以提前宣布失败了。毕竟内容对用户的影响并非朝夕之功，而是需要一个周期去慢慢深入的，战略也不会只着眼于一年，通常都是五年战略规划。

全局规划是为了实现目标而制订的具体执行方案。可以认为规划是将战略从飘在天上的状态转变为脚踏实地的状态的重要产出物。其实，在我国每发布一项战略都会有相应的三年或五年规划出台，规划都是很具体的指引，只是我们并没有认真研读而已。但在企业中做得就没有那么规范，往往是老板开个发布会发布一项企业级战略，结果这项战略除了 PPT 上那几行字，后续怎么执行、怎么落地一点规划都没有。一线的员工自然就没有办法理解，也没有办法执行，就会对这项战略产生一种"假、大、空"的印象。

另外需要注意的是，战略与策略也是两个完全不同的概念，千万不要将两者混为一谈。**策略是为实现规划而采取的具体手段**。简单来说，策略是规划的下一级，来到了具体执行的层面。举个例子：我们要卖一款产品，战略考虑的是这个方向是否正确、需要投入多少资源、最终要实现什么样的目标等；而策略考虑的是这款产品如何卖，有 N 种方案，我们具体选择哪一种。即战略更关注的是规划，而策略更关注的是方法。

回到正题，我们要将内容营销上升到内容战略的高度，也就是从专注于研究内容营销的方法转到先研究整个企业的全局目标与全局规划，再将全局目标与全局规划往下拆解出具体的执行策略，这样做能防止内容营销的方向走偏，这是符合现代企业发展规律的合理做法。

5.1.2　为什么要做内容战略

在弄清楚了什么是内容战略后，下面再来说一说企业为什么要做内容战略。原因其实并不复杂，在如今的商业环境中，**内容好坏已经成为决定企业成败的胜负手**。无论企业在当前市场环境中处于一个什么样的地位，垄断者也好创业者也罢，都有可能因为对待内容的态度不同，而导致在市场中的地位快速变化。接下来就具体看一看内容是如何改变这一切的。

1. 内容对于营销模式的改变

相信学习过市场营销学的朋友都接触过品牌营销"三板斧"，即"明星代言+饱和式广告+占领渠道"。第一步"明星代言"，在新产品还不知名的时候寻找一名与品牌调性相符的明星来为产品代言，借助明星自带的流量及声誉为产品吸引第一波关注用户。第二步"饱和式广告"，在请来明星代言之后，自然就是将明星代言的广告铺天盖地地投放出去。饱和式指的就是在用户主要的活动路径（线上、线下）中总能看到我们投放的广告。看得多了自然而然就占据了用户的心智，一旦用户有相关需求第一反应就是想到我们的产品。第三步"占领渠道"，指的是占领线上、线下的各种卖货渠道。只要将自己的产品铺到更多的卖场并且尽可能地与卖场签订一些排他协议，就能在这个环节对用户进行拦截。用户只要有需求就只能买我们的产品，那么产品的销量自然就上来了，这就是俗称的"渠道为王"。这样三步走就形成了一个品牌营销的闭环，过去很多传统品牌都是通过这套模式成功的。

但随着时代的快速发展，这套经典的品牌营销模式在执行层面开始出现越来越多的问题。

- 代言人的费用越来越高，越是当红的流量明星价格越高。高价请来还不能省心，公关团队还得随时警惕万一明星突然人设崩塌或快速过气应该如何应对。
- 饱和式投放广告的成本越来越高，各大媒体平台的广告投放多半都是竞价的，想要投得密集，成本比过去高出许多，投放的效果也并不一定明显。
- 想要占领渠道尤其是像过去那样独占几乎已经不可能实现了，各大渠道、卖场为了吸引更多的流量，都会尽可能地丰富自己售卖的产品，并且进一步从各供应商身上榨取利润来补贴用户。

在这样的大环境下，过去的品牌营销"三板斧"的使用成本越来越高，这种情况别说创业者扛不住，哪怕是行业的垄断者都大呼吃不消。所以，一些新崛起的品牌另辟蹊径，创造了一种全新的营销模式：品牌故事+内容"种草"+私域流量。

1）品牌故事

讲故事在之前的内容中就提到过，设计一个好的品牌故事，依靠故事本身的自传播能有效降低推广成本。

2）内容"种草"

这是一个从故事到转化的过程，方式多种多样，可能是KOL（关键意见领袖）的一场带货直播，也可能只是普通用户的使用体验分享，不同的内容会对不同的受众进行"种草"，最终统一形成一个个转化行为。

3）私域流量

私域流量虽然已经是一个被用烂的词，但真正搭建起自己品牌私域流量的企业才能真切地感受到它的威力。私域流量并不仅局限于品牌社群、小程序（严格来说小程序并不是真正的私域流量），而是泛指受品牌自身掌控，在用户认知中固定能看到产品相关内容的区域。如果只是在一个社群里天天发优惠券、打折信息，那么吸引来的只会是"羊毛党"，真正把用户吸引来的应该是有价值的内容。

从新的品牌营销"三板斧"中可以发现，每一步依靠的都是内容，这是一种以内容为导向的解决方案，而非过去那种以资源为导向的解决方案。以内容为导向的解决方案考验的是一家企业的内容生产、运营能力，而非资金实力，这就是为什么当各大企业都发现了内容的威力之后，即便抱着钱去也做不好的原因。反而是那些没有多少资金实力的创业者，却依靠独具匠心的内容生产能力获得了极高的流量，成为"网红"品牌。

2. 内容对于产业链的改变

无论是过去的品牌营销"三板斧"还是新时代的品牌营销"三板斧"，都离不开一个前提，那就是得先有产品。这其实就会面临一个巨大的风险：如果用户并不喜欢这款产品或市场并不需要这款产品，那么无论我们投入多少资金、用多么厉害的营销手段都很难将其打造成爆款。既然先生产产品需要承担这么大的风险，那么为什么还要这么做呢？因为在过去生产力还不够发达的年代，生产一款产品才是整个产业链中最困难的部分，如果连产品都生产不出来就开始谈后期的营销，那都是白搭。传统产业链如图5-1所示。

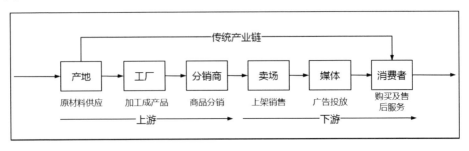

图 5-1　传统产业链

从图 5-1 中可以看到，在传统产业链中，产地、工厂、分销商处在产业链的上游，也就形成了先有货再去找人的商业模式。实际上，处在下游的卖场、媒体及消费者都受限于上游的三个环节。但随着我国制造业水平越来越高，生产一款产品变成了一件容易的事，反而随着媒体越来越多，用户和流量变得越来越稀缺。继续坚持"货找人"的商业模式不但风险大，执行的成本及困难程度也大幅提升。资源的稀缺程度改变了，自然就带来了整个产业链的逆转。新产业链如图 5-2 所示。

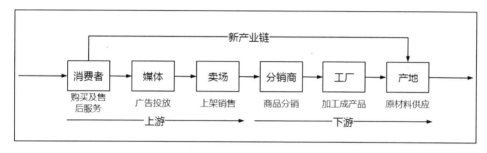

图 5-2　新产业链

从图 5-2 中可以看到，消费者、媒体及卖场成为产业链的上游，而之前上游的产地、工厂及分销商成为产业链的下游。那么，我们怎么理解这个新产业链呢？其实很简单，在现如今这些新崛起的"网红"品牌身上几乎都能看到这种新产业链模式的身影。在这种模式下，一些"网红"主播会与生产方达成代工协议，先生产一小部分产品并在直播中测试市场反应，根据市场的反馈再反向定制供应链进行生产。这样做的好处自然就是规避了用户不喜欢或市场不需要这一最大风险。

更有甚者对于一些瓜果蔬菜类产品还会建立原产地直销的模式，依靠现如今发达的物流及互联网的力量直接将产业链中间的四个环节省去自己来做直销。这样做的好处是不但大幅节约了中间环节的供应链成本，而且可以不断更换各种各样的原产地产品来测试市场反应，反应好的留下，反应不好的直接放弃，自身除选品成本外没有任何风险。

那么，这些"网红"主播是如何在新产业链中占据绝对主导地位的呢？答案还是"内容"两个字。像薇娅、李佳琦这样的头部"网红"是如何拥有如此巨大的流量及粉丝群体的呢？绝不是因为他们采用了直播这种形式，也不是因为他们拥有自己的直播间，而是因为他们的直播间或者说每一场直播里都有精心设计的内容。直播只是一种传播内容的形式罢了，要相信即使没有直播他们也一样会火，只不过他们正好选择了直播这种最适合传播内容的方式而已。

3．内容对于用户体验的改变

上文提到直播对于内容传播的帮助，但实际上直播还只是 4G 时代的产物。在全新的 5G 时代万物互联，我们能够触摸到的任何一个物体都有可能变成内容的载体。当周围所有的物体都可以向用户输出内容时，每个物体就都有可能成为一个抖音或微信朋友圈并让用户沉浸其中。此时，用户的注意力就成了最宝贵的资源，这样的变化就会带来用户体验的根本性改变。

从现如今各大媒体平台推出的产品来看，对于用户注意力的争夺还停留在媒体形式升级的阶段，也就是用视频的形式不断瓜分传统图文的用户时长。但随着 5G 技术的普及，会有越来越多的媒体形式加入这场争夺战中。或许以后不会再出现从图文到视频的颠覆性升级，但每有一种新的媒体形式出现就必须有配套的内容。用户不会再因为新颖的媒体形式而长时间停留，真正能让用户长时间停留的只有内容本身。

虽然现在还无法预测接下来会产生哪些新的媒体形式，但 5G 时代的内容，却是有着三个明确的发展方向的。

1）全视角内容

全视角内容其实已经算不上一个新鲜词了，早在几年前腾讯视频在转播 NBA 比赛时就开始为 VIP 用户提供多机位、多视角观看比赛的服务，用户可以选择自己喜欢的视角或只看自己喜欢的球星。这项服务虽然没能火起来，但让大家看到了全视角内容的可能。试想如果这类内容不仅局限于球赛，而是变成一部电影，用户可以任意切换观看影片的视角，如第一人称视角、上帝视角等，这样的内容对于用户体验的改变绝对是巨大的。

2）可接触内容

很显然，内容中除了加入可自由切换的视角，还可以加入更多可与用户交互的元素。比如，在 2014 年上映的《智取威虎山》中就增加了所谓的"4D 元素"，当电影播放到某些节点时，影院座椅后面可能会喷气、喷水等。而未来的内容不仅是增加一些"4D 元素"这么简单，而是可以让用户与视频内容进行交互。试想通过"上帝之手"推动剧情快速发展，或者改变故事的结局，这将是一种多么有成就感的体验。

3）可参与内容

同样，可参与内容也并不是什么全新的产物，现如今用户参与内容的方式可能只是弹幕、评论等，但未来用户完全可以直接参与内容的前期编排或直接使用全息投影技术加入内容中，想想这又是一种前所未有的体验。

在未来，新的内容入口+新的内容形态会完全颠覆现有的用户体验，也会让现有的商业格局重新洗牌。企业身处其中并不一定能够参与新内容入口的研发，但作为使用者需要能够生产出适合新形态的内容才行。所以，不管企业现如今在市场中是垄断者还是创业者，在如今这个时代都需要重视自身对于内容的生产能力，相信在不久的将来企业的内容实力就会和技术实力、资金实力、人才实力一样被写到企业的财务报告中，成为外部投研分析时的一项重要参考。

5.2　如何帮助企业进行内容战略规划

在这一部分我们来聊一聊如何帮助企业进行内容战略规划。首先内容战略与所有的战略一样，都可以具体落实到全局目标和全局规划这两个具体的维度上，然后将全局目标和全局规划继续往下拆解，就能形成一套完整的内容战略规划体系。在这里我们先将这个战略规划的框架搭建出来，内容战略架构图如图 5-3 所示。

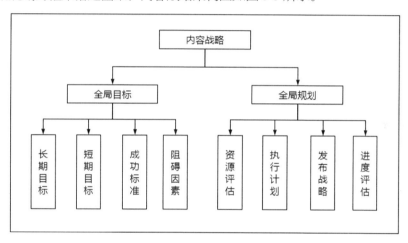

图 5-3　内容战略架构图

从图 5-3 中可以看到，可以将全局目标继续往下拆解成四个子项。

1）长期目标

既然是全局目标的制定，对于目标的管理自然就会想到将其拆解为长期目标和短期目标。长期目标指的是在未来企业要达到一个什么样的高度。其中需要注意的是，长期目标也是有时间限制的，如果时间是无限的，那么目标其实就没有存在的意义了。另外，长期目标的制定并不一定需要把目标量化得特别精确，毕竟时间越长预估值就越不准确。实际上，只需要把量级及大概的数值预估出来即可，如未来 5 年营收达到 1000 亿元级别，或者设计一个定性目标：未来 5 年成为中国电动汽车出货量 TOP1 等。无论是内容战略还是其他战略，在制定目标时最终指向的结果肯定还是企业最核心的指标，而不会因为是做内容战略就将目标设定为生产多少篇内容，毕竟不管做什么战略，最后的目标都是推动企业快速发展。

2）短期目标

短期目标与长期目标正好相反，通常以每年为周期设定一个精确的目标值，如在第1年实现营收××××元，或者在第1年实现出货量××××件等。并且长期目标多半都是一个大目标，而短期目标则有可能同时设置多个。总而言之，在目标角度上不需要直接与内容类的指标挂上，所有的内容、内容策略都是为了实现长、短期目标而采取的手段。

3）成功标准

所有的战略都需要有一个具体衡量是否成功的标准。尤其是当设置了多个短期目标，有的目标完成、有的目标没有完成时如何判断我们的战略是否成功，还需要有一套成功标准。常用的方法是对各个短期目标设置一个权重值，通过权重大小来进行整体的判断。

4）阻碍因素

在设定全局目标时还需要考虑一个问题：哪些因素会阻碍我们实现这些目标？在这个阶段不一定要拿出像样的解决方案，但一定要对未来可能出现的困难有足够的认知。这也是检验目标设定是否过高的一种方法。目标设定得过高或不合理，在穷举阻碍因素时就会发现，阻碍我们完成这些目标的因素远比我们想象中要多得多，此时回过头来对目标进行合理的修正是很有必要的。相信大家在实际工作中都经历过目标每年莫名其妙就翻番的尴尬，这就是典型的在决策过程中缺少对于阻碍因素的思考，导致老板一拍脑袋就使目标翻了番。

在全局规划下也拆解出了四个子项。

1）资源评估

想要完成设定的目标，势必要有相应的资源投入。所以，在开始执行内容战略之前要先弄清楚执行本次战略需要哪些资源，其中哪些资源是现在已经有的、哪些资源是暂时不具备的，不具备的我们该如何获取或填补。常见的资源包括预算、渠道、品牌力、用户量级等，凡是可以被企业利用的都可以称为资源。同样是通过穷举的方法沿着以上一系列问题的思路来完成资源的评估。

2）执行计划

执行计划可以说是整个内容战略中最核心也是最落地的部分。毕竟所有的目标都是喊出来的口号，在实际去做之前都是一文不值的。执行计划可以按照第 2 章提到的设定核心里程碑的方法来制订，将整个执行周期拆分成多个重要里程碑，设置好每个里程碑的完成时间、交付物及关键责任人，从而让大家清晰地知道应当如何执行整个计划。执行计划的制订其实相当考验制订者对于业务的理解，计划制订不合理肯定会招致执行人员的大量吐槽甚至整个计划的破产，所以整个内容战略是否能够成功很大程度上取决于制订怎样的执行计划。

3）发布战略

与策略相比，企业的战略还需要有一个发布的环节，毕竟策略的执行或许只需要一个人或一小群人，但一项战略是需要举全企业之力才能完成的，所以将战略从统一的口径发布出去是非常重要的。因此，很多企业对外会选择发布会的形式，对内会采用内部信的形式来对企业战略进行发布。这样做既能提高战略在大家心中的重视程度，又能避免层层传达带来的信息偏差，算是战略执行的第一步。

4）进度评估

有执行计划自然就少不了对于执行进度的评估，这也是保证战略能够顺利执行的一项关键性工作。抓住每个里程碑的完成时间、交付物及关键责任人就能很好地对整体进度进行评估，一旦发现具体执行有任何风险则可以及时做出预警，这对于一项企业级的战略来说是相当重要的。

总结一下，从以上的内容中我们会发现，其实内容战略规划的框架与其他战略规划的框架是完全一致的，所以重点在于怎么在这个框架下规划出一项具体的内容战略。

5.2.1　内容战略的长、短期目标设定

我们主要站在帮助企业进行内容战略规划的角度，那么在设定目标之前就需要先了解清楚企业想要借此得到什么，或者说借此能得到什么。一般来说，成功的内容战略可以为企业带来的收益有两部分。

1）短期收益

内容战略可以通过内容独有的优势在情感上与用户产生更多的共鸣，并在不同的场景中以适合的内容及方式驱动用户产生转化行为，进而促进销售业绩的提升。

2）长期收益

内容战略可以通过提高用户满意度及对品牌好感度的方式，逐渐占据用户心智，让更多的用户成为对企业具备高度黏性的"忠实用户"，甚至成为企业的义务宣传大使，从而沉淀为企业宝贵的用户资产。

　　这里需要注意的是，短期收益中带来的业绩提升属于"增量业绩"而非"全量业绩"。也就是说，通过实施内容战略能够为企业在现有业绩的基础上获得一定的增量，但并不会短期内就成为企业所有业绩的来源。并且并非所有的企业都适合进行内容战略的推广，我们作为媒体平台侧仍需要寻找一个适合的切入点。这里以帮助一家汽车主机厂进行内容战略规划为例。假设该主机厂过去为传统燃油汽车生产商，现如今想要借着新能源的浪潮转型为生产新能源汽车，树立全新的新能源汽车品牌，希望打破传统模式，寻找全新的解决方案。

　　这段假设中包含两个关键点：第一，企业意识到了市场上新的风口；第二，在新的风口上，企业希望采用新的解决方案。这两点是我们与企业成功合作进行内容战略规划的关键，因为在风口上能够大大降低战略的执行难度。另外，如果企业自身没有意识，不愿意打破传统模式，那我们再推新战略也没有用。

　　基于以上这些假设，我们就可以初步为企业制定出一套内容战略的目标。

- ××××新能源汽车未来 5 年目标：成为国产新能源汽车销量 TOP×，用户规模达到×××万人。
- ××××新能源汽车接下来第 1 年目标：塑造品牌故事，在新能源汽车关注度排行榜上进入前×名，在销量排行榜上进入前×名。

　　目标的背后需要有合理的计算逻辑。假设该新能源汽车目前在关注度排行榜上排名第 10，关注人数 100 万人，要想上升到第 5 名关注人数需要达到 1000 万人，媒体平台全流量渠道全年为其带来 1 亿次的曝光量，用户留存率提升到 10%即可完成该项目标。销量目标的计算逻辑也是一样，要达到销量排行榜××名，按照线索转化率××%计算媒体平台需要为其收集××万条销售线索，××万条销售线索又需要为其吸引××××万名关注用户，其中不采用任何营销手段能够自然完成××%，整个内容战略能为其完成××%。

　　这样在向企业方提案时，他们就能很清楚地明白我们的计算逻辑及能够为其带来的好处，企业再根据自身制定的整体目标来对我们的提案目标进行调整，最终就可以得到双方都认可的目标。其中需要注意的是，一家媒体平台的力量是非常有限的，不可能完全吃下一家企业的整体目标，所以在设定提案目标时还要根据自身的能力范围提报。

5.2.2　内容战略的执行计划

　　围绕设定好的短期目标（近一年的目标）就可以来制订具体的执行计划了。执行计划可以按照时间的维度来设定，将各式各样的内容产品按照产品自身特色及能完成的效果合理地组合起来就能形成一份完整的执行计划。在组合内容产品之前，我们先来了解以下内容产品。

1. 内容产品分类

内容产品一直是一个比较模糊的概念，很多企业都会将其归纳为用户产品的一种。但随着内容产品的商业化潜力被逐渐发掘，内容产品也成了强有力的商业产品。内容产品的分类方法有很多，其中最常见的就是按照媒体形式的不同来划分，可以将其分为视频产品、图文产品、音频产品等。但这样分类对于我们来说没有什么意义，这里介绍另一种分类方式，即按照内容创作者的不同来划分，可以分成以下四种类型。

1）OGC

职业生产内容（Occupationally Generated Content，OGC）是指由拥有专业知识背景的行业人士生产的内容。在很多媒体平台上都有以提供这类专业内容为主要工作职责的记者或编辑，他们所产出的 OGC 具有质量高、有深度等特点，尤其是一些有官方属性的媒体产出的 OGC 是具备一定的权威性的。在很多垂直类媒体中，这些 OGC 创作者就是其流量的保障及平台的壁垒，尤其是汽车这样专业程度高、入门门槛极高的行业，OGC 就是所有内容的核心。

2）PGC

专业生产内容（Professional Generated Content，PGC）是指由具备一定专业知识的代理机构或个人生产的内容。PGC 其实是当下内容生产的主力军之一。与 OGC 相比，PGC 在内容质量与深度上可能有一些欠缺，但是胜在创作者基数大、内容产量大。OGC 受限于专业编辑的人数，产能自然是有限的；但 PGC 只要愿意花钱就能够招募到大量的代理机构或个人自媒体来进行内容的创作，是内容战略中的核心产品之一。现如今几乎所有的大中型媒体平台都开设了自己的内容开放平台，以广告收入分成的方式吸引各行业的 PGC 创作者入驻平台生产内容。这样做不但解决了平台内容丰富度低的问题，也形成了一个完整的内容变现生态圈。目前市场上最出名的内容开放平台莫过于今日头条的头条号、腾讯的企鹅号、百度的百家号及阿里的大鱼号。

3）UGC

用户生产内容（User Generated Content，UGC）是指由平台的普通用户生产的内容。这类内容与 OGC、PGC 相比，无论是专业性还是深度都有不小的差距，且质量参差不齐，比较难以管控，但胜在产量大。试想无论是 OGC 还是 PGC，成为创作者都是有门槛的，但 UGC 没有门槛，只要用户有想要表达的欲望就能直接以任何形式发布出来。尤其在这个短视频盛行的年代，绝大多数短视频内容都是由用户自行创作的，每天的内容产量直接决定了平台的繁荣程度。

4）AGC

智能生产内容（Artificial Intelligence Generated Content，AGC）是指由机器通过算法生产的内容，俗称"AI写作"。前几年随着人工智能的兴起，AI写作一度成为当时一个非常流行的发展方向，各大媒体平台都研制了自己的写作机器人来大量生成内容。与其他几类内容相比，AGC的内容质量非常低，模板千篇一律，以目前的技术水平还难以达到人类写作的基础水平，但它之所以产生还是胜在产量大。

UGC创作者发文手速再快也不可能比机器生成快，系统一运转起来1秒就能生成无数篇文章。AGC的内容质量低的缺陷让这类内容还无法大规模地替代人类创作的内容，并且大量推送这样的内容会招致用户的反感，得不偿失，所以如今很多媒体平台都暂停了对这类内容的研究。但其实AGC也有一些固定的场景可以使用，如播报比赛结果的新闻、天气预报、地震预告等，这些场景的特点在于内容的模板非常固定。这类内容比拼的是时效性，比赛刚结束1秒反映比赛结果的内容已经生成，下一秒就推送给了需要及时了解比赛结果的用户，其效率不言而喻，甚至还能带来用户满意度的提升。

2. 内容产品规划矩阵

基于上述的内容产品分类方法，我们可以借此来搭建一套内容战略执行计划框架，如图5-4所示。

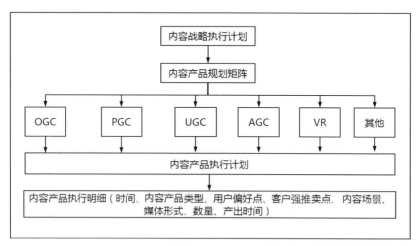

图5-4　内容战略执行计划框架

整个框架的主体结构可以分成三层，由粗到细分别如下：第一层是内容产品规划矩阵，第二层是内容产品执行计划，第三层是内容产品执行明细。

我们将内容产品分成了以上四大类别，每个类别下都包含视频、图文、音频等任意媒体形式，在进行内容产品的整体规划时就不用局限于媒体形式，而只需要专注考虑内容本身的质量及产能的问题，算是目前比较常用的内容产品分类方法。基于这些分类我们可以构建出一个内容产品规划矩阵，如图 5-5 所示。

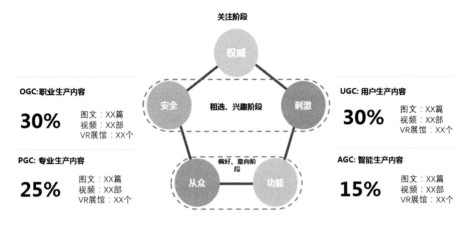

图 5-5　内容产品规划矩阵

图 5-5 是针对某品牌车系的内容产品规划矩阵，主要体现的是规划周期内各类内容产品的数量情况。每种类型的内容产品都需要有各自限定的数量占比，每类内容产品的占比代表着整个项目的执行成本。举个例子：OGC、PGC 等高质量内容产品的生产成本很高，如果在规划矩阵中的占比过高，不但产能无法实现，还会让整个项目的成本居高不下。而如果 UGC、AGC 的占比过高，又会导致内容整体质量下降，无法形成足够的效果，客户也不会同意我们这样的方案。所以，各类内容产品的占比不但要参考自身的生产能力，还要控制好内容生产的成本及整体内容的质量，其中只要有一个环节出现纰漏，都可能导致整个项目无法达到预期的效果。

在实际规划中，内容产品的产能评估就会成为一项非常麻烦的工作。毕竟内容产品与广告产品相比，内容的生产需要更长的周期，只有合理评估产能及内容生产排期才能将整个规划落到实处。这些都需要商业产品经理反复与多方进行协调与确认，最终才能顺利完成。

3．内容产品执行计划

对于整个执行计划而言，如果只到内容产品规划矩阵这个粒度还是太粗糙，没办法具体执行，所以还需要更细的执行计划。可以以营销周期为时间节点规划出不同时间节点上要安排的内容产品，示例如图 5-6 所示。

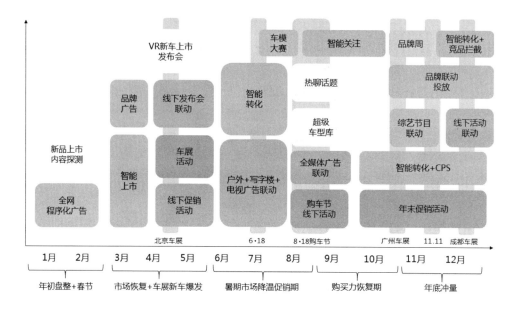

图 5-6　内容产品执行计划示例

图 5-6 是为某品牌车系规划的全年内容产品执行计划，整个计划以 2～3 月为一个时间节点，每个时间节点上大都伴有车展、购车节这样的大型活动，依据这些时间节点有节奏地进行内容生产、分发和转化。整个计划设置有两大关键点。

第一，整个周期内的内容生产、分发和转化需要按照一定的节奏来进行，整个周期内满负荷全量生产、分发内容对于资源的消耗是巨大的，并且也容易造成用户的疲劳，最终适得其反。整个计划需要设置一个比较好的节奏，不但使内容创作者不会有太大的压力和紧迫感，还能够保证生产内容的质量及剩余一定的修改、调整时间。经常炒股的朋友都知道，韭菜一直割是会割到根导致最终长不出来的，所以要有节奏地让用户进行休养生息，只有这样才能获得更有效的转化。

第二，要懂得借力打力。所谓借力打力，就好比我们经常听到的借势营销、追热点等行为。如果企业完全依靠自身的力量来生产热点内容，同样面临消耗大、成本高的问题，还存在不一定红、不一定热的风险。所以，适时借助当前市场的热点来进行内容生产和分发是提高转化效果的一大利器，千万不能轻易错过。

4. 内容产品执行明细

最后到了每个时间节点上还需要更加具体的内容产品执行明细。常见的内容产品执行明细可以通过一个表格来管理，示例如图 5-7 所示。

时间	内容产品类型	用户偏好点	客户强推卖点	内容场景	媒体形式	数量	产出时间
2021/4/21	OGC	外观-20英寸都市霓虹轮毂 外观-能量矩阵尾灯 外观-无边际后挡风玻璃 内饰-贯穿式隐藏出风口 内饰-赛车级运动座椅	外观-北极之光日间行车灯 外观-一体式夜幕车顶	#长途旅行省心又享受	图文	1	xxxxx
2021/4/21	OGC	外观-20英寸都市霓虹轮毂 外观-能量矩阵尾灯 外观-无边际后挡风玻璃 内饰-贯穿式隐藏出风口 内饰-赛车级运动座椅	外观-北极之光日间行车灯 外观-一体式夜幕车顶	#长途旅行省心又享受	视频	1	xxxxx

图 5-7　内容产品执行明细示例

执行明细需要设定清楚：在哪天哪款内容产品按照哪个方向生产哪些形式的内容。这些具体的执行明细会通过内容产品的后台发布到各类内容创作者手中，接到这些生产任务的内容创作者只需要按照要求完成内容、按时提交审核，审核通过后就能获得不同程度的奖励。比如，OGC 创作者能直接得到一笔稿费，PGC 创作者的收入则是奖金+广告收入分成，UGC 创作者可能得到购物卡、电话费，等等。

每类内容产品的内容生产成本不同、内容质量不同、生产速度不同，需要与整体的时间节点对上，因此整个协作流程的管控也是一套庞大的体系。当然，一旦这套协作体系构建完成，将大大提升整个内容产品体系的生产效率。同时，因为这套协作体系具备稳定的变现能力，所以还能反过来吸引更多的内容创作者加入体系中。整套协作体系还有一个时髦的名称，叫作"内容中台"。

最后总结一下，在这部分内容中，我们是站在媒体平台的角度考虑如何帮助企业客户制订内容战略的执行计划的，这是内容战略真正落地的关键步骤，但其中也存在明显的限制。

- 第一，在内容产品的分类上，并非只能按照内容创作者的不同来划分，分类方法还有很多，只不过这种分类方法相比按照媒体形式的不同来划分，有足够多的灵活性，且考虑到了内容的产能及质量的问题。大家在实践中完全可以按照自己平台的内容产品体系来划分，只要方便后续管理与协作即可。

- 第二，站在媒体平台的角度，受限于自身产能及内容生产能力，不可能完全吃下企业客户整个内容战略的预算，所以在前期设置目标时既要达到战略的级别，又要符合自身的能力。规划得太大自身承接不了，不但尴尬，还可能因此便宜了竞争对手。这是来自我的真实经验，大家切莫重蹈覆辙。

5.3 内容类商业产品设计实践

上文已经完成了什么是内容战略、如何帮助企业进行内容战略规划两大块的阐述，接下来进入内容战略的最后一个部分——内容类商业产品设计实践。由于我的能力有限，在此只能以自己做过的一款内容类商业产品为例向大家进行介绍，大家可以以此为参照设计符合自己业务的内容类商业产品。

5.3.1 内容类商业产品需求分析

站在媒体平台的角度，商业产品经理日常的工作需要不断面对开篇提到的"三类指责"和一堆抱怨。为了解决这些问题，商业产品经理才会产生设计全新商业产品的想法。这里需要先对各方的需求进行简单的梳理。

1）广告主的真实需求

对于广告主来说，他们的需求其实很简单，就是想要获得更好的**效果**。出于对**效果**的担心及对时下热门产品的跟风，他们才会提出需要更多内容、要更加原生的诉求。但其本质是不变的，就是要从购买的商业产品中获得更好的效果。

2）用户产品团队的真实需求

对于用户产品团队来说，他们的问题主要集中在广告的营销属性太强及出现频率太高对于用户体验的损害上。所以，其需求也很明确，就是广告并不是不能投（毕竟用户产品经理的工资是由商业产品经理赚回来的），但要尽可能地原生，尽可能地与其他内容融为一体，减小对于用户体验的损害。

3）老板的真实需求

对于老板来说，他们对于损害用户体验的商业化势必是要站出来反对的。但老板更关心的问题还是如何提升整体的营收、如何获得新的增长点。商业内容绝对是产品创新的一个重要方向，必须好好把握。

4）商业产品经理的真实需求

对于商业产品经理来说，为了完成自身的 KPI 可谓"无所不用其极"，但"巧妇难为无米之炊"，没有流量是对商业产品经理工作的最大限制。所以，其最真实的需求就是在不新开入口、广告位的前提下实现流量增长。用户产品提供的内容就是一个好的切入点。

总结一下，各方站在各自的立场上需求的侧重点是不同的。广告主要的是效果，是不是内容类商业产品并不是特别重要；用户产品团队要的是体验，所以更希望我们卖的是内容而不是广告；老板要的是创新、要的是增量收入，要想实现增量收入就得寻找新的渠道，商业内容是还没有开垦的土地，可以拿来试试；商业产品经理要的是流量，哪里有流量哪里就有商业变现，只剩下内容还没有下过手了。所以，设计一款内容类商业产品是满足各方需求的一个好办法，但需要保证用户的转化效果及整个媒体平台内容生态的质量。

完成了需求分析，发现各方对于内容类商业产品的态度可以分成两种：一部分需求方对于内容类商业产品是有明确需求的，另一部分需求方也并不抗拒。这样我们就可以继续沿着这个方向往下走。很多朋友可能觉得对于各方的需求再进行一次分析和沟通没什么必要，但实际上，当你要发起一个新项目时除了要明确这个需求的真伪，还得注意相关对接方是否会有反对意见，提前沟通好可以防止产品在进入售卖阶段后遇到一些意想不到的阻拦。

5.3.2 内容类商业产品商业变现逻辑梳理

按照第 2 章提到的商业产品经理的工作流程，在完成需求分析之后，接下来就需要对内容类商业产品的商业变现逻辑进行梳理。前面提到，商业变现逻辑有三种，分别是流量变现、服务变现、数据变现。这三种商业变现逻辑对应着五种商业变现模式，分别是广告变现、电商变现、流量分发变现、增值服务变现、商业数据变现。内容类商业产品作为用户端的核心产品类型支持很多种商业变现模式。

首先，在各大媒体平台所有文章最终页的底部都开辟了相应的广告位，所以内容类商业产品支持广告变现模式。其次，在目前主流的短视频、直播平台上，页面都具备直接添加商品橱窗的功能。用户受到视频或直播内容的引导，点击商品橱窗可以直接形成转化，所以内容类商业产品也支持电商变现模式。接下来，针对内容的流量分发变现，目前在市场上并没有看到特别标杆的产品，但很容易想到既然信息流是用来分发内容的，那为什么不能尝试分发一些商配内容甚至软文呢？所以，内容类商业产品也是支持流量分发变现模式的，并且这是一个不错的切入点。另外，在日常工作中我们常常会接到客户购买 PGC、OGC 专题内容的需求，所以直接出售内容也算是一种针对客户的增值服务。最后，针对商业数据变现模式还没有发现特别适合的结合方法，可以认为内容类商业产品暂不支持这种商业变现模式。内容类商业产品商业变现模式梳理如图 5-8 所示。

从上面的梳理中会发现，内容类商业产品几乎支持了主要的商业变现模式，但留给我们创新的空间并不多。广告和电商变现模式早就已经有了，我们可以尝试从流量分发、增值服务的角度来进行微创新。

商业变现模式	是否支持	内容类商业产品形态
广告变现	是	在文章最终页开辟广告位
电商变现	是	在视频页、直播页插入商品橱窗
流量分发变现	是	信息流、搜索分发商配内容、软文等
增值服务变现	是	原创内容出售等
商业数据变现	否	无

图 5-8 内容类商业产品商业变现模式梳理

5.3.3 内容类商业产品规划

确定采用哪种商业变现模式后，接下来就可以开始进行内容类商业产品规划了。第一步也是最重要的一步就是为新产品找到流量来源。要实现增量收入，创新产品就不能占用原有产品的流量，需要重新挖掘新的流量。

挖掘新流量只有一个原则：哪里流量大就从哪里下手。流量小的页面/模块，哪怕产品搞得再好没有流量也是白搭。对于长尾流量，除非能有效地将其整合起来，不然不建议考虑。

在本节介绍的案例中，我们瞄准的就是整个 App 中流量最大的功能模块——信息流。目前来看，信息流可以说是流量分发效率最高的模块。几乎所有媒体类的 App 都拥有信息流这项功能，并且信息流往往是媒体平台中流量占比最大的功能模块。另外，信息流主要承担的任务就是分发内容，作为内容类商业产品的载体是极为合适的。

但显然我们并不是第一个选择从信息流下手的，信息流中的广告就是信息流流量变现的最主要方式。想要再从其中挖掘出可以变现的流量，就需要对信息流这个功能模块有所了解。

1. 信息流是什么

严格来说，信息流只是一种页面的交互形式，而非一种独立的产品。只有当信息流加上其背后的推荐系统时才形成了我们日常所看到的信息流功能。所以，信息流并不能代表推荐系统，推荐系统也不一定只能以信息流的方式展现，可以简单地认为双方只是前后端的合作关系。另外，信息流的形式也并不固定，常见的信息流形式如图 5-9 所示。

图 5-9　常见的信息流形式

第一种单行信息流在资讯类 App 上最为常见，文章、图片、视频、广告都以一行一行的形式存在于整个页面的列表中。第二种是以小红书和快手为代表的双列信息流。双列信息流最早起源于美国的图片网站 Pinterest 发明的瀑布流，对图片进行错落的多列排列缓解了用户的视觉疲劳，在当时算是 PC 端页面上的一种全新体验。将这种方式移植到移动端就成了现在的双列信息流。第三种是以抖音为代表的单列信息流。其实当信息流的形式发展到单列时，也就不存在内容的外展形式的问题，直接展示内容本身即可。在这里大家可以尝试思考一个问题：主流的信息流形式为什么会有三种？为什么大家不都学抖音改成单列信息流？

问题的答案就在于这三种信息流形式对内容的分发效率是不一样的。假设用户在 App 上停留的时长是固定的，刷动信息流的次数也是固定的，那么每屏展示 5～6 条内容的单行信息流就要比每屏展示 4 条内容的双列信息流及每屏展示 1 条内容的单列信息流分发出去的内容要更多（这里的分发指的是向用户展示，不考虑用户是否点击）。按照内容的分发效率排序：单行>双列>单列。基于这个角度就很容易解释为什么资讯类 App 的信息流都采用单行的形式，而图文、视频社区多半采用双列的形式，短视频则采用单列的形式。毕竟不同形式的内容生产难度是不一样的，平台每天需要分发的量也是不同的。文章的门槛最低，自然内容产量最大，所以就需要采用分发效率更高的方式。视频的生产难度最大，采用单列信息流的形式对视频内容的展示更有利。用户不再是在列表中"挑菜吃"，想要看下一个就必须往下滑，这种无法预知下一个视频是什么的方式反而增加了用户滑动的次数。并且流量最终分发给谁完全由推荐系统说了算，不再受制于平台的KOL。这也就是现如今当我们打开快手时默认的首页不再是以前发现频道下的双列信息流，而变成了精选频道下的单列信息流的原因。

2．信息流系统是什么

信息流系统是信息流和推荐系统的综合体，可以根据用户不同的兴趣爱好为其推送不同的内容，从而进一步提升内容分发效率和效果。信息流系统是一个综合体，与很多复杂系统都有交集，包括搜索引擎和广告系统。信息流系统的设计主要解决两个核心问题：应该给用户展示什么内容？这些内容应该如何排序？不同的信息流系统对这两个问题给出的答案是不一样的，其中就存在一个信息优先级的问题。

- 关系用户自身利益的信息对于用户是最重要的。
- 与用户互相关注的人的信息是比较重要的。
- 用户关注的人的信息是相对重要的。
- 用户不关注的人的信息是最不重要的。

各大新闻类产品主要提供给用户的就是用户不关注的人的信息，所以这类产品对于信息的消费量是最大的；像微博、知乎主要提供的就是用户关注的人的信息；微信朋友圈则主要提供的是与用户互相关注的人的信息。用户关注的信息对用户越重要，其信息优先级就越高，产品的黏性越高，商业价值也就越高。**那么，是不是新闻类产品的价值就比不上社区类产品，更比不上社交类产品了呢？当然不是，每种产品都有其存在的意义与价值，**就看我们对信息如何进行加工。在美食节目中经常会提到这样一句话："最高端的食材往往只需要采用最朴素的烹调方式。"在信息流中也是一样的，对于用户来说越重要的信息，越要尽可能减少信息的加工流程，反过来越是对用户不重要的信息，越要通过各种策略来提高用户的点击率。所以，**信息流系统的本质就是围绕信息优先级与信息加工机制来展开的。**

信息加工机制有很多，这里介绍五种常见的机制。

1）时间轴机制

时间轴机制，顾名思义就是将所有的内容按照时间维度进行加工（筛选、排序），这是对信息加工程度最小的机制。这里我们需要对机制和策略进行区分，机制设计出的是一种模式，而策略是行动的具体手段。举个例子：在广告中竞价是一种机制，而具体怎么出价是一种策略，一种机制下会存在多种策略。时间轴机制虽然简单，但其中包含很多策略，如时间轴上内容的召回策略、内容的更新策略等。对于时间轴机制应用得最好的产品莫过于微信朋友圈。它采用时间轴机制对内容进行筛选、排序，技术实现难度较低且易于用户理解，并且随着时间的推移不断更新内容，可以达到吸引用户不断打开使用的目的。由于与用户互相关注的人的信息是有限的，也保证了用户不会错过最新的信息。

但随着互联网的迅猛发展，时间轴机制出现了一些弊端。在用户好友数量不断增加、朋友圈营销越发盛行的情况下，系统无法进行有效的过滤，就会造成用户很难看完全部好友的信息。现如今微信朋友圈其实已经加入了机器筛选的策略，只不过整体的时间轴机制没有改变，所以大部分用户感知不到罢了。

2）重力与拉力机制

这里的重力指的是让内容不断往下掉的力，如最大的重力就是时间，因为新内容会不断产生，就需要让老内容不断往下掉；拉力则指的是让内容不断往上升的力，如用户的点赞数、回复数。重力与拉力机制其实就是一种按照时间衰减因子与内容受欢迎程度来对信息进行加工的机制，这种机制在社区类产品（知乎、贴吧）中应用非常广泛。

3）二次传播机制

二次传播同样是一种信息加工机制。在很多社交类产品中都活跃的这群被策划称为KOL 的人，也就是我们俗称的"大 V"，他们会根据自身的观点对信息进行二次加工并传播给关注他们的粉丝，信息经此就得到了二次传播。很多社交类产品上的热点内容就是通过二次传播火起来的，如微博上的转发和知乎上的点赞都是有效的二次传播机制。这样的机制能够让信息更加有效地流动起来，形成链式传播。当然，二次传播有利有弊。如果被有心人利用传播和散布一些具有煽动性的负面言论，通过二次传播很有可能就会带来巨大的影响，所以二次传播机制对于内容的过滤有着更高的要求。

4）亲密度机制

亲密度机制最初其实是由 Facebook 提出的一种排序算法 EdgeRank 演变而来的。它主要解决的是在用户有了足够多的关注或好友之后，当用户无法看完全部内容时，就可以通过亲密度机制来对信息进行加工。EdgeRank 的基础算法逻辑如下：

$$E = U \times W \times D \qquad (5\text{-}1)$$

其中，E 表示内容对于用户的权重，U 表示内容创作者和阅读用户的亲密度，W 表示内容本身的权重，取决于内容的点赞数、评论数等指标，D 表示内容的时间衰减系数，越新的内容权重就越高。系统根据这三个主要因素进行综合考虑。亲密度机制的引入不但能够有效提升内容的点击率，而且从商业化的角度看，它将信息的展示逻辑变成了黑盒反而更有利于插入广告。微博、知乎都很快放弃了时间轴机制，开始采用亲密度机制。

5）个性化机制

个性化机制又是一个被互联网圈滥用的词汇。不管什么产品都说自己是根据用户的偏好进行个性化推荐的，但实际上个性化机制主要针对的是那些关系链条弱的资讯类产品。关系链条弱导致产品并不适合采用亲密度机制，而是更多地着眼于用户的行为特征与内容特征。通过用户的浏览、点击、点赞、评论等行为为用户打上标签，再根据用户标签与内容标签的匹配度来为用户提供信息。这种机制同样给予了我们进行商业化的机会。

总结一下，以上介绍了五种常见的信息加工机制，每种机制都有其特点及对应的使用场景，并且每种机制下都拥有丰富的执行策略，能够将各种机制有效地融合在一起。比如，微信朋友圈虽然还是采用时间轴机制，但其中也会包含亲密度的策略，在内容更新量很大时过滤那些与用户亲密度低的好友所生产的内容。另外，现在大家在认知上普遍存在一个误区，认为采用个性化机制就是最好的，不采用这种机制就感觉自己的产品不是互联网产品。但实际上决定我们采用哪种信息加工机制的是信息优先级，只有先根据平台自身内容的特点明确自己的信息优先级才能找到适合的信息加工机制，在适合的信息加工机制的基础上再进行一些多机制策略的融合，这才是如今信息流产品的核心发展思路。那些一上来就吹我们是基于用户行为的个性化来推荐产品的人都属于知其然而不知其所以然的门外汉。

3. 信息流系统的架构

接下来我们了解一下信息流系统的整个架构，每种机制下信息流系统的架构可能是不一样的。这里还是以我所在平台的个性化信息流系统的架构为例，整个系统主要分为四个部分：内容层、标签层、内容加工层、推荐引擎层。常见的信息流系统架构如图 5-10 所示。

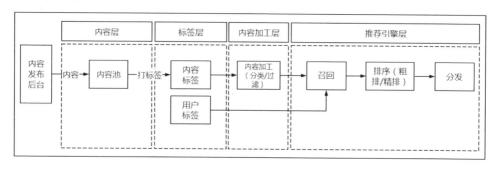

图 5-10　常见的信息流系统架构

1）内容层

内容层是一个经常被忽视，但极为重要的底层支持模块。整个模块以内容池为核心。内容池主要承担着两大作用。

（1）内容对接

内容对接指的是内容创作者通过内容发布后台进行发布的内容，想要在信息流中获得曝光，需要先将内容存入内容池中接受统一的管理。内容对接看似很简单，但在实际应用中是一项繁复的工作。首先，不同产品线的内容发布后台很有可能是不相同的，且内容形式也不同，如图文和视频的内容发布后台有可能是不同的，所以内容池往往需要对接多条产品线的多个内容发布后台及各种各样的内容形式。其次，不同产品线生产内容的字段也不尽相同，除信息流系统统一必传的字段外，还需要支持各产品线的特殊字段，所以每对接一种内容就需要重新与对方沟通一次对接的字段及数据传输的方式。

（2）内容管理

内容池对于内容的管理主要有以下几个步骤。首先是对内容进行初步分类。通常内容主要按照"产品线—物料类型—具体物料"三级进行管理，这样做的好处在于方便后期的流量切分与数据统计。其次是对上报的字段进行管理。必传的字段主要包括内容的标题、正文、图片、标签、外展素材、跳转链接、推荐渠道、发布时间等。这部分内容需要制定成统一的规范，要求各业务方严格遵守。接下来还要对各产品线数据传输的方式及上报数据的结构进行管理。比如，量小的产品线可以通过接口传，量大的统一推到 Kafka 的队列里等，其中有很多细节需要与研发人员一起制定。最后也是最重要的部分，就是内容入池、出池规则的制定。入池的规则会有很多，不符合国家政策法规要求的内容、重复内容、搬运内容，即相似度达到××%的内容等均无法入池。出池的规则即内容时间超过××天会自动出池等。

2）标签层

在内容入池之后需要对每个内容打上相应的标签。传统的打标签方式是在内容发布后台由内容创作者自行勾选。这种方式虽然简单，但问题也显而易见，人工打标签的错误率并不高，但架不住内容创作者故意打错。比如，内容创作者发现某些标签的推荐量大或某些标签正好赶上热点而将自己的内容与标签强行关联。遇到这种情况就会导致整个信息流系统的点击率下降，所以现如今的信息流系统都是在内容入池之后由机器来打标签。

机器打标签的方法有很多，这里不再赘述。机器打标签的结果不但准确，还会考虑各类标签对于内容的覆盖情况及分布情况。覆盖率不高，很多内容打不上标签，那么内容标签就没有存在的意义；分布不均匀也会造成大量内容无法曝光。给内容打上标签之后，根据内容标签与用户标签的映射关系就可以实现将哪个内容推荐给哪个用户。

3）内容加工层

内容加工层也是经常被忽略的一个模块。如果说内容入池规则是对内容进行的第一层过滤，那么内容加工层进行的就是第二层过滤。第一层过滤主要排除的是一些不符合规范的内容，第二层主要进行的是分类，过滤那些无法加入分类的内容。举个例子：信息流系统并不一定只支持首页的信息流功能，各频道页、内容页底部都有信息流系统的存在。不同的场景、不同的位置对于推荐内容的要求是不一样的，先将内容按照不同场景、不同位置分好类，可以简单理解为每个场景、每个位置都有自己加工后的一个小内容池，这样做可以有效降低召回时的系统压力。当然，也有很多企业的系统将这部分的工作完全放在召回模块里完成，最终只要保证系统的性能即可。两种方式并没有什么对错之分。

4）推荐引擎层

推荐引擎层包含的就是我们最为熟悉的两个模块——召回和排序。这里虽然与广告投放系统的使用场景不同，但召回和排序的原理及算法都是通用的，此处不再赘述。

总结一下，从整个信息流系统的架构来看，相比广告投放系统，信息流系统好像稍微简单一些，毕竟不用涉及竞价和钱的问题。但真正大平台的信息流系统在召回和排序两大模块中有着极其复杂的策略，每条产品线、各个业务方都有各式各样的规则，还有各种用户冷启动、内容冷启动的问题。除此之外，在流量分配上既得做到让各方满意，还得保证效果不断提升，这也是一件很有技术含量的事情。

4．内容类商业产品架构

我们的全新的内容类商业产品就基于现有的信息流系统的架构来设计，分别将商业内容、商业标签，以及商业内容的召回策略、排序策略通过商业内容管理后台推送到信息流系统的各个环节中，进而实现对于商业内容的生产和分发。内容类商业产品架构如图 5-11 所示。

1）商业内容管理后台

商业内容管理后台是整个内容类商业产品的主要载体，其核心模块包括任务管理、内容规划、商业标签管理、商业内容策略管理。整个业务的流程与广告的投放很相似，第一步依然是客户下单我们的内容类商业产品，商业内容管理后台从媒介系统中获取相应的合同号作为客户任务创建的依据。第二步就是为客户创建商业内容的推送任务，并且需要设定好品牌、车系及推送周期、任务类型等。其中，任务类型可以根据品牌、车系自身的情况及营销场景的需求分成以下几种类型。

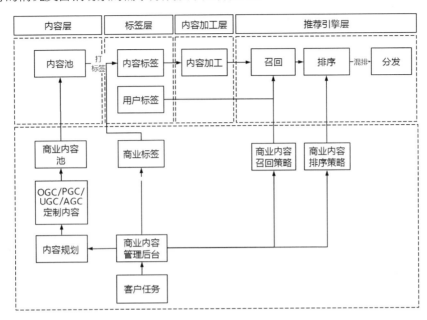

图 5-11　内容类商业产品架构

（1）新车上市

在主机厂客户要发布一款新车时就可以选择这种任务类型。这类任务的特点在于内容的曝光量大、配套的商业内容种类多，能够达到迅速为新车引入大量关注用户的目的。

（2）关注补强

关注补强针对的是市场上在售的品牌、车系，任务的目的就是配合每年新发的"年代款"为其提高旗下所有车型的关注度。这类任务的特点同样是内容的曝光量大，但与新车上市不同的是，其配套的商业内容会更加精准地命中用户的关注点，因为我们已经积累了用户对于老款车型的关注点及槽点。比如，某车系老款车型被吐槽最多的是后尾灯，在新款车型中如果修改了这个问题就可以作为全新的卖点向老用户进行宣传，如果没有修改这个问题则在内容中尽可能地回避这个问题，这也是商业内容与普通内容最大的区别。

（3）兴趣加深

兴趣加深针对的是已经具备一定规模关注用户的品牌、车系，任务的目的就是通过内容来对关注用户进行深度"种草"。这类任务的内容曝光量级不会太大，并且针对的都是这个品牌、车系的关注用户，配套的商业内容会做得更有深度。用户可以在内容中了解到更多真实车主的评价、与其他竞品车系的对比，以及更多、更详尽的参数分析等。

（4）转化提升

转化提升针对的是已经在平台上积累了一定规模兴趣用户的品牌、车系，任务的目的就是通过专题活动的内容将感兴趣的用户真正吸引到线下购车门店中。为了保证转化率，这类任务的内容曝光量级也不会太大，但能达到将感兴趣的高质量用户快速转化到线下的目的。

（以上每种任务类型都对应着自己特有的内容规划及营销周期和节奏。这里需要注意的是，以上任务的分类完全是依照汽车行业的业务特点来进行的，所以也没有什么可以抄作业的点，重要的是大家要对自己所处行业有充分的理解并依照行业特点进行有针对性的设计。）

2）内容规划

内容规划是商业内容管理后台的一个核心模块，其本质就是将上文提到的"内容产品规划矩阵—内容产品执行计划—内容产品执行明细"全部进行了产品化并集成到一个功能模块中。内容规划模块下设有内容规划矩阵和内容执行明细两个子模块。

内容规划矩阵页的主要功能是整体设定整个推荐周期里所需各类内容产品的形式及数量，其原型如图 5-12 所示。其中最需要关注的有两点。一是各类内容产品的剩余产能数量。比如，OGC 的剩余产能数量是通过专业编辑的人数及每名专业编辑的产能估算出的；而 PGC 和 UGC 由于采用创作者招募的方式，只能按照历史招募数据给出一个预估值作为参考，实际产能可能存在一些偏差。二是整个周期内的内容总量及预估日均曝光量。每个任务规划多少内容除与各内容产品的产能有关外，最主要的还是与能够获得的曝光量有关。毕竟在这个环节我们主要进行的是流量+增值服务变现，流量是有成本的，每增加一篇内容也是有成本的，在规划阶段一定要控制好两者的平衡及客户的预算。

内容规划矩阵完成后，在内容执行明细页就会按照时间周期生成相应的表格（见图 5-13）。此时运营人员就需要对具体执行的明细表进行录入，具体字段上文介绍过，这里不再赘述。其中，用户偏好点是系统提前计算好的，而客户强推卖点是需要提前与销售人员或客户沟通好的。最后设定好内容的产出时间就可以将任务发布到各内容产品线上。

内容规划是一个精细活，还需要对客户的产品有比较深入的了解，对于运营人员的要求是非常高的。（注意：以上页面原型均为我专门为阐述本书逻辑绘制的，我进行了刻意的简化与模糊，并非实际产品页面，重点是把产品逻辑讲清楚，希望大家理解。）

图 5-12 内容规划矩阵页原型

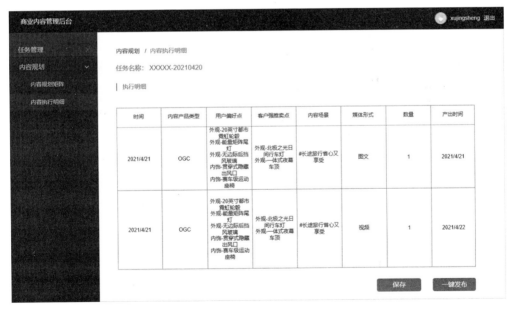

图 5-13 内容执行明细页原型

3）商业标签管理

对商业内容进行推荐自然需要有配套的商业标签。但商业标签并非独立于现有内容标签体系之外，要进行有效的推荐，商业标签应当成为内容标签体系的一部分。下面我们先来看一看现有的内容标签体系，其明细如表 5-1 所示。

表 5-1　内容标签明细

一 级 标 签	二 级 标 签	三 级 标 签
车生活	兴趣	产品拍摄
		车友聚会
		二次元
		风景摄影
		航拍
		画车
		旅游
		美女
		美食
		模型
		模型玩具
		人物摄影
		日常拍摄
		生活兴趣
		校园
	用车养车	保险年检
		保养
		不文明驾驶
		出行信息
		二手车
		改装
		轮胎
		事故_车祸
		事故分析
		维修
		养车成本
		用车成本
		用车攻略
		用车指南
		用车资讯
		用品体验
		油耗
		油价变动
		装饰

续表

一　级　标　签	二　级　标　签	三　级　标　签
车内容	车型口碑	新车体验
	车展	巴黎车展
		北京车展
		北美车展
		成都车展
		东京车展
		法兰克福车展
		广州车展
		洛杉矶车展
		纽约车展
		日内瓦车展
		上海车展
		深港澳车展
	行业	行业政策
		品牌分析
		销量解读
	技术解析	拆解分析
		技术讲堂
		技术体验
		碰撞测试
		设计殿堂
	汽车文化	车坛轶事
		经典车
		品牌活动
		汽车历史
		汽车人物
		汽车生活
	热点新闻	热点聚焦
		热门事件
	赛车	CRC
		CTCC
		F1
		WRC
		WTCR
		百科知识

续表

一 级 标 签	二 级 标 签	三 级 标 签
车内容	赛车	花絮
		赛车解析
		赛事动态
		特别报道
	新车资讯	新车上市
		新车首发
车金融	保险	车险攻略
		车险政策
	贷款	车贷攻略
		车贷政策
车交易	二手车	奔驰专区
		购车常识
		行业资讯
		一汽大众专区
		政策法规
	海选导购	车型 PK
		初步海选
		对比
		多车对比
		购车手册
		买车选车
		其他媒体转载
		深度调查
		新车图解
	评测体验	AH-100
		测评
		对比测试
		其他媒体转载
		汽车大片
		汽车实拍
		设备评测
		试驾体验
		长期测试
		专业评测

（注：表中标签以汽车之家栏目为示例，并非汽车之家实际在使用的标签，希望大家理解！）

从表 5-1 中可以看到,现有的内容标签体系并非按照传统的内容产品线的方式进行分类,而是按照不同的内容生产方向进行分类,整个体系分成三个层级。一级标签代表内容生产的四个方向:车生活、车内容、车金融、车交易。每个大方向又下设各类子方向,形成二级标签。三级标签其实就已经具体到了某个栏目。虽然每篇内容都会被打上一、二、三级标签,但在实际推荐过程中还是以二级标签为主。采用这种标签体系的好处在于,不再拘泥于某个 GC 只能带上某些内容标签,各个 GC 的内容创作者完全可以按照发布的任务或自己的意愿来生产内容,打标签的工作完全由机器来完成。基于现有的内容标签体系,我们再将商业内容加入体系中。商业标签明细如表 5-2 所示。

表 5-2 商业标签明细

一 级 标 签	二 级 标 签	三 级 标 签
商业内容	整车分析	大拆车
	新车上市	上市发布会
	新车推广	新车体验
	新能源	新能源体验报告
	试驾体验	真车测评
	购车推荐	购车小助手
	车型详解	车型全面解读
	车型 PK	双车、三车对比
	技术设计	技术解读
	人物访谈	厂商人物访谈
	历史文化	汽车历史类
	自驾旅行	游记
	爱车生活	真实车主 VLOG
	AI 写作	动力性
		通过性
		便利性
		安全性
		舒适性
		操控性
		外观
		空间
		内饰
		能耗
		信息及多媒体

新增一级标签"商业内容",将所有能生产的商业内容方向都列为二级标签。其中,

由于如今的技术实现能力有限，目前 AI 写作只能自动生成描述各车系固定卖点的文章，即"首段+卖点 1（外观）+卖点 2（动力）+卖点 3（内饰）+活动+尾段"的模式，所以将 AI 写作单独作为一个二级标签，所有的卖点作为三级标签。商业标签体系其实并不复杂，真正的难点在于如何与现有的用户标签建立映射关系。当然，这种映射关系并不是我们自己强行定义的，需要在实际推荐中不断进行完善，其中就会涉及信息流系统的两大传统难题：内容冷启动和用户冷启动。这部分内容我会在下文进行详细的讨论。

4）商业内容策略管理

商业内容策略管理模块又是一个需要运营人员进行手动配置的模块。模块的核心功能有三个：流量控制、任务权重设定、召回策略管理。在具体了解这些功能之前，先来说一说我们的系统是如何实现对推荐系统进行干预的。首先是对于流量的划分，以 App 首页的信息流为例，现行逻辑是页面每刷新一次展示 6~8 条内容，每 8 条内容后插入一条广告。广告的具体内容由广告投放系统控制，推荐系统不进行干预。而我们的商业内容为了不占广告流量就需要包含在另外 6~8 条内容中进行展示，所以商业内容的召回策略及排序策略都需要依托于推荐系统来进行，并且不会预留固定位置让我们自己搭建一套商业内容推荐系统，而是要与其他内容一起参与召回、一起进行混排。

假设我们成功从用户内容的流量里划分出了 20% 的曝光占比作为商业流量进行使用。也就是说，每有 100 个曝光机会我们就能从中分走 20 个用于我们商业内容的曝光。我们内部再根据各任务的优先级及 KPI 情况对这 20% 的商业流量进行分配。所以，商业内容策略管理模块的第一个功能就是先设置各个任务每日所需的曝光量。

在曝光量设置完成之后，紧接着就是对召回策略进行配置。在这里我们并不自己进行商业内容的召回，但是需要将商业内容的召回范围提供给推荐系统。毕竟我们对于商业内容的推荐是有既定的节奏的，在每个时期需要向用户推荐不同的内容，这就需要运营人员提前设定好每天的商业内容召回范围。比如，最常遇到的情况就是内容创作者没能按照内容规划中的时间提交导致当天没有内容可以推，此时就需要将过去的历史内容或 AI 写作内容添加到召回的范围中以保证当天流量不被浪费及 KPI 的达成。

接下来，我们看一看对于召回策略的改造。推荐系统是按照人群标签与内容标签的映射关系来进行召回的。假设现在有用户 A，其人群标签是"90 后、男性、汽车发烧友"，关联出的内容标签是"车内容—技术解析"，那么推荐系统就召回今天所有新生成的带有"技术解析"标签的内容。在我们没有建立起成熟的商业标签与用户标签的映射关系前，我们解决冷启动问题的方式就是粗暴地给每个用户都打上商业内容的标签，再根据用户的点击行为来确定映射关系。这样做的好处在于推荐系统每次召回时都必定有商业内容，但这种方式只是为了前期在保量的前提下快速解决冷启动问题而采用的粗暴方式，一旦映射关系建立好就必须快速下掉。

最后一步就是对于排序策略的改造。排序分成两个环节，即粗排和精排，其中就会遇到一个问题：当推荐系统对所有召回内容进行粗排时，我们的商业内容并不一定就能排到前面进入精排环节。所以，我们在粗排策略中就需要加入商业因子为商业内容提权。此时用到的就是我们传输给推荐系统的任务权重值，提权后并不会强制保证商业内容进入精排环节，但会大大提高进入精排环节的概率。最终，在精排环节通过模型对粗排的每个内容进行预测打分，再按照分数产出精排的结果。但精排的结果还不是最终展示给用户的结果，精排结果出来之后还需要受到各类业务策略的限制，其中主要是曝光频次控制，品牌、车系重复度控制，以及曝光占比控制等，最后才会将排序及业务策略控制后的内容打包返回客户端。这样一来我们就实现了整个商业内容从生产到分发的全流程。

5.3.4　内容类商业产品的效果

在完成了内容类商业产品的生产和分发之后，就剩下最后一个问题：如何衡量内容类商业产品的效果？成功的内容类商业产品为客户带来的效果需要分成两部分来看。

1）短期效果

内容类商业产品通过有针对性的内容推荐可以使目标人群产生共鸣，进一步占领用户心智，促进目标人群产生转化行为。

2）长期效果

内容类商业产品可以通过提高用户满意度及对品牌的好感度，让用户成为对品牌具有高度黏性的超级用户，主动帮助产品进行二次传播。

具体到上文示例的内容类商业产品中，我们设计了一套专门用于衡量内容类商业产品效果的数据统计模型，即品牌、车系营销漏斗，如图 5-14 所示。

	实际值	目标值	完成率
级别市场	2 855 209	2 855 209	—
	2.8%	3.15%	
关注人数	80 006	90 000	88.9%
	23.9%	22.22%	
兴趣人数	19 121	20 000	95.6%
	0.66%	0.55%	
线索人数	126	110	114.55%

图 5-14　品牌、车系营销漏斗

针对每个品牌或车系为其构建一个如图 5-14 所示的营销漏斗，漏斗分四层，分别是：级别市场、关注人数、兴趣人数、线索人数。这四层可以反映该车系所在一个多大的市场中、目前关注该车系的有多少人、对该车系感兴趣的有多少人、留下销售线索的有多少人。各层级人数的变化及层级间转化率的变化能反映出车系的整体营销情况。当客户选择购买了我们的内容类商业产品之后，我们就会与客户约定一个基于营销漏斗的 KPI，关注、兴趣、线索都会有对应的目标值，在整个推荐周期中客户就可以通过营销漏斗数据的变化来查看产品的效果。具体统计逻辑如下。

- 用户点击浏览该车系的内容且浏览时长大于 10 秒便为该车系增加一个关注人数。
- 用户点击浏览口碑、论坛、参数对比、车主评测的内容且浏览时长大于 10 秒便为该车系增加一个兴趣人数。
- 用户在站内任何页面留下销售线索便为该车系增加一个线索人数。

全站三端每天自然产生的内容带来的关注、兴趣、线索人数视为该车系的自然量，购买我们的内容类商业产品为其带来的流量视为增量。在与客户结算时可以按照增量计费，也可以按照全量计费，非常灵活。

采用这样一套数据统计模型的好处在于，摆脱了传统的只通过曝光、点击、留资来衡量效果的模式。毕竟内容对于用户的影响并不是立竿见影的，内容页面上的留资入口的转化率肯定是远不如落地页的（原因前面解释过），所以如果单纯以内容页面的转化情况来判断产品效果是不合理的。另外，与广告投放相比，客户每次进行投放所得到的数据是可以进行积累的，且有这样一套数据统计模型来长期反映内容带来的效果更为准确。当客户认可了这套数据统计模型的结果后，还会不断关注整个营销漏斗的健康情况及产品推荐周期结束后数据的变化，这就为很多可以对其中指标产生影响的产品带来新的售卖机会。所以，在商业数据体系中不只是简单地卖数据、卖系统而已，更是要帮助客户建立自己的数据体系，同时给各类营销产品带来更多的售卖机会。

5.3.5 内容类商业产品的局限与后续思考

内容战略是一个很新也很宽泛的概念。目前市面上喊的人多，但真正能落地的人少，也没有出现一套具体的模式或明星的产品来给大家提供设计的思路，所有人都在摸着石头过河，不断进行尝试。相信如果是熟悉商业产品的朋友在看完上面的内容类商业产品后就会发现这个产品的问题：没有独立的系统及分发渠道。

我们这款内容类商业产品并不像广告那样拥有一套属于自己的完备体系。它虽然解决了内容生产的问题，但没有解决内容分发的问题。整个产品就像寄生虫般依附在整个信息流系统上，没有自己专属的分发引擎及渠道，与传统信息流系统的变现方式也完全不同。并且整个系统完全依托于别人的系统，自己没有产品的话语权，产品的后续迭代会非常困难。

可以认为这是一款在探索内容战略落地过程中发明的半成品，其亮点在于挖掘到了新的流量，借鉴了内容分包的模式解决了内容生产这一大难题，但在整个后台系统的构建上并没有形成真正的新体系。我在这里将这款半成品拿出来与大家分享，目的并不是让大家照搬这款产品，而是能从中受到启发，从自己企业的体系及业务特点中找到新的增长点。应该有很多朋友跟我一样在增长与业绩的双重压力下不得不做这些微创新。但是只要大方向走对了，过程中遇到一些失败或做了一些不完整的半成品都是可以接受的，整个广告体系也不是一两天就开发出来的，大家需要不断探索和尝试。

本章小结

本章内容是关于当下流行的企业内容战略的介绍，以及探讨站在媒体平台的角度如何在产品层面进行落地，其中需要重点掌握的是：

- 内容营销本质上是指导如何做营销的一种思维方式，是一种战略指导思想。内容营销要求企业能生产和利用内外部有价值的内容来吸引特定受众"主动关注"。

- 内容不仅是一种营销工具，其实已经变成了一种消费品，它涵盖了与用户相关的所有产品和服务。

- 只有主动创造以用户为中心的内容，才能吸引用户关注，在用户做出决策时进行必要的线索提示，这才是通过内容实现转化的关键。

- 内容战略就是把内容提到和产品一样高的地位，通过内容的生产、分发、应用，筑起壁垒，全面引领企业的发展。

- 站在媒体平台的角度，就可以借此机会主动出击，帮助企业搭建自己的内容战略，最终以年框的方式制定一套当年的内容战略服务方案，配合企业整体的营销节奏，不断共创内容、分发内容、促进内容转化。只有这样才能真正将用户碎片化的注意力串联起来，在整条链路上寻找到各式各样的商业触点，进而形成一个个精准、持续的转化行为。

- 战略考虑的是这个方向是否正确、需要投入多少资源、最终要实现什么样的目标等；而策略考虑的是这款产品如何卖，有 N 种方案，我们具体选择哪一种。即战略更关注的是规划，而策略更关注的是方法。

- 我们要将内容营销上升到内容战略的高度，也就是从专注于研究内容营销的方法转到先研究整个企业的全局目标与全局规划，再将全局目标与全局规划往下拆解出具体的执行策略，这样做能防止内容营销的方向走偏，这是符合现代企业发展规律的合理做法。
- 为什么要做内容战略：因为内容改变了营销模式、内容改变了产业链、内容改变了用户体验。
- 内容产品分类：OGC、PGC、UGC、AGC等。

总结一下，毋庸置疑，内容战略是未来发展的大趋势，是获得新增长点的一条明路。大家都在不断探索中前进，整个过程必定是曲折的，会有很多失败的产品出现，但要坚信只要大方向没有错，就可以坚定不移地走下去。

第 6 章
从商业数据到数字化转型

三年前，我在一次内部会议中第一次接触到了"商业数据"这个词。在那个年代，"数字化""数字化转型"这些时髦的词汇还没有开始流行，企业内部在数据方面考虑的还是如何将数据应用起来。当然，这并不局限于内部使用，而是希望能从数据这个方向上找到业绩的增长点。数据应用的发展可分成以下两个阶段，如图 6-1 所示。

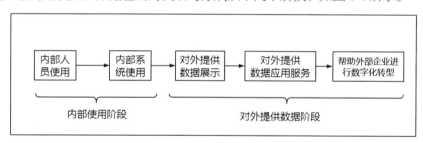

图 6-1　数据应用的发展

1. 内部使用阶段

我国国民的数据意识觉醒相比美国等发达国家要晚了许多，很多企业在初创阶段更是一味地野蛮生长，完全没有存储数据、应用数据的意识，唯一对于数据的应用恐怕就只有对于企业相关财务数据的统计。这样的情况直至今日还存在于很多中小企业中，这就是对于数据应用的第一个阶段，也是初级阶段。第一个阶段对于数据的应用存在一个最大的特点，就是"自产自销"，即数据是由企业内部生产的，也仅限于在内部使用，财务数据就是其中最典型的代表。

但随着企业的快速发展，很多企业管理层发现在业务决策时缺乏必要的依据，很难做出正确的判断。如果依然以拍脑袋的方式进行决策，一步走错可能让企业万劫不复，所以管理层需要更多的数据支持才能进行决策。管理层需要的数据分成两种：一种是能够描述企业内部运行及经营情况的数据；另一种则是外部对于市场、对于大环境、对于同业竞争的数据。这也是企业在经营管理过程中第一次开始需要获取外部数据，目前我国的很多传统企业对于数据的应用就停留在这个阶段。

真正将数据应用推向一个全新阶段的是互联网公司的出现。很多大型互联网公司的核心业务都是依托于一款应用开始的，这些应用在不断发展和迭代的过程中对于数据有了全新的应用方式。我们之前提到的广告系统、推荐系统都是数据应用的核心场景。企业收集用户在站内的浏览行为、转化行为，系统地识别出用户的偏好，再向其投放感兴趣的广告、推荐感兴趣的内容，这一系列操作都属于内部系统对于数据的应用，也就是将数据从内部人员使用过渡到了内部系统使用的阶段。

在这个阶段，数据不再是自产自销，而是有了更多的应用场景，内、外部数据开始打通算是对于数据应用的一大进步。当然，这个阶段也有其局限性，那就是数据的应用场景还是太少。虽然每天各大企业都在喊着这样智能、那样智能，但真正将数据应用起来形成有效产出并形成闭环不断促进系统发展的大型应用场景还是只有三个：广告投放、搜索、信息流。其他的应用要么场景太小，要么算法根本就无法发挥效力。像如今非常流行的各种智能机器人、无人驾驶都还在实验积累阶段，还无法真正大规模应用。

2. 对外提供数据阶段

随着人们数据意识的觉醒，企业对于外部数据产生了需求，因此为企业提供数据服务自然就成了对于数据的一种新的应用方向。很多人开始做起了数据生意，最常见、最粗浅的外部数据应用莫过于直接倒卖企业的核心数据、用户数据等。这些行为现如今已经被列为违法行为，但很多提供商业数据服务的企业在本质上还是在盗卖数据，只不过进行了包装，隐藏得比较深而已。所以，这里并不会将对外盗卖数据作为对外提供数据的第一个阶段，因为这种行为是不合法的，真正合法的第一种对外提供数据的方式是为企业提供数据展示服务，即提供数据产品。

将数据通过合理的可视化方法展示出来并以平台的形式提供给客户使用，进而收取相应的费用是对数据进行商业变现的第一个阶段。这类数据产品的售卖之所以不违法，在于其展示的数据是加工、脱敏过的模糊数据，并不会具体到某个用户身上。盗卖用户数据是违法的，但对用户数据进行加工和分析，发现其中的规律并展示给客户进行使用并不违法。所以，进行商业售卖的数据产品最终要的是对于数据的加工和分析，而不是可视化。目前市面上有很多数据可视化做得炫酷无比的数据产品却卖不出去，其原因就是展示的都是一些基础数据，没有进行深入的加工和分析，对于客户来说帮助并不大。

对外提供数据产品只是商业数据的初级阶段，再进一步就是为企业提供数据应用服务。数据应用服务听上去比较抽象，何为数据应用服务？举个最常见的例子。我们在机场过安检时都要通过人脸识别来确认我们自己与我们提供的证件是同一个人，人脸识别就是典型的对外提供的数据应用服务。除了人脸识别，还有很多数据应用服务，如语音转文字、图像识别、文本纠错等。现如今各大互联网公司的应用开放平台都在提供各式各样的服务。这类服务与传统 IT 服务的区别就在于，前者都是算法驱动的，而算法又依托于背后的数据。这些数据应用服务能够快速应用到企业的业务中而无须企业从头进行开发。

现如今很多传统企业在使用了几个简单的数据应用后就开始四处宣传自己多么智能，但实际上几个简单的数据应用并不足以完成对于一家企业的改变。所以，现如今又提出了一个全新的概念：帮助外部企业进行数字化转型。数字化转型与内容战略一样，都是企业级的战略，并且同样处于刚起步的探索阶段。每家企业的起点不同，业务情况也不同，所以世界上并不存在通用的数字化转型框架、操作手册或路线图。所有身处其中的人都无法依靠某家企业或某个框架来实现这种变革，模仿别人的路也不可能设计出真正适合自己的体系。我们需要对整个企业现有的产品研发、业务流程、人员职责等进行重新思考，寻找其中的问题并通过数据应用的手段将其解决，最终形成全新的、更为高效的产研、业务流程。

6.1　数字化转型

既然数字化转型是商业数据发展到今天最新的应用阶段，下面就来具体聊一聊什么是数字化转型。由于数字化转型是一个非常新的概念，我翻阅了很多相关的内容，发现大家对于这个概念的描述都比较模糊，甚至经常出现将企业数字化与企业数字化转型混为一谈的论调。这些内容可以说完全就是在蹭这个概念的热度，没有多少实际参考价值。在这里我先行借鉴谷歌云对于数字化转型的定义：

数字化转型是企业利用现代化数字技术（包括所有类型的公共云、私有云和混合云平台）来创建或调整业务流程、文化和客户体验，以适应不断变化的业务和市场需求。

从这个定义中可以发现几个关键点：首先进行数字化转型的主体是企业本身，其次转型的手段是利用现代化数字技术，最终要达到的目的是创建或调整业务流程、文化和客户体验，以适应业务和市场需求。这个定义对于数字化转型最终目标的阐述其实比较模糊。在我看来，到了企业战略层面的决策最终要实现的目标只有三种。

- 第一种是对内优化企业内部资源。
- 第二种是在 B 端帮助客户实现价值。

- 第三种是在 C 端为用户提供更好的产品和服务。

那么，企业进行数字化转型的目标属于哪种呢？我认为转型的切入点及前中期的目标都应当以优化企业内部资源为主，只有进入中后期才有可能将夯实的内部基础输出以实现对 B 端、C 端的目标。当然这样的解释还会带来另外一个问题：既然我们要用现代化数字技术优化企业内部资源，那么像以前一样购买一套这类产品或解决方案不就好了吗？就像以前企业引入 ERP、CRM、OA 一样。这种想法是对于企业数字化转型这个概念的最大误解。首先，上文提到过企业数字化转型并不存在通用的数字化转型框架、操作手册或路线图，所以到目前为止并没有成熟的产品。其次，如今的数字化转型已经与过去企业的信息化改造截然不同了。过去的信息化改造需要企业主动适应这些已经成熟的信息化系统，将手工完成的各种操作转变成线上的各种流程。但如今的数字化转型就不一样了，需要的是数字化转型方案先去适应企业的业务及流程，然后发现其中的问题并予以解决。如果新的数字化转型方案并不能优化或解决现有业务及流程中的问题，那么所谓的数字化转型方案不就沦为企业系统的迭代升级了吗？整个概念就会变成一个"假、大、空"的伪概念，企业原本的信息化系统用得挺好的，为什么要换个系统呢？

举个日常工作中最为常见的例子。现在企业的财务部门虽然都有自己的 ERP 系统，很多财务工作都已经在线上完成，但票据及凭证的系统录入仍需要投入大量的人力，这样的问题就是传统 ERP 系统无法解决的。在数字化转型方案中就可以为企业提供 AI 票据识别服务，财务人员只需要将票据及凭证进行扫描就能获得电子版的票据和凭证，瞬间就节省了大量的人力成本。数字化转型方案在推进过程中有一个很好的切入点，就是通过各种 AI 技术解决过去信息化系统无法解决的问题，将过去需要大量人力来解决的问题用机器快速解决。

6.1.1 企业为什么要进行数字化转型

如今，时代已经从信息化转变为数字化，在数字化时代有几大标志性的变革。第一大变革是基础架构的变革。过去企业的信息化系统都是自行购买服务器，再将服务器托管到运营商的机房或自建机房进行维护。这样的方式维护成本比较高，并且扩展性、灵活性都很低。于是就出现了云服务，企业只需要将信息化系统托管到云端即可，节省了大量基础运维的成本，并且还可以根据需求不同对云服务进行进一步细分，如支持内部网络托管的私有云、可连接互联网的公有云，以及既支持私有云又支持公有云的混合云等。

在这样的情况下，企业就面临一个选择：是继续故步自封还是拥抱数字化时代的云服务？如果选择拥抱云服务，也面临一个问题：是自建云服务还是使用现有的、成熟的云服务？互联网公司基于自身业务的优势，可以自建云服务，在成熟后再对外输出，这是非常合乎逻辑的，并且已经成为各大互联网公司的战略发展方向。但其他行业的企业要自建云服务就显得有些"不务正业"。并且云服务并不是谁想做就能做的，这项服务有很高的门槛，需要长时间的技术积累和沉淀。即使是现如今国内云服务的佼佼者阿里云，这一路走来也是磕磕绊绊，更别说其他行业的入局者。权衡利弊，企业使用现有的、成熟的云服务来进行基础架构的转型是最合理的方案。**所以，企业为什么要进行数字化转型的第一个重要原因就是企业需要拥抱云服务来对自身的基础架构进行转型。**

数字化时代的第二大变革在于应用的智能化。基础架构的转型为应用层带来了更强的数据存储能力及算力，很多过去实现不了的应用或功能纷纷得以实现。其中，最典型的莫过于机器学习技术在各大场景的应用。熟悉统计学的朋友都知道，现如今使用的这些机器学习的算法其实早在 20 世纪八九十年代就已经有了，但当时受限于基础架构的数据存储能力及算力而无法实现。现如今当数据存储能力及算力都达到了要求后，机器学习就开始发挥其价值，很多过去信息化系统无法识别、判断的问题都是机器学习的典型应用场景，所以一时间人工智能的浪潮席卷全球。

当然，想要将机器学习应用到产品和服务中，让它们变得更智能，除在基础架构层面有门槛外，对企业算法实力的要求也很高。这里的算法实力首先要求企业有专业的算法团队。算法工程师作为程序员收入食物链顶端的存在，想要组建一个既有工程化能力又精通各种算法的团队成本是相当高的。有了团队还不行，整个团队的工作还需要有一定的积累，需要对企业的业务有足够的了解，找到适合应用算法的场景。算法并非万能，目前的智能化水平也远没有到媒体所吹嘘的替代人类的地步，所以找到适合应用算法的场景非常重要。

另外，在将算法应用到场景之后还需要不断优化，也就是俗称的调参。即使是相同的场景和业务，模型的参数也不能照搬，需要不断通过数据的积累来调整，并且前提是企业有这些数据。像人脸识别这样目前最常见的应用，模型的训练数据就不是普通企业能有的，但在各大互联网公司的应用开放平台上几乎都提供像图像识别、NLP（自然语言处理）这些通用的算法能力。企业完全没有必要从头搭建和维护这些能力，成本又高还不一定能做好，直接使用现成的能力，将重点放在考虑如何与自身的产品、服务相结合上才是性价比最高的选择。**所以，企业为什么要进行数字化转型的第二个重要原因就是企业需要依靠算法能力来对自身的产品、服务进行智能化升级。**

数字化时代的第三大变革来源于组织内部。相信很多企业内部都面临部门壁垒及数据统计口径混乱问题。企业在长期发展过程中，团队与团队间、部门与部门间因为各自业务及利益的不同而逐渐形成了各式各样的壁垒，而壁垒最主要的体现就在于繁复的对接流程。因为跨团队、跨部门对接过于繁复导致项目延期或失败的案例很多，相信很多朋友都体会过。如果两个团队/部门完全不合作则肯定会引来高层领导的指责，但只要将对接的流程设计得繁复无比，自然就能将大量的合作需求拒之门外，即使高层领导也拿他没太多办法。

另外就是数据统计口径混乱问题。在数字化时代，大家都以数据来说话。如果企业内部的数据没有一套统一的统计口径，那么想要找到支持自己观点的数据就很容易了，没有完成的 KPI 也能编造成已完成，这对于高层领导来说是相当危险的一件事。我曾经就遇到过这样一个情况：企业会考核每种内容产品的文章完读率，结果上报的数据显示每种内容产品的文章完读率都超过 80%，这显然不可能。仔细一查发现，每种内容产品的文章完读率的统计口径都不一样，有的是只要点击了文章隐藏部分的折叠按钮就算用户读完了，更有甚者只要用户阅读文章超过一半就算读完了。统计口径千奇百怪，一问为什么，都说是按照自己的业务特点来制定的。所以，业界经常有段子调侃：只有到企业 CTO 这个级别才能推得动全站的统一埋点。

如果企业内部不进行整体的大变革，那么这两大问题将无法得到有效的解决。那么，企业应该如何变革？方案并不唯一，时下流行的"中台"思想算是解法之一。"中台"这个概念最早是由阿里提出的，提倡企业内部形成"小前台大中台"的格局，据说能够有效提高团队协作效率，让前端业务更灵活。然而，就在不久之前，阿里又开始了拆中台战略，这一行为一度被外界解读为中台基因不适合中国的企业，中台已经过时了，等等。但在我看来，中台固然有其局限性，但还真的能解决上面的两大问题。

在搭建中台的过程中，最重要的工作是什么？自然是将各个部门的"独立王国"打破，将通用性的能力聚合到中台上。比如，过去每条产品线都自行维护着一个内容编辑后台，在中台化之后大家就得统一用一个内容编辑后台，其中自然也就包含埋点及数据统计口径的统一。谁再想以业务为由擅自改动产品的埋点或数据统计口径都得通过中台，并且所有产品线都得同意才能改，这样一来就有效杜绝了对于数据统计口径的肆意改变。中台的建设对于组织内部变革是很有用的，至于等中台发展到中后期变得越来越臃肿、不灵活时再像阿里那样按大业务线拆分中台，此时对接的流程已经被中台固化过了，想再变得复杂可就没有那么容易了，数据统计口径也是一样。所以，企业为什么要进行数字化转型的第三个重要原因就是需要借助中台的思想来实现组织内部的变革。

6.1.2　数字化与数字化转型的区别

在很多介绍数字化转型的文章中都会将数字化与数字化转型混为一谈，即认为数字化与数字化转型就是一对同义词。随着数字化转型这个概念越来越热门，这种歧义与混淆也在不断加深，但其实两个词是有明显区别的，不能随意使用。

1．什么是数字化

数字化从本质上看就是将一个事物模拟成比特和字节的过程，这种将信息映射成 0 和 1 的方式称为数字化。常见的数字化例子有图片、电影、音乐等。图片或声音等模拟信息以数字单位的形式存储，声波或光波等信息以类似的方式被数字脉冲映射从而存储起来。所以，数字化其实只是一种将事物转换成特定形式存储起来的手段，与企业的经营管理并没有什么直接的关系。

2．什么是企业数字化

既然数字化只是一种手段，那么企业为什么要进行数字化？答案很简单，就是为了**提升效率**。试想在没有数字化之前，一份文件需要各级领导审批就必须一一找到对应的人，如果中间某个环节的领导出差那整个审批流程就卡住了，企业内部管理的效率极低。当企业开始借助数字化的手段提升效率后，事情就开始变得不一样。企业只需要将文件转换成电子文件并在线上发起一个审批流程，系统就会自动提醒各级领导进行审批。有些企业还会严格限制审批时长，过去十天半个月无法完成的审批流程在借助了数字化手段之后可能几小时就完成了，企业内部管理效率大幅提升。这就是企业为什么纷纷进行数字化的原因。

3．企业数字化的三个阶段

企业借助数字化来提升效率大概可以分成以下三个阶段。

1）第一个阶段：内容数字化

在这个阶段企业要做的就是将企业内部的票据、档案、文件、产品等尽可能地转换成数字化文件存储起来。比如，使用文本识别程序将手写的内容转换电子文件并将其传输到系统中，这就成了过去我们很熟悉的一件事——推动"无纸化办公"。

2）第二个阶段：流程数字化

要实现无纸化办公除要将具体的实物数字化外，还需要考虑员工间的协作问题，也就是需要将流程也进行数字化。流程数字化首先需要将每个员工数字化，即为每个员工在线上建立一个虚拟角色，其次按照现有的流程将这些虚拟角色连接起来，最后需要赋予每个虚拟角色相应的操作动作（如同意、反对等）及相应的权限。只有这样才算完成了这个流程的数字化。

3）第三个阶段：自动化

数字化很多时候也会被认为是自动化的同义词，或者认为数字化要比自动化更高级一些。但实际上，现如今很多自动化的实现都是依托于数字化的。如果没有将文件数字化成电子文件，如果没有为业务中的各个角色建立数字化的虚拟角色并用流程串联起来，又哪里能实现机器自动审批业务这样的功能。所以，真正帮助企业提升效率的是自动化，但自动化的实现必须依托于数字化。

弄清楚了什么是数字化之后，结合上文中已经解释过的什么是数字化转型，就会发现两者的区别。我们在进行数字化转型时虽然也会关注过去那些无法数字化的东西如今利用新技术是不是能够数字化了，但这绝对不是数字化转型的重点。**在数字化转型中，我们需要寻求解决方案或将问题重新拿出来并在新技术的帮助下解决**。比如，不是简单地将纸张数字化后再进行处理，而是考虑是否还需要进行处理或是否可以借助新技术来进行简化。所以，**数字化转型无非就是用如今最好的新技术手段来解决过去无法解决的问题**。关键是要明白数字化转型从来都不是由新技术产生所引发的，它永远是为了解决一个问题或为客户提供一种新的方案而出现的。技术从来都不是数字化转型的开始，以客户为核心的解决方案才是。

总结一下，过去的数字化浪潮为我们带来了数字化手段和数字化业务，而如今我们需要以过去的数字化业务为基础，凭借一些全新的数字化手段来帮助企业发现问题、解决问题，这样的方式才是真正意义上的数字化转型。

6.2　汽车行业数字化转型

在对数字化转型有了初步认知之后，接下来我们就来看看数字化转型在汽车行业中是如何实践的。汽车行业是一个很神奇的行业，虽然大家每天的生活都会与汽车接触，但很多人对于汽车行业知之甚少。很多人对于汽车行业的认知就停留在每个品牌有各式各样的 4S 店上，但实际上经销商只是汽车行业下游的一个重要组成部分，车从哪里来、车由谁来生产，则是由处在上游的主机厂来决定的。然而，普通大众对于主机厂的了解几乎为零，甚至到了今天百度百科中都还没有收录主机厂这个词条，足见大家对于汽车行业的了解远比想象中要少得多。

主机厂其实是汽车行业中对进行整车或整机生产的企业的统称，简单来讲就是负责汽车制造的企业。这些企业往往掌握着一些核心的技术，如发动机这样的核心部件的制造方法，而将非核心的业务外包给汽车产业链中的其他企业。行业中为了将一般厂商与这些拥有核心技术的厂商进行区分，就将这些拥有核心技术的厂商称为主机厂。

但主机厂绝对不仅是生产发动机的厂商，而是拥有完整上下游产业链的真正意义上的汽车企业。大家耳熟能详的一汽、上汽、广汽都是我国著名的主机厂。上汽集团架构如图 6-2 所示。

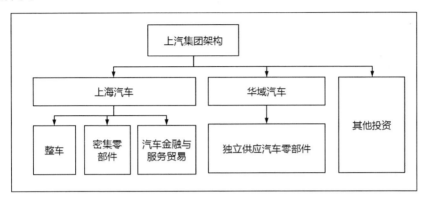

图 6-2　上汽集团架构

同样不为人所知的是，国内这些著名的主机厂早已从过去的劳动密集型企业转变成资金、技术密集型企业，并且在上一轮信息化浪潮里将自身的信息化水平提升到了行业的前列，使汽车行业的信息化水平仅次于银行及电信行业。而汽车行业的信息化水平之所以如此之高，是因为汽车这种产品的复杂性导致其背后的生产加工体系、供应链体系、营销体系都比其他行业的产品要复杂得多，这就使其必须依赖信息化系统才能实现高效运转。所以，我们所说的汽车行业数字化转型最主要的目标对象也就锁定在主机厂身上。

6.2.1　主机厂信息化体系

要对主机厂进行数字化转型，就需要先对主机厂现有的信息化体系有所了解。常见的主机厂信息化体系主要由三大主体系统和七大支持系统组成。其中，三大主体系统分别指的是产品生命周期管理（Product Lifecycle Management，PLM）系统、企业资源管理（Enterprise Resource Planning，ERP）系统、客户关系管理（Customer Relationship Management，CRM）系统。而七大支持系统则是供应链管理（Supplier Relationship Management，SRM）系统、制造企业生产过程执行管理系统（Manufacturing Execution System，MES）、工程总承包管理（Engineering Procurement Construction，EPC）系统、质量管理（Quality Manage，QM）系统、商业智能（Business Intelligence，BI）系统、办公自动化（Office Automation，OA）系统、人力资源管理（Human Resource，HR）系统。主机厂信息化体系架构图如图 6-3 所示。

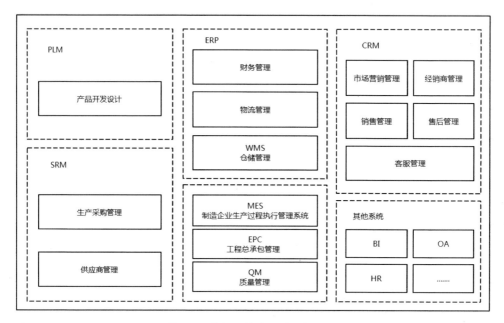

图 6-3　主机厂信息化体系架构图

PLM 的原意是产品生命周期管理,后工业界就将产品开发设计系统称为 PLM 系统。在主机厂的 PLM 系统中主要包括产品设计管理、产品验证、工艺设计管理、产品设计数据库等模块。整个 PLM 系统会先与 SRM 系统打通。在主机厂中,SRM 系统是一个广义的概念,包含生产采购管理与供应商管理两大部分。产品设计中形成的需求首先通过生产采购管理系统发起采购流程,然后通过供应商管理系统在供应商体系中寻找到符合要求的供应商,最后通过招投标等方式来决定一家或几家企业为本次采购的主要供应商。

与此同时,SRM 系统又会与 ERP 系统和 MES 打通。ERP 的原意是企业资源计划,后在国内信息化浪潮中被粗暴地理解为财务管理。在主机厂中,ERP 系统同样是一个广义的概念,是财务管理、物流管理、仓储管理等系统的统称。实际上。一切企业的内部资源都应当通过 ERP 系统来进行统筹管理。在这里,SRM 系统主要就是与 ERP 系统中的财务管理、物流管理和仓储管理等系统进行连接。另外,SRM 系统还会与 MES 打通,即将供应商按照需求提供的材料、零部件等通过供应链物流运送到仓库中进行存放,然后由生产车间中的 MES 进行统一调配。

上文提到过,主机厂主要完成核心部分的生产,还有很多非核心部分的生产是通过 EPC 系统来完成的。所以,MES 管理主机厂车间生产的部分,EPC 系统管理各承包商生产的部分,最终通过 QM 系统对产品的质量进行把控,只有质量达标才能进入后续的营销环节。

整个营销环节自然以 CRM 系统为核心进行管理。但汽车行业比较特殊的是，除特斯拉和三大造车新势力采用的是完全直销模式外，其他绝大部分的主机厂都是采用传统的经销商模式。在经销商模式下，主机厂的 CRM 系统功能主要集中在市场营销管理、经销商管理、销售管理、售后管理及客服管理上。因为主机厂并不直接接触客户，所以其在客户管理方面比较缺乏。

最后，在整个主机厂信息化体系中还有一些比较常见的系统，如 BI 系统、OA 系统、HR 系统等。

从对主机厂信息化体系架构的描述中，相信大家最大的感受应该就是庞大和复杂。毕竟主机厂是生产汽车这种有很高技术门槛的企业，又经过了多年的积累，自然而然就形成了这样一套庞大且复杂的体系。如果目标体系不够庞大，那么我们也没有对其进行数字化改造的必要。当然，目标体系太大，我们也要面对难下手、牵一发而动全身等问题。

6.2.2　主机厂数字化转型的切入点

在对主机厂的信息化体系有了一定了解之后，我们就要开始在这个庞大的体系下寻找进行数字化转型的切入点。首先可以将主机厂繁杂的信息化体系归纳成以下六大方向，也就是主机厂数字化转型的六大方向，如图 6-4 所示。

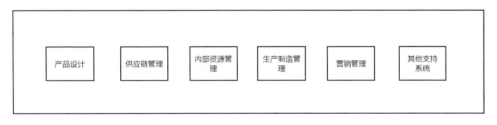

图 6-4　主机厂数字化转型的六大方向

接下来对每个方向进行逐一分析，看看其中是否存在数字化转型的切入点。

1. 产品设计方向的数字化转型

毫无疑问，产品设计是每个主机厂最核心的部分之一。市面上之所以有那么多各式各样的品牌、车系、车型，都是因为各大主机厂的产品设计不同。那么，我们如何才能参与主机厂最核心的产品设计呢？我发现了这样一个切入点：产品的设计和生产周期。

很多买过车的朋友都会有这样一种感受，那就是明明是刚上市的新款车，但车身很多细节尤其是内饰都显得非常老旧，会有一种过时了好几年的感觉。其实，这种感觉是对的，但并非因为主机厂在产品设计时偷了懒，而是五年前最流行的就是这个。主机厂新设计一款车并按照设计图纸成功将其生产出来的整个周期大概是五年。五年前流行的东西，五年后可能早就过时了，所以才会给广大顾客带来主机厂在产品设计时偷了懒的感觉。产品的设计其实是很快的，但研发过程很漫长，并且一旦涉及产品的研发其中就会包含无数的技术问题，很难保证研发速度的大幅提升。所以，想要改变这一现状就只能聚焦在产品设计是否能具备一定的前瞻性这个问题上，这就给了我们一个很好的切入点。

产品设计想要具备前瞻性，首先就要做到知己知彼，也就是需要知道目前市场上各主流车系、相关竞品的详细数据。这类产品被称为产品设计数据库。绝大部分主机厂的产品设计部门都会有这类产品，但数据基本都不完整，因为这些数据需要具体到车身各个部分的详细参数才有参考价值，所以数据的收集和维护成本都是非常高的。另外，单有这些详细的车身数据还是不行，设计师在进行设计之前还需要知道哪些设计是用户现在喜欢的、哪些设计是用户未来可能喜欢的。用户现如今的偏好通过调研就能得到，而未来的偏好则需要不断基于历史数据的变化进行流行趋势的预测。

总结一下，在主机厂产品设计方向上进行数字化转型的切入点：产品设计数据库+用户偏好收集+流行趋势预测。这个切入点的好处在于，与主机厂的产品设计部门深度绑定，可以形成持续稳定的收入模式；但缺点也同样明显，数据的收集和维护成本很高，对流行趋势分析的准确性要求也很高，算是一个上手难度比较大的切入点。

2. 供应链管理方向的数字化转型

供应链可以说是制造企业的生命线。在现如今的商业体系中没有任何一家企业是独立存在的，也没有任何一款产品是完全由一家企业生产出来的。每款产品的背后或多或少都需要供应链来支撑，供应链管理应运而生。在 MBA 智库中对供应链管理的定义为："在满足一定的客户服务水平的条件下，为了使整个供应链系统成本达到最小而把供应商、制造商、仓库、配送中心和渠道商等有效地组织在一起来进行的产品制造、转运、分销及销售的管理方法。"现如今供应链管理早已成为一门独立的学科，像我们最熟悉的苹果公司现任 CEO 库克就是供应链管理的高手。大家可能或多或少都经历过安卓手机因为供应链问题而大面积缺货的情况，却几乎没有见过苹果系列产品缺货。抛开厂商故意进行饥饿营销不谈，苹果系列产品的供应链管理水平远高于各大安卓手机生产商。

在供应链管理这个方向上有很多切入点，这里介绍一种现如今非常时髦的切入点：基于区块链的供应链金融产品。在传统供应链中，核心企业上游的供应商，尤其是中小型供应商受到核心企业长期的影响，经常需要通过拆借的方式来维持企业的运转。但无论是向银行还是向民间机构进行借贷都是需要有足额抵押和担保的，这对于很多中小企业来说很困难。此时如果借助区块链技术的特性将核心企业及其上游的供应商都绑到链上来，实现相互间所有交易信息的电子化，形成的电子凭证具有公开透明且难以篡改的特性，那么其中中小企业的应收账款、存货、预付账款的票据都可以作为抵押物为企业带来相应额度的贷款。这样做不但有效解决了中小企业借贷难的问题，还实现了多级信用穿透，让整条供应链变得更为高效、健全、透明。据我目前了解到的情况，蚂蚁金服、小米金服及平安科技都推出了类似的基于区块链的供应链金融产品，大家可以去这些产品的网站上进行具体的了解。总而言之，这同样是一个上手难度比较大的切入点，但要是项目真做成了，毫不夸张地说，其中的效益堪比一台印钞机。

3．内部资源管理方向的数字化转型

内部资源管理尤其是财务管理可以说是一家企业的最核心机密，所以在这个方向上其实并没有太好的数字化转型切入点。试问哪家主机厂会愿意其他外部企业轻易掌握到自己内部核心的财务数据呢？所以，在内部资源管理这个方向上除能帮助主机厂进行一些内部资源管理系统的搭建外，在数字化层面能发挥的空间其实非常小。而我们在帮助主机厂进行数字化转型时一定要时刻保持清醒，防止将数字化转型干成了传统的软件系统开发。

4．生产制造管理方向的数字化转型

生产制造管理方向与内部资源管理方向的情况非常相似。首先生产制造的流程非常复杂且每家企业各不相同，其次在生产制造过程中也会涉及主机厂的核心技术、专利等，同样属于主机厂内部的高级机密，我们很难从中找到切入点。

5．营销管理方向的数字化转型

来到营销管理方向上，数字化转型就有了很多切入点，从整体上看可以分成两个子方向：营销效果提升和营销全流程监控。营销效果提升很容易理解，这是进行营销管理的根本目的。在这个子方向上也有很多切入点，如促进销售线索收集的 IM（即时通信）系统、促进用户到店的 DCC 智能邀约系统等。这里介绍一种促进用户到店的产品模式。

现如今在很多 App 中都开始集成打车功能，如美团及各类地图产品，毕竟出行正好是承接这些 App 的下一个场景。反过来，现如今打车已经成为很多人的生活习惯，为了获得打车券，很多用户甚至愿意找多名好友前来助力。基于这样的情况，我们可以借助打车券的方式来促进用户到店看车。具体的操作方式是将原有留资入口替换为关注企业微信，实现用户个人微信与企业微信的直接关联，销售顾问在与用户沟通确认用户意向后直接通过微信向其发送一张到店打车券。用户在微信中使用打车功能就能直接前往对

应的 4S 店，出发地、使用时间、出行人数都可以任选，目的地可以选择同城该品牌的所有 4S 店。出行前对应的销售顾问会接到相应的通知并提前在店门口等候。

从本质上看这种模式很简单，就是依托于微信体系的强大功能，通过打车券来降低用户到店的成本，以提升线索的到店率。类似这样的针对某个营销场景的产品优化还有很多，有些优化甚至让人感觉微不足道。但千万别小看这些优化，在整个营销链路中往往一个好的优化点可能带来巨大的利益。

除营销效果提升外，另一个方向是对于营销全流程的监控。现如今我们所有在线上的行为都会被系统记录下来，但从线上到线下及整个线下营销过程中，销售顾问的服务质量、用户的购车体验等都难以实现数据监控，这就给了我们切入的机会。这里以销售顾问电话邀约用户这个场景为例。传统的 DCC 智能邀约系统主要具备的是通过虚拟号进行外呼的功能，虽然销售顾问与用户的通话会被录音，但是录音太多，一一去听人力成本太高。此时就可以利用数字化技术手段将所有录音先转成文字，再通过 NLP 对文字进行识别，快速提取出不符合要求的服务记录。随着训练数据的不断积累，系统识别的准确性会越来越高，效率也会大幅提升。

另外，每个销售顾问每天能服务的用户是有限的，但每天从各大媒体平台收集来的销售线索远超过销售顾问所能服务的数量。如果不及时跟进销售线索可能造成用户流失，此时就可以引入语音机器人来进行线索清洗，明确出用户的购车意向及偏好，再将这些信息提供给销售顾问，以实现更好地为用户服务。通过语音机器人，整个营销流程中的数据都会被记录下来，管理者能够快速了解旗下所有销售顾问的整体服务情况，对于后续的管理决策有着巨大的帮助。要将整个营销链路上的所有环节的数据都精准地记录下来，实现整个营销链路的数据监控是非常不容易的，其中的困难很多，并不像线上产品只要有统一的埋点就能实现，需要有对应场景的产品让用户或销售顾问来严格使用。只有这样才能保证数据的准确收集和回传，可以说这是一项非常困难的系统性工程。

6. 其他支持系统方向的数字化转型

主机厂中的支持系统有很多，像 OA、HR 这类的系统其实并没有太多进行数字化转型的必要，在众多的支持系统中最容易进行数字化转型的就是 BI。BI 的原意是商业智能，但在国内信息化浪潮中被做成了简单的报表系统，数据缺乏统一的管理，查询效率缓慢。一些稍微好点的 BI 系统还会有一些数据可视化的模块，但对于整体业务的帮助非常有限，很多最终都变成了对外讲故事的工具，这样的情况同样为我们带来了很好的切入点。

首先如果企业的系统已经整体上云，在底层硬件方面遇到的困难可能就会小很多，接下来就可以为企业提供一套完整的数据治理方案。传统大数据解决方案的核心就是帮企业部署一套 Hadoop 的集群，但并不解决数据质量低的问题；而数据治理方案则是从底层硬件到数据采集、传输、清洗的完整解决方案，能够让传统的 BI 系统焕然一新。最后再配合上基于业务出发而设计的数据产品，其中既有可以对外展示的数据大屏，也有可以用于决策的数据可视化平台，还有各类自定义配置图表的功能等。在整体完成后还可以与外部各大媒体平台的数据打通，让过去整个封闭的数据体系流动起来。整个工程系统虽然庞大，但思路清晰明确，且已经有很多成熟的案例，算是一个比较容易的切入点。

总结一下，首先，在对主机厂数字化转型切入点的构想中，我们所有提供的服务其实都离不开底层云服务的支持。帮助企业进行数字化转型的前提是以云服务为基础，任何跳过了云服务直接进行的企业数字化转型其实都是无根之木。其次，虽然这里讨论的是针对主机厂的数字化转型，但从目标企业整体系统构成的角度来一一寻找数字化转型的切入点是一种完全可以复制到其他行业进行应用的方法。最后，数字化转型其实是一个大命题，也没有什么具体衡量成功与否的标准。并且可以预见的是，完成整个数字化转型所需要的时间会比过去完成信息化改造所需要的时间多得多，整个过程也复杂得多。如果我们依然采用过去大开大合、完全推倒重建的方式，那么成本将是极大的。所以，我们应当采取以小见大的方式从现有体系中寻找切入点，最终以多点开花的方式将整个数字化转型的架构支撑起来，形成对原有信息架构体系、业务流程的改变，而不是一上来就把过去所有的东西都否定了。

本章小结

本章内容是关于当下流行的企业数字化转型的介绍，以及探讨站在服务提供商的角度如何在产品层面进行落地，其中需要重点掌握的是：

- 数字化转型是企业利用现代化数字技术（包括所有类型的公共云、私有云和混合云平台）来创建或调整业务流程、文化和客户体验，以适应不断变化的业务和市场需求。

- 企业为什么要进行数字化转型的第一个重要原因就是企业需要拥抱云服务来对自身的基础架构进行转型。

- 企业为什么要进行数字化转型的第二个重要原因就是企业需要依靠算法能力来对自身的产品、服务进行智能化升级。

- 企业为什么要进行数字化转型的第三个重要原因就是需要借助中台的思想来实现组织内部的变革。

- 企业数字化的三个阶段：内容数字化、流程数字化、自动化。

- 数字化转型无非就是用如今最好的新技术手段来解决过去无法解决的问题。关键是要明白数字化转型从来都不是由新技术产生所引发的，它永远是为了解决一个问题或为客户提供一种新的方案而出现的。技术从来都不是数字化转型的开始，以客户为核心的解决方案才是。

- 帮助企业进行数字化转型的前提是以云服务为基础，任何跳过了云服务直接进行的企业数字化转型其实都是无根之木。

- 数字化转型其实是一个大命题，也没有什么具体衡量成功与否的标准。并且可以预见的是，完成整个数字化转型所需要的时间会比过去完成信息化改造所需要的时间多得多，整个过程也复杂得多。如果我们依然采用过去大开大合、完全推倒重建的方式，那么成本将是极大的。

- 我们应当采取以小见大的方式从现有体系中寻找切入点，最终以多点开花的方式将整个数字化转型的架构支撑起来，形成对原有信息架构体系、业务流程的改变，而不是一上来就把过去所有的东西都否定了。

总结一下，数字化转型无疑是当下的流行词之一，但如何去做并没有一个统一的标准或可以借鉴的地方。所以，它和内容战略一样都需要我们不断探索，整个过程肯定会非常曲折，一不留神就会把企业干成软件外包企业。但只要牢记数字化转型的核心要义，不断探索，必然能够创造一条全新的道路。

第 7 章
商业产品经理的职业发展

在前 6 章，先阐述了商业产品的宏观认知，其中包括什么是商业产品、商业产品与用户产品的区别、什么是商业产品经理、商业产品经理与用户产品经理的区别等。紧接着介绍了商业产品经理的微观工作、商业产品的核心——商业广告，以及商业广告辅助工具。最后讨论了对于当下比较流行的内容战略和数字化转型两类商业产品的理解。到这里大家算是对于商业产品经理的整个专业知识有了足够的认知。在最后一章，我们就来聊一聊商业产品经理的职业发展。

理论上我们从事任何职业都应当对自己的职业发展路径有清晰明确的规划，但现实情况是很多人不但没有清晰明确的规划，甚至都搞不清楚自己是否喜欢现在的职业，更别提未来想要怎么做了。这样的情况不仅是对自己职业生涯的不负责任，也基本上可以断定这个人未来不会有太大的发展，所以给自己制订一套清晰明确的职业发展规划是尤为重要的。

回到商业产品经理这个视角上来，商业产品经理的职业发展路径和其他类型的产品经理是一样的，发展之路可以分为商业产品助理、商业产品经理、高级商业产品经理、商业产品专家（专业方向）、商业产品总监（管理方向）、事业部负责人、副总裁、总裁、CEO。

1. 商业产品助理

商业产品助理主要指的是实习生和拥有 0～1 年产品工作经验的人。他们的主要工作是协助高级商业产品经理完成对某款产品的设计，自己独立负责的部分会比较少。这个阶段以多听、多看、多积累经验为主。

2. 商业产品经理

商业产品经理主要指的是拥有 2～3 年产品工作经验的人。他们已经可以独立负责产品线中某几个模块的产品设计和落地，算是商业产品经理中人数最多的一个群体。

3．高级商业产品经理

高级商业产品经理主要指的是那些能够独立负责一条或多条产品线设计和落地的人。到了这个阶段已经不再需要用工作年限来衡量商业产品经理的能力，评价的标准更多还是看自身的专业能力。

4．商业产品专家

商业产品专家主要指的是那些能够独立完成一条或多条产品线规划、对产品线间有统筹和创新能力的人。从高级商业产品经理到商业产品专家重点提升的是产品的统筹和创新能力，这是很多商业产品经理跨不过去的坎。

5．商业产品总监

商业产品总监其实主要负责的是团队管理工作，在公司里承担更多的是整个产品团队的人员管理及对应的多条产品线的业务管理工作。

6．事业部负责人

来到事业部负责人这个层级需要管理的团队规模更大，范围也不仅限于产品人员，还会有研发、运营、销售等人员。这就不再是一名专业团队的管理者，而变成了一名综合团队的管理者。

7．副总裁/总裁/CEO

到了这些角色已经成为公司里最核心的高管，管理的范围也愈发广泛，其中更多要考虑的就变成了公司战略、资源的整合与分配。

从商业产品经理的职业发展路径上大家就会发现，商业产品经理这条路最终是可以通向一家公司的顶峰的，并且在绝大多数互联网公司中产品出身的高管数量是最多的。可以说，只要你喜欢做产品，并愿意为之努力，选择商业产品经理这条职业道路将有更高的职业发展上限。

7.1 商业产品经理的现状

了解了商业产品经理的职业发展路径后，我们再来聊一聊商业产品经理的现状。身在互联网行业，每天最大的感受莫过于**变化**，有可能昨天效果还很好的产品一觉醒来发现效果就不行了，也有可能你一手创立的产品线明天就不归你管了，更有可能公司战略转型，挺好的一条产品线就这么没了。总之，变化每天都在发生，有好有坏，未来的不确定性带给每个互联网从业者的都是无尽的焦虑，而商业产品经理的焦虑则来源于以下三个方面。

7.1.1　缺乏体系化的能力提升路径

长期以来，商业产品经理都是一个不为外界所了解的职业。大家日常熟知的程序员、设计师这些职业由来已久，对于从业者有一套明确的能力提升路径，从业者想要提升自己的能力沿着这条标准化路径不断努力即可。以程序员为例：如果想要提升自己的算法水平、思维能力，那每天坚持去 LeetCode 上刷算法题即可；如果想要了解行业的新动态、学习新技术，那就多去 GitHub 上逛一逛，总有让你眼前一亮的新项目；如果想要对现在应用的各种框架有更深入的了解，那就多去读它们的源码，正所谓"读书百遍，其义自见"；如果想要对公司的业务有更深入的了解，那就多去读一读项目留下的文档，在不久的将来你就会成为最懂公司业务逻辑的程序员。

从程序员这个例子中我们就会发现，像这种经过多年发展已经颇为成熟的职业想在任何一个方向上有所提升都能找到对应的办法，但商业产品经理没有，很多时候甚至连入门的学习资料都没有。商业产品经理想要提升能力没有直接的方法，只能通过多读书、多交流，不断积累经验来间接提升自己。间接提升相比直接提升不但周期长而且见效慢，这也是导致在整个行业中大家能力参差不齐的主要原因。

7.1.2　行业竞争日趋激烈

首先，很多人认为产品经理是一种薪资能与程序员匹敌又不用自己动手写代码的职业，所以这些年产品经理就成了广大应届毕业生的首选。无论自己是学技术的还是学其他的，校招时全投的是产品经理，这就导致产品经理在入门这个环节竞争就已经异常激烈。再具体到商业产品这个方向上，上文就提到过，在一家互联网公司里，商业产品经理的数量是远低于其他类型的产品经理的，底层供应量大，公司内部需求又少，竞争自然就变得无比激烈。

其次，很多身处其他岗位的朋友因为觉得商业产品经理的工资高，都想尽办法转岗成为一名商业产品经理，这在无形中加剧了行业的竞争，也给其他商业产品经理带来一定的压力。

最后，在整个行业中，从大厂核心商业部门（如腾讯广告、阿里妈妈、百度凤巢、巨量引擎等）出来的商业产品经理基本都处在这个行业食物链的顶端，在求职竞争中占据着绝对的优势，大家再来竞争剩余的资源，激烈程度可想而知。

7.1.3　缺乏实践机会

商业产品经理是一个实战型的岗位，为什么从大厂核心商业部门出来的商业产品经理就能站在这个行业食物链的顶端？那是因为他们比其他中小企业的商业产品经理见过更多的市面、遇到过更多更复杂的问题、有过更多实践的机会及更多来自公司内部的培训与经验的传承。目前，市面上充斥着各种各样的产品经理培训班，能教你画精美的高保真原型，还能帮你包装项目经历，但在面试过程中很容易就会露出马脚。说起来原因很简单，真正自己动手做过、思考过的项目，自己是能够回忆起整个过程中关键细节是如何决策的。当时的决策并不一定都对，但无论对错它都会成为你积累下来的一份经验。同理，像我这样没有做过亿级日活产品商业化的人，与大厂核心商业部门的商业产品经理有着不小的差距，并且这种差距不是依靠我个人日常的努力就能弥补的。商业产品经理都是平台型选手，给你的舞台有多大，你就有多大的发挥空间。

以上三个方面可以说是造成商业产品经理在职业发展上产生焦虑的主要原因，那么我们应当如何克服这些焦虑呢？首先在能力提升路径方面，想要快速拥有像程序员那样清晰明确的能力提升路径是很困难的，想要把这条路径标准化，还需要我们这些从业者更多地站出来分享自己的经验与智慧，这也是我坚持写这本书的原因之一。如果行业里的各门各派都只是"各家自扫门前雪"，那对于整个行业的长远发展是不利的。只有打破这些门第之见，将更多的经验和方法分享出来，才能促使更多年轻的商业产品经理快速成长，才能帮助那些被卡在瓶颈里的商业产品经理实现质的飞跃。

其次在行业竞争方面，其实任何行业都是有竞争的，如果一个行业失去了竞争格局那么这个行业也就没落了，所以竞争不可怕，但要防止行业内卷化的出现。如果大家相互间比拼的是专业能力及经验，那么这属于行业的良性竞争；但如果大家相互间比拼的是谁加班时间长、谁更会阿谀奉承、谁更会忽悠人，那么这个行业很快就会消亡。行业里曾经流传过这样的段子："面对内卷，要么离开要么就把所有人都卷走。"

最后对于缺乏实践机会这个问题其实我也很焦虑，同级别的互联网公司倒是容易跳槽，但解决不了现阶段面临的瓶颈，想要开阔视野还是得不断向顶级的大厂发起挑战。曾经的老板跟我说过这样一段话："工作出身不好、没有大厂背景是你最大的弱势，这个问题你无法回避，这是你曾经的选择种下的结果，现在你必须承受。但与很多一参加工作就进入大厂、之后一路向下的人相比，至少你的职业发展曲线是在不断上升的，这个上升的斜率是你最大的卖点。所以积蓄好了实力就往上冲，失败了的话回来再积累、再冲，千万不要因为一点小钱就把自己最大的卖点给扔了。"在这里将这段话分享给那些和我一样因为缺乏实践机会而焦虑的朋友共勉。

7.2　商业产品经理的软实力提升

摆脱焦虑最好的办法就是努力向前。前面讲了很多专业知识，从本质上看都属于专业能力提升的范畴，但要在复杂的职场中生存，我们还需要具备足够的软实力。软实力这个词原本是针对国家而言的，其本意是相对于国内生产总值、城市基础设施等硬实力而言的，指的是一个国家的文化、价值观、社会制度等影响自身发展潜力和感召力的因素。在这里我将软实力这个概念套用到商业产品经理上，可以认为一名商业产品经理的专业能力属于他的硬实力，而他的沟通、协调、抗挫折等能力属于他的软实力。再具体一些，可以将商业产品经理的软实力归纳为战斗能力和交际能力，即俗称的"Battle 能力"和"Social 能力"。

7.2.1　战斗能力（Battle 能力）

战斗能力很好理解，那么需要和谁战斗呢？战斗对象、战斗场景有很多，如我们经常在短视频里看到的产品经理与程序员的斗法就属于战斗场景的一种，程序员就属于战斗对象之一。当然，这里所说的战斗有故意夸大的成分，也不是让大家在实际工作中将程序员列为每天战斗的对象，而是想要表达一种在职场中想要生存或生存得更好，需要不断与各方竞争来为自己获取更多的资源、更优厚的条件及更多机会的能力。在整个竞争的过程中，有可能是我们主动发起的进攻，也有可能我们是被迫防守或反击的一方，总而言之竞争在所难免，所以商业产品经理的战斗能力一定要强。接下来我们来看几个主要的战斗场景。

1. 拒绝业务方的需求

业务方的需求是商业产品经理重要的需求来源，业务方包括销售、策划、售前、运营及其他对接的业务线。这些业务方的需求很多时候都是只站在自己的立场上，完全不考虑是否会影响到整个产品的逻辑或架构，遇到这样的需求我们就需要予以拒绝。在拒绝的过程中难免会发生争论，这就非常考验商业产品经理的战斗能力，需要拒绝得有理有据，让对方挑不出毛病，才不会招致后续的投诉。比如，搜索广告客户想进行竞品拦截，即搜 A 车出 B 车的广告，这种需求虽然赚钱，但是对于用户体验伤害很大并且可能招来 A 车方的投诉，得不偿失。此时一定要向其明确其中的利害关系及可能带来的损失，令其感觉风险太大知难而退，而不是毫无理由地一口回绝或甩锅给研发人员。

2. 研发人员拒绝做我们的需求

很多时候研发人员都会以我们的需求改动太大或没有意义、没有效果为由拒绝做我们的需求，这也是商业产品经理经常要进行战斗的场景之一。首先需要自证需求的意义及可能带来的效果，确保自己提出的需求是合理的；接下来就要详细沟通清楚为什么做不了，像需求改动太大这种理由是站不住脚的，只要现在的情况不合理，再复杂、再困难都必须改。沟通过程中的态度必须强硬，这里让步一次不但自己的目标无法实现，还可能导致以后每次都得让步。

3．其他产品线要与我们争夺资源

一家公司内部能支持到各产品线的资源就这么多，不是被你的产品线占用就是被我的产品线占用，所以争夺资源同样是重要的战斗场景之一。如果资源暂时掌握在对方手中，那么我们要去争夺时就必须拿出足够充分的理由。比如，这部分流量在对方手中变现效率低，只能获得××××元收入，而如果由我方来承接，我们可以如何做确保这部分流量的变现效率提升××%，进而带来收入增长××%。只要改变能够带来足够大的利益，必然能赢得老板的支持，赢得此次资源的争夺。而如果资源暂时掌握在我方手中但对方要来争夺，那么我们的战斗策略也要有所变化。首先自然是想尽办法找出对方逻辑上的漏洞，尽可能证明对方预估的增长数据不可信。假设对方的逻辑、方案都无懈可击，还可以使出最后一招——在沟通会上顾左右而言他，尽可能打乱对方的节奏来达到战术性拖延的目的。只要时间拖得足够长，对方也不可能一直将大量的精力投入其中，围城久攻不下自然也就撤了。

总结一下，以上的场景虽然说的有些玄乎，但绝对是每名商业产品经理每天在工作中需要面对的问题。一条产品线就像古代的一个小国家，创业容易守业难，想要将自己的产品线维持下去并且发展得更好，就需要不断面对来自方方面面的战斗。只有保持敏锐、保持强势才能在激烈的斗争环境中立于不败之地。

7.2.2 交际能力（Social 能力）

Social 一词的原意是指联谊会、社交聚会，在互联网行业中逐渐被认为是交际的代名词，而交际能力也逐渐成了一种商业产品经理不可或缺的能力。在实际工作中，商业产品经理经常需要协调和整合各方资源，说服各方加入实现共赢。在这种情况下，如果只有战斗能力，和各个资源方"硬刚"、硬抢，这事肯定是做不成的。想要把事情做成就需要协调、需要不断整合资源，协调和整合的第一步还是与各方进行沟通。那么，如何说服对方加入我们考验的就是商业产品经理的交际能力。

交际能力的第一个体现在于随时随地都在交际。大家可以留意一下平时身边有没有这样一种人，不管走到哪里都能和别人聊上几句，仿佛跟谁都有说不完的话，这类人就是典型的随时随地都在交际。他们的策略也很简单，就是通过平时不断与别人沟通，在对方心中建立起一个熟悉的印象，等到需要实际对接时就不会显得那么生硬。这种做法的好处在于日常不用多费力气就能提前、快速建立关系，但缺点是这样建立起来的关系并不牢靠，缺乏最基本的信任。这样合作小项目容易，但合作大项目就没有什么用。

交际能力的另一个体现则在于沟通的深度，想要实现多方协作、实现资源整合就必须了解清楚各方的情况。情报的收集除从其他渠道打听外，最关键的还是与合作方进行深入的沟通，只有这样才能了解清楚对方真正的诉求及最关注的点。这就非常考验沟通的水平，没有人会一上来就直接暴露自己的诉求，而沟通的目的就是循序渐进地将合作方的核心诉求一点一点地挖掘出来。在挖掘的过程中，速度太快可能招来合作方的警惕，太拐弯抹角又可能招来合作方的反感。总之，这类沟通本质上是双方心理上的博弈，需要有技巧、有节奏，但更重要的还是要以真心换真心。

交际能力永远只是工作中的一些小技巧，能够帮助商业产品经理快速打开局面，但最终想要真正成事还是要依靠自身过硬的专业能力及真正站在多方共赢的角度思考全局，只有这样才能获得各个合作方真心实意的认同。

最后总结一下，在职场里我们可以把人分成以下四类。

1）有人做人不做事

第一类人很容易理解，在任何一家公司里都存在一批每天热衷于搞公司政治而不做实事的人。这类人虽然很多时候都会遭到多方的唾弃，但他们往往都能找到自己的生存空间，反而活得很舒坦。然而，这类人之所以能够拥有生存空间，主要依托于现有的人际关系，一旦发生人事变动，其依托的核心角色不在了，这类人的生存空间自然也就没有了。

2）有人做事不做人

第二类人属于埋头苦干、做实事的人，但缺点在于不善于交际。俗话说"刚则易折"，这类人的结果往往就是做了很多实事，不但没有获得褒奖，还因为强硬的风格及不懂得经营关系得罪了很多人。这类人虽然凭借自身本事吃饭，完全不惧怕人事变动，但也容易被埋没或在关键时候被拉出来背锅。

3）有人做事是为了做人

第三类人则没有前两类人那么极端，他们也会做很多实事或经常帮大家的忙，看似是个老好人，但仔细观察就会发现这些忙都不是白帮的。他们往往有着更深层次的目的，不是为了做事而做事，而是为了打好关系、卖人情而进行的前期投资。所以可想而知，这种投资如果在短期内看不到明显的收益或出现一些动荡就会立刻消失。一旦接受了这类人的帮助，总有一天是要加倍偿还的。这类人在现如今的职场中往往是爬得最快的。

4）有人做人是为了做事

第四类人则和第三类人正好相反，他们也会花时间、花精力与别人交际、打好关系，但他们从来不是为了交际而交际，交际的出发点还是把目前手头上的事情做成。我个人特别厌恶那种心机很深、把身边所有人都算计在内的人，但在职场中只会埋头苦干、不懂得交际也是不行的，所以很明显我认为的商业产品经理应当属于最后一类。无论如何还是要以做实事为根本，那些精于算计、喜欢玩弄权术的人，终有一天会倒在自己的算计之中，因为他们的出发点从一开始就不对。古语有云："猎犬终须山上丧，将军难免阵前亡。"希望大家慎重选择自己的道路。

7.3　商业产品经理的未来

商业产品经理的未来会怎样？这并不是一个什么新鲜的问题，但神奇的是每过一段时间就会被拿出来讨论一番。并且远不止是想要入行的年轻人关注这个问题，那些在行业中从业多年的"老司机"也同样关注。回看互联网行业的发展历程就会发现，在互联网发展早期是以技术为核心来驱动的，只有技术能够实现，产品才能上线。接下来随着技术水平的提升，开发互联网产品的门槛开始降低，这个时期就变成了以产品经理为核心来驱动。产品经理不断设计新功能、新产品来解决用户的各类需求，为公司创造巨大的价值。后来，互联网产品所能覆盖的范围开始出现边界，随着一些伪需求逐渐消亡，各家产品的赛道变得清晰明确，产品功能、交互形式也愈发趋同，此时就变成了以运营为核心来驱动。那么，是不是产品经理的时代就这么过去了呢？当然不是！产品经理在如今的大背景下也在默默发生变化。**我的观点是，商业产品经理必然不会被淘汰，但其最大的变化在于产品方向的专业化及对于所服务行业了解的加深。**

在过去，我们通常按照职能类型来划分产品经理，简单区分一下你是 ToC 的还是 ToB 的即可，但在现如今的产品经理招聘中会更多按照业务类型来划分，如要求是专门做支付的产品经理、专门做出行的产品经理。商业产品经理也一样，甚至会要求得更细，如要求是专门做 ADX 的、专门做搜索广告的等。对于每名从业者都有更精细的职能划分及能力要求是整个行业发展的大趋势。我们能做的就是在自己的领域越来越专，类似我这样的商业产品经理既要懂互联网行业的商业产品体系，还要懂汽车行业、懂主机厂、懂经销商，只有这样才能将两者有机地结合起来，并从中找到创新点，为公司带来更大的利益。整个行业对于产品经理的要求越来越高，那么从现在开始我们应当如何准备？

7.3.1　保持好奇心，勤于独立思考

其实无论是用户产品经理还是商业产品经理，保持好奇心和勤于独立思考都是对于产品经理这个职业最基本也是最高的要求。之所以说这是最基本的要求，是因为无论从事哪个方向的产品工作都需要产品经理不断创新，而创新的源泉就是对身边事物、业务，以及对工作本身的观察与好奇。但只有好奇心并不足以支撑我们完成对于产品的创新，在这个过程中还需要用我们的专业知识不断进行独立、系统的思考，只有这样才能将好奇发现的点子最终落地为一款产品。在思考的过程中强调独立和系统，独立在于不受外部因素的干扰，系统则体现在要基于产品方法论来进行思考，只有这样才能想得全面、想得切实可行。

之所以说这是最高的要求，是因为在实际工作中绝大部分产品经理都无法持续做到这一点。最常见的就是那些做广告做久了的商业产品经理，其思路完全局限在了广告这个体系里，一问有什么新想法就是开广告位、搞精准投放。但未来商业产品的趋势与进行商业化的行业会捆绑得越来越紧密，产品也将不再是完全标准化的投放平台，而是根据这个行业的特点来打造。到时候，日常缺乏对目标行业、业务保持好奇心的商业产品经理就将被淘汰。

7.3.2　走专精路线，不跟风换赛道

互联网行业的本质是由技术驱动的，技术的不断迭代将为现有产品体系带来颠覆性的改变，几乎每过几年就会有一个新的风口产生。比如，2013—2016 年流行的是大数据，2017—2019 年流行的是人工智能，2020—2021 年又开始流行数字化转型、数字化营销、区块链等。每条赛道都有其价值及成为流行趋势的原因，作为产品经理，尤其是商业产品经理，应当从中选择自己感兴趣的赛道或行业加入并在其中深耕，而大忌就是频繁跟风换赛道。

大家可以注意观察那些专注于"踏浪"的"弄潮儿"，无论是做技术还是做产品，频繁换赛道的人不但没有因为追赶风口而起飞，反而每次都非常精准地错过了风口的红利，一聊起来发现什么都干过，一往深里聊就发现什么都是一知半解。反过来，那些借着某一次风口起飞的人往往在此之前都经历过坐冷板凳的时期。就像我后来所在的部门在过去很多年里，其商业数据业务的收入量级因为完全没有办法与广告业务相比而属于部门边缘业务。但随着云服务基础设施建设的完成，开始有更多的企业着眼于基于云服务上的应用，企业数字化转型概念孕育而生，过去坐冷板凳的商业数据业务借助数字化转型、数字化营销概念直接起飞。再加上新能源汽车的爆发，各路大厂纷纷加入造车行

列，整个汽车行业在这方面的需求异常旺盛，此时无论是到大厂去做一名专业化人才，还是继续在原有位置上，都能稳稳地吃到这次风口带来的红利，这才是要走专精路线、深耕一条赛道的原因。**耐得住寂寞才守得住繁华，熬得住孤独方能等得到花开。**

本章小结

本章主要阐述了三个问题：商业产品经理的现状、软实力提升及未来。总结起来有以下关键点：

- 选择商业产品经理这条职业道路将有更高的职业发展上限。

- 商业产品经理的焦虑通常来源于三个方面：缺乏体系化的能力提升路径、行业竞争日趋激烈及缺乏实践机会。

- 在软实力方面，商业产品经理需要不断提升自己在工作中的战斗能力和交际能力。

- 商业产品经理必然不会被淘汰，但其最大的变化在于产品方向的专业化及对于所服务行业了解的加深。

- 为了应对未来的焦虑，商业产品经理要做的就是保持好奇心，勤于独立思考，走专精路线，不跟风换赛道。

总结一下，无论我们选择何种职业，在职业发展的道路上一定会遇到各种各样的困难，我们能做的就是不断提升自己的专业水平及在职场中生存的软实力。只要我们坚持不放弃，总有拨云见日的一天。

成为黑马

相信每个投身互联网行业或想要投身这个行业的朋友对于自己未来的职业发展都有着目标与期待。而想要从人才济济的互联网行业中脱颖而出并不是一件容易的事情，即使在同一家公司里随随便便也能抓出几个要么学历比我们好的，要么出身比我们好的，要么能力比我们强的，要么比我们还要努力的人。面对这样激烈的竞争环境，我们脱颖而出的方法只有一个：成为黑马！

来自哈佛大学的托德·罗斯和奥吉·奥加斯在其所著的《成为黑马》一书中介绍了他们研究多年的项目——黑马项目（The Dark Horse Project）。这个项目有针对性地调查了各行各业的大人物，从他们的经历中寻找共同点。研究发现，那些黑马人物身上的共同点并没有像我们臆想的那样特立独行、不拘一格，他们的性格各种各样并且多半还很温顺。书里总结黑马人物的共同点有两个。

1. 他们总是在追求做自己

这些黑马人物在选择工作时最在意的既不是工作好不好，也不是挣得多不多，而是自己到底喜不喜欢这份工作。相信很多人在求职过程中都有怀着随波逐流、退而求其次的心态，导致进入一个自己不喜欢的行业或在不喜欢的岗位上工作的经历。这样的工作虽然能够暂时保证我们的生计，但在工作过程中我们无法从事情本身获得满足感，那么我们在这份工作中能取得的成绩就会很有限。要知道，那些黑马人物不是因为卓越而满足，而是在满足中达到了卓越。

2. 他们都不走标准化的成功路线

在职场中我们会发现有很多人是按照标准化路线来成长的：想要一毕业就在互联网行业获得一份高薪的工作，得先考上一所 985 或 211 高校的计算机专业，再去国外留学，学上几年机器学习、人工智能之类的技术，回国后很容易就能加入一家大厂拿到不低的起薪，最后经过一路打拼成为一名互联网行业里的成功人士。这样标准化的成功路线并不是不好，而是很多人没有办法模仿。如果第一步我们没有考上 985 或 211 高校，那这条路是不是就断了？黑马项目中发现黑马人物所走的路都不是直线，有的人在上学的时候表现不好，甚至辍学，但后来成了某个领域的专家。而且我们会发现在一个行业中真正的专家、"大佬"往往都不是通过这种标准化路线走出来的，他们的背景五花八门，但过去的经历又能够帮助他们把现在的事情做好。所以，从标准化的成功路线中走出来的人因为经历简单导致思想简单，最终很难成为黑马；而那些有过困难经历的人，这些经历反而能够帮助他们从竞争中脱颖而出，成为黑马。

最后总结一下，之所以在本书的结语中还说那么多大道理，就是希望激励一下那些和我一样出身普通、学历一般的朋友。千万不要因为过去我们没能按照标准化的成功路线来走就放弃自己的热爱、放弃做自己喜欢的工作。过去困难的经历都是我们现在宝贵的财富，虽然每往上走一步都比别人艰难，但我们拥有比别人更高的上限及成为黑马的气质。朋友们，山腰太挤，我们顶峰相见！

许景盛